Seadove

Seadove

最懂三國的人說

三國十二帝

最懂三國歷史的第一人

張大可——著

自序

三國鼎立是一個特殊的歷史時代。三國時期的政治，風雲變幻，氣象萬千；三國時期的軍事，金戈鐵馬，氣勢壯闊；三國時期的經濟，變革重大，承先啟後；三國時期的外交，縱橫捭闔，奇峰迭出；三國時期的人物，英雄輩出，業績昭著。特別是三國人物，三國故事，自宋元以來由於平話、戲劇、小說的傳播，可以說是家喻戶曉，常為人們所津津樂道。「三個臭皮匠，勝過一個諸葛亮」、「說曹操，曹操到」，已經成為人們生活中常用的熟語，可見三國故事影響之深。由於三國鼎立，「人謀」規劃產生至關重要的作用。因此，三國時期人物的複雜關係，他們的智慧謀略，給人們留下很多的歷史經驗與教訓，從中可以學到很多東西，受到很多啟發。這就是三國故事歷久不衰，人們津津樂道的原因。有人把三國謀略用於市場競爭，引入管理思維，獲得成功，更增添三國故事的活力。

人們熟知三國歷史，大多來自《三國演義》。《三國演義》是一部演史小說，演史情節多有虛構，但是它不同於時下的一些戲說電視劇，任情所為。《三國演義》對歷史的演說還是非常嚴肅的，它的虛構多為誇張，或張冠李戴，移甲作乙；或遙情想像，補充細節，很有分寸。如何看待《三國演義》中的虛構，以及本書正說歷史的關係，提出以下看法，以供參考。

《三國演義》，原名《三國志演義》，為了順口，流傳中去了一個「志」字。《三國演義》是一部成功的演史小說。演史小說，目的是普及歷史，要人們記住歷史，敬畏歷史，給人借鑑，宣揚某種精神。演史小說的前身，多是宋元平話。宋代積貧積弱，外患嚴重，統治者醉生夢死。有識之士，以平話戲曲宣傳歷史知識，喚醒民眾，居安思危。只有真實的歷史，才有借鑑的實際意義。但為了人物形象的生動完整，往往有細節的虛構，並集中在幾個人物身上，以突顯作者要宣揚的精神。諸葛亮是智慧的化身，關羽是忠義的化身，曹操是權奸的化身，這幾個人物虛構較多。清代史學家章學誠說《三國演義》七實三虛，現在有人做了文本對照的計量分析，有六三％言之有據。《三國演義》半文半白，許多段落在《三國志》中可以找到。諸葛亮等幾個人物的細節虛構，佔了《三國演義》虛構的大半。如果進一步做分層的計量分析，《三國演義》就不是七實三虛，而是八實二虛，即八〇％以上的描寫有史實根據，可以說細節虛，主線實；枝葉虛，主幹實。因此，我們要極力避免兩種偏向。一是研究《三國演義》，不能不重視歷史，要研究歷史，對照歷史。如果不懂歷史，又不肯下功夫，往往以「虛構」二字涵蓋一切，帶有這種偏向的研究，就是在「虛構」中研究，所做的藝術分析，也是「虛構」的分析，使讀者不得要領。另一種偏向，研究歷史，正說歷史，也不能不研究《三國演義》的藝術虛構，否則會把《三國演義》看成戲說歷史，正說三國歷史，就要處處批《三國演義》，同樣是一個錯誤。

此外，對於《三國演義》中歷史人物情節的虛構，還需要做進一步分析。以諸葛亮為例，他的出場是劉備三請諸葛亮。《三國志》記載只有「凡三往，乃見」五個字，而《三國演義》竟然用重筆描寫，在第三十七回和三十八回兩個回目中，從年底到來年的陽春三月，「凡三往」，洋洋灑灑五六千字，許多情節都為虛構。特別是劉備最後見諸葛亮，不僅「齋戒三日，薰沐更衣」而往，而且到了草堂，見諸葛亮仰臥於草堂几席之上，於是「拱立階下，半晌，先生未醒」，劉備立等達數小時之久。這個細節描寫，既表現劉備禮賢之誠，又烘托諸葛亮的不凡，真是一箭雙鵰，生動地再現君臣相遇、魚水情深的場景。實際生活似乎不太可能如此，但這個改天換地的君臣相遇，如此這般才能見其不同凡響，使人深信不疑。由於「凡三往，乃見」這個前提史實是真實的，其中的細節描寫只是遙情想像，這等虛構，不是子虛，而是補充史實，因此它不是虛構，而是藝術真實，補充被史料省略的實際上理應發生的事實，只是略顯誇張而已。再如諸葛亮舌戰群儒，也是遙情想像。諸葛亮過江談判，說服孫權抗曹，幫助劉備奪荊州，孫、劉雙邊平等同盟，這是何等大事，何等艱難的談判！舌戰群儒，既刻畫諸葛亮，同時也是補充在實際談判中討價還價的歷史真實。再如諸葛亮七擒七縱孟獲的故事，前提真實，細節虛構，這些地方就不能以文字的計量統計來判定真實。其他如神借東風、三氣周瑜、搶佔夷陵、智算華容道等為小說家的增飾，用以烘托諸葛亮的多智，這些地方是枝葉虛、主幹實。《三國演義》第九十二回描寫趙雲七十歲能連斬五將的戰鬥場面，純屬子虛，但是在整體結構上，仍屬枝葉，不是主幹。這等虛構，只是熱鬧，也給趙雲一個迴光返照。這一回描寫諸葛亮第一次北伐，先勝後敗，而趙雲是全軍而返。這裡描寫趙雲還是為了襯托諸葛亮的神機妙算，誇張先前的實有勝利用以沖淡失敗的陰影。這些地方的虛構，是完全的小說情節，但羅貫中仍然要捕捉一些史影。

小說家創作，因文生事，即按情節發展編造故事；歷史學家創作，以文運事，即用文學之筆寫實有之事，二者完全是兩回事。但是在操作中卻有交叉，以及難點、盲點，掌握分寸就是大手筆。羅貫中創作《三國演義》，兼有史筆與文筆之長，章學誠七實三虛的直感，可為定評。羅貫中以講史為主，以警世為用，所以讀《三國演義》，不帶幾分歷史眼光，以戲說觀之，則不得要領。同理，正說三國，如果以《三國演義》為目標，以戲說眼光看演義，同樣犯錯。

三國歷史、三國人物太有意思，許多形形色色的人生故事，非常接近我們的現實生活。因為那是一個人們拼爭的時代，許多人生哲理與今天快節奏的生活所呈現的人生似曾相識，所以昨天的人生，可以為今天的人生提供借鑑和啟迪。善讀歷史，就可以感悟人生。我希望人們從三國人物中讀出你的精彩人生。我的筆力有限，可能表達得不是那麼完美，讀書也是一種創作，我的講述權作拋磚引玉，誘發出讀者你自己的創作吧！

本書著重不是三國演進的歷史過程，而是三國鼎立是如何形成的，曹、孫、劉三家何以在群雄角逐中脫穎而出，由弱變強，取得勝利。因此，作為三國人物，當以三方創業之主為中心內容。曹操雖然只是做了周文王，他沒有直接篡漢建立魏國，曹操稱魏武帝是曹丕篡漢後追尊的，但是曹操才是魏國的真正奠基人，所以本書把魏武帝曹操列入十二帝，此乃仿效西漢司馬遷在《史記》中為項羽、呂太后立本紀之例，重實錄，這才是歷史的真實。講三國鼎立，捨去曹操，那是不可想像的。

三國鼎立的形成，是一部金戈鐵馬、異彩紛呈的歷史劇。曹操、劉備、孫權三位創業之主，以及三方的謀臣武將，個個超群絕倫，他們在暴風驟雨般的激烈鬥爭中展示人生抱負，並且建功立名，創造一個時代。曹操、劉備、孫權都有實現一統天下的壯志，但又都是失敗的英雄，三分歸一成就司馬氏。話說三國，到了結局不免是一曲輓歌。《三國演義》電視劇主題曲說得妙極了，可以借來作為本文的結束語。歌曰：

滾滾長江東逝水，浪花淘盡英雄。是非成敗轉頭空，青山依舊在，幾度夕陽紅。白髮漁樵江渚上，慣看秋月春風。一壺濁酒喜相逢，古今多少事，都付笑談中。

目錄

一第四章一 魏文帝曹丕

第五章 魏明帝曹叡

第六章 曹魏三少帝

第七章 蜀先主劉備

第八章 蜀漢後主劉禪

第九章 吳大帝孫權

第十章 孫吳三嗣主

附錄一　三國十二帝　帝系表

附錄二　三國大事年表

第一章

三國鼎立形成的歷史原因

說起三國十二帝，首先要探尋的問題是：歷史何以三分？因此本章開篇，先說明三國鼎立形成的歷史原因。

多因素的歷史原因

漢末歷史何以形成三分，這是一個複雜的問題，用一個簡單的公式是無法回答的。學術界流行的經濟均衡論導致三分，即北方經濟遭到破壞、南方經濟發展形成南北均衡而成為三分的立國基礎的說法，只是歷史的原因之一，絕非必然的決定性因素。因為封建的自然經濟以獨立的農村經濟為基礎，無需均衡也可成割據態勢。早在春秋戰國之際，長江流域就有巴、蜀、楚、吳、越的割據。至漢末，割據長江上游和中游的劉璋、劉表，甲兵資實，不弱於孫吳，更不減於劉備，何以要待劉備來建立蜀漢而與曹、孫成鼎立之勢？可見三分有複雜的歷史原因。

從中國封建社會兩千年歷史發展的軌跡看，王朝興衰、軍閥混戰、群雄割據、南北對峙迭次出現，三國鼎立卻是歷史上不可多得的一次歷史存在，可見這個局面是歷史上的一個特例。特例是歷史發展中的變異，而導致變異的歷史原因，就不是常規的必然性，這是簡單明瞭的邏輯。

「合久必分，分久必合。」這是中國封建專制制度發展的必然規律，也可以將此看作是封建地主階級經濟發展的週期性運動。因為自給自足的封建經濟，即使在統一的中央集權政治下，「在某種程度上仍舊保留著封建割據的狀態」，中央集權力量一旦削弱或解體，就會出現群雄割據的局面。割據混戰破壞生產力，給人民帶來無窮無盡的災難，所以它是不能持久的。天無二日，人無二王，人心思統一。所以，秦、西漢、隋、元、明等封建王朝解體後，很快就走向統一。但是中國歷史上有東晉與北方十六國之對峙，有南北朝之對峙，有北宋與遼之對峙，有南宋與金之對峙。這些現象都有非常複雜的原因，而不能單純用「經濟均衡」加以解釋，更何況三國鼎立。

三國鼎立有多方面的歷史原因，是經過極其複雜的歷史演變才形成的。概略地說，在東漢末年軍閥混戰走向統一的過程中，出現三分鼎立的局面，這是由於三分的人才均勢、地理均勢、政治均勢等多種歷史原因的交叉作用才形成的。在這些歷史原因的形成中，「人謀」產生主導的作用。

東漢末年13州政區

漢末人才三分

三分的奠定，首先是軍閥混戰使漢末人才分散，形成曹、孫、劉三個堅強的領導集團。

漢末軍閥，像窮凶惡極的董卓、頑悍樂殺的公孫瓚、貪利恃寵的陶謙、倏彼倏此而橫的呂布、狂愚而逞的袁術、雍容論道的劉表、昏庸懦弱的劉璋，都無戡亂之才，他們在群雄角逐中註定要被殲滅。志大才疏的袁紹、文武兼備的曹操、弘毅寬厚的劉備、任才尚計的孫權，都有統一天下之志，任人有方，馭才有術。而後袁紹敗亡，演變成三分之局。

東漢末年軍閥混戰，為何人才三分，有複雜的歷史原因，是許多偶然事變的分合所形成的必然之勢。在亂世之中，局勢未明朗之時，際遇交合帶有較大的偶然性。但是人往高處走，水往低處流，天下擾攘，君擇臣，臣亦擇君，又是必然之勢。荀彧、郭嘉、董昭，初投袁紹，後歸曹操。魯肅與劉曄友善，最初欲依巢湖鄭寶，而後兩人分道揚鑣。諸葛瑾、諸葛亮，同胞兄弟，一個輔孫權，一個佐劉備。所以，東漢末年的人才形成三分而未若江河之歸大海，有客觀的原因，也有主觀的原因，試分析如下。

客觀原因：主要有兩個方面。一是漢朝還沒有完全失去其繼續存在的合理性，劉姓皇帝仍然是一面旗幟。兩漢儒學昌盛，它宣傳的君權正統觀念深入人心，士大夫多尚氣節，袁紹在反對董卓廢立時就說：「漢朝統治天下四百年，恩澤深厚，贏得全天下人民的擁護。如今皇帝雖然年幼，但是沒有不良行為，董公想要廢除合法的嫡長子，換立一個庶出兄弟，恐怕滿朝公卿是不會答應的。」二是東漢世家大族正處於上升時期，多名節之士。尤其是兩次黨錮之禍，士大夫反對宦官專政，贏得天下人的歸心。這兩個客觀因素，對曹操有得有失。他挾天子以令諸侯，在政治上佔據優勢，四方人才多歸往之，這是得。但是曹操出身於宦官集團的庶族，初起時不敵袁紹，不僅使得一部分北方士人流歸了袁紹，如沮授、田豐、審配等，而且延遲了他統一北方的時日，眼看孫權坐大，劉備寄居荊州而不能及早消滅，這是失。關東軍討伐董卓，孫堅力戰第一，義動天下，也贏得一部分人才的歸心。張昭、周瑜、程普、黃蓋等傾心輔佐孫氏兄弟，這是孫吳之得，反之則是曹操之失。劉備以帝室之胄，「受左將軍之命，躬膺天子之寵任，而又承密詔以首事，先主於是乎始得乘權而正告天下以興師」（王夫之語，《讀通鑑論》卷九），露布衣帶詔討曹，使曹操蒙受「託名漢相，其實漢賊」（周瑜語，見《周瑜傳》）的惡名，劉備則以正統自居。諸葛亮輔劉備，不僅是報三顧之恩，而且也是扶持正統，這是劉備之得，亦是曹操之失。

主觀原因：也有兩個方面。一是曹操的對手劉備、孫權都是人中之傑，總攬英雄有很大的號召力。二是曹操品德不濟、奸險詐偽、暴虐無比，使得一部分智士遠離了他，像諸葛亮、龐統等人寧肯歸隱待時，也絕對不北投曹操。陳宮、張邈之叛，就是鄙薄曹操的為人。曹操傲慢，把蜀中使者張松推給了劉備，這是最大之失。曹操不仁愛士民，多次屠城，濫殺無辜，並在征戰中頒布「圍而後降者不赦」的軍令，所以他始終未能獲得「天命攸歸」的輿論。曹操兵圍漢獻帝，失人臣禮，始終帶著「漢賊」的帽子打天下。曹操

赤壁大戰圖

的這些弱點為孫、劉利用，因此不能像他的先輩漢高祖、漢光武那樣囊括天下英雄，也就無法統一天下，只好做一個半壁河山的「周文王」而遺恨九泉。

三大戰役改變歷史走向

袁曹官渡之戰、曹劉赤壁之戰、吳蜀夷陵之戰，是三國鼎立形成過程中的三大戰役。三大戰役的發生和勝敗結局出人意料，特別是前兩次大戰，改變歷史統一的航向，彷彿有一種冥冥的力量在支配和引導歷史步入三分之局。

官渡之戰，奠定北方的統一，消除一個爭天下的強手；赤壁之戰，曹操受挫，孫劉之勢漸強，於是奠定三分之勢。本來這兩次戰役都有統一天下的可能。袁紹鷹揚河朔，雄視天下，設若官渡之戰袁勝曹敗，袁紹君臨天下的可能性是很大的；曹操統一北方，「奉辭伐罪，旄麾南指，劉琮束手」（《吳主傳》裴注《江表傳》），若赤壁戰勝，稱孤道寡乃必然之勢。但這兩次戰役都是強者敗，弱者勝，出現戲劇性的變化，進而改變歷史的天平，使偶然因素變成必然之勢。這裡的「偶然」，是指曹操官渡告捷，孫劉赤壁戰勝，帶有「偶然性」；但已然勝利之後，使形勢逆轉，弱者成為強者，這就是「必然之勢」。反過來說，叱吒風雲的袁紹和曹操，不聽謀臣勸諫，喪失取勝之道，只是「偶然」的一著失計，造成「失之毫釐，差之千里」的「必然」後果。

夷陵之戰，終止了孫劉結盟東西夾擊曹魏取得的戰略優勢，結局蜀弱吳孤，但是它確立三分的地理均勢，鼎立之局不可逆轉。

兵家勝敗，乃事理之常，為何三大戰役，一戰之得失改變歷史的航向？首先是因為交戰雙方拼盡了全力決戰，失敗的一方輸了老本，形勢逆轉無可挽回。其次是三大戰役的發生，總是強勢的一方在錯誤的時間發動一場錯誤的戰爭，交戰雙方均為人傑，一方錯誤則給對方帶來機會，於是「人謀」產生至關重要的作用。

五次荊州爭奪，形成三分地理均勢

何為地理均勢：所謂地理均勢，是指割據集團利用地理條件抗衡對方的一種策略。在生產力不發達的古代，使用的是戈矛甲盾作戰，因此佔有險固地利的一方在爭雄角逐中明顯地具有優勢。中國的地理形勢是西北高、東南低，東面、南面瀕臨大海，所以王朝更替、割據爭雄，一再演出北方戰勝南方的歷史現象。「周之王也，以豐鎬伐殷；秦之帝，用雍州興；漢之興自蜀漢」（《史記・六國年表序》）。隋唐統一，興於西北；明清戰略，重在西北。南北朝對峙、五代十國戰亂、兩宋與遼金之對峙，總是北方戰勝南方，其中地理形勢是一大因素。這是因為，偏安東南的割據政權被大海封閉，沒有迴旋餘地，又處於低地，攻守不利。佔有中原的北方政權，不僅佔有居高臨下的地理優勢，而且也是傳統文化的正統所在，政治上也佔優勢。再看區域形勢，從南北看，橫貫東西的長江把中國地理劃分為南北兩大區，南北對峙，南方政權總是依賴長江為天塹。從東西看，以華山、秦嶺為界，劈成西北、西南兩個閉鎖地區，險固便，形勢利，中原有事，這兩個區域常為割據之境。在三國以前的西漢末年，就有隗囂據隴、公孫述據蜀的先例。東漢末年的軍閥混戰，隴蜀也是最先成為割據之地。

荊州形勢，兵家必爭：荊州地理位置的重要性，還可以從三國以後南北對峙政權的攻守中得到證明。南北朝對峙，荊州之重，終六朝之世，繫舉國之安危。南朝宋齊梁陳，荊襄鎮將，資實甲兵，佔全國之半。北宋覆亡，宋高宗南渡，由於荊襄固守，得以保守半壁河山一百餘年。北方統一南方，總是用兵荊襄。南方政權，丟失荊襄，也就隨之滅亡。所以，顧祖禹做出總結：「蓋江陵之得失，南北之分合判焉，東西之強弱系焉，此有識者所必爭也（《讀史方輿紀要》卷七十八）。」所以，袁術據淮南，首先就是爭荊州，孫堅為之喪身襄陽。曹操挾獻帝都許昌以後，連年進攻荊州，因北方未平而未得手。諸葛亮的《隆中對》，勸劉備據荊益，就是著眼於三分的地理均勢。諸葛亮說：「荊州北據漢沔，利盡南海，東連吳會，西通巴蜀，此用武之國。」魯肅說：「夫荊楚與國鄰接，水流順北，外帶江漢，內阻

荊州城

山陵，有金城之固，沃野萬里，士民殷富，若據而有之，此帝王之資也。」（魯肅語，見《三國志・魯肅傳》）荊州如此重要，其勢為曹孫劉三家所必爭。因為曹孫劉三方，誰佔領荊州，誰就在實力上可以得到很大的增強。曹操佔領荊州，逼降孫權以統一天下；孫權佔領荊州，要全據長江與曹操抗衡；對於劉備來說，荊州是立身之地，藉此而居以待天下之變。荊州成為曹孫劉三家逐鹿中原的衝要，它的歸屬將影響歷史步伐的節奏。三方軍事鬥爭從西元二〇八年曹操南下起，到西元二二二年夷陵之戰畫上句號為止，前後十五年，發生過五次大戰，即五次爭荊州。三國時期的三大戰役中的兩大戰役赤壁之戰和夷陵之戰皆在其中，使荊州三易其主，由此可見爭奪荊州的激烈。

第一回合，曹操南下，兵不血刃下荊州：建安十二年（西元二〇七年）十一月，諸葛亮發表「隆中對」，為劉備制定的戰略方針中，首要的目標就是奪取荊州，然後西進益州、東聯孫吳、北拒曹操。劉備

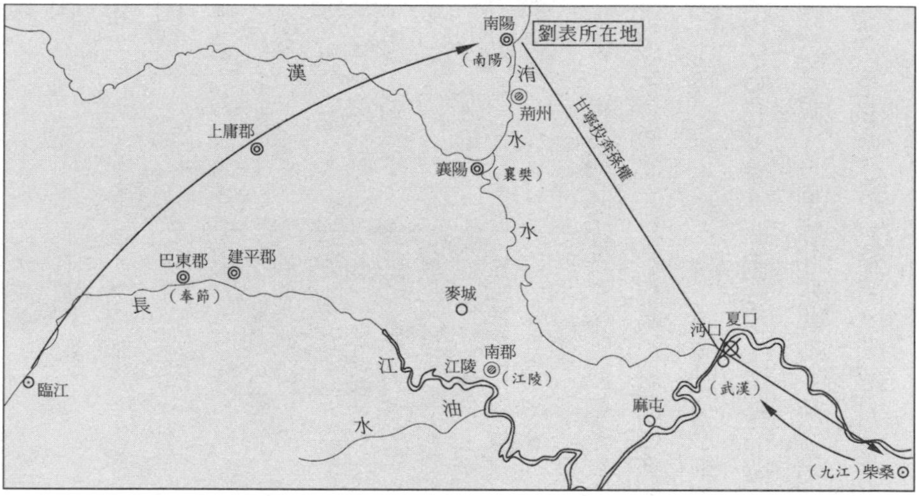

孫權滅黃祖

長期駐屯荊州，「總攬英雄，思賢若渴」，有諸葛亮、關羽、張飛、趙雲等文武相助，加之近水樓台，最有利於奪取荊州。但以興復漢室為己任的劉備，從有恩於己的同姓手中奪地盤，名不正言不順，最為天下之忌，需要等待時機。但是曹孫兩方豈容梟雄劉備從容得荊州，他們都積極準備搶奪荊州。建安十三年（西元二〇八年）春，孫權建柴桑行營，親自統兵搶先發動荊州之戰，一舉殲滅江夏黃祖，打開了荊州的東大門。與此同時，曹操做了充分的備戰，也於西元二〇八年春，在鄴城造玄武湖訓練水軍。七月，他率三十萬大軍南下，是他征戰以來最大的一次軍事行動，志欲一舉定江南。劉表也預感到荊州繼袁氏滅亡之後次當受兵，二子又不睦，軍中各有彼此。劉備從新野移駐樊城，伺機而動。劉表面臨內憂外患而束手無策，憂憤成疾。曹軍南下，聲勢浩大，劉表被嚇死，其次子劉琮繼任荊州牧，不戰而降。曹操只用了三個月的時間，兵不血刃下荊州，在爭奪荊州的第一個回合中，強勢的曹操佔了頭籌。

第二回合，赤壁之戰，曹孫劉三分荊州，拉開鼎立的序幕：西元二〇八年，赤壁之戰是曹孫劉三方爭奪荊州的第二個回合。此役孫劉結盟，挫敗曹操南下的勢力，三家瓜分了荊州，初步形成三分鼎立之局。曹操佔據南陽郡和江夏郡北部，以襄陽為重鎮，阻止聯軍北上。孫權佔據南郡和江夏郡南部，全據長江形勢，打通西進益州的大道。劉備據有江南四郡：武陵、長沙、零陵、桂陽，有了立足之地。按照戰前諸葛亮使吳所訂雙邊協定，赤壁之戰以後，荊州歸劉成鼎足之形（事詳《三國志・諸葛亮傳》），所以劉琦死後，孫權表薦劉備為荊州牧，並且把自己的妹妹嫁給劉備，鞏固聯盟。劉備表薦孫權為車騎將軍，領徐州牧。孫劉雙方互相推薦，達成勢力範圍的默契。從荊州北上宛洛，是劉備發展的方向；從揚州北上徐州，是孫權發展的方向。當時，長江上游有劉璋，漢中有張魯，關中有馬超、韓遂，這是三個互不統屬又均無遠略的割據集團。曹操佔有大江以北的中原地區，兵強馬壯，仍有力量時時捲土南下。與曹操爭天下的劉備和孫權，處在長江中、下游，無論地利和人力，均不能單獨與曹操相抗。為求生存與發展，孫劉聯盟抗曹，唇齒相依，形勢使然。

第三回合，孫劉兩家爭荊州江南三郡，聯盟發生裂痕：西元二一四年，劉備得益州，勢力壯大，荊州居吳國上游，孫權感到西強東弱，因而向劉備提出索還荊州的要求。關羽坐鎮南郡，兵力強盛，孫權不敢強求而僅討江南三郡。劉備、關羽不允，孫權派呂蒙強奪江南三郡，劉備引兵東下。曹操趁勢奪取漢中，益州震恐，成都一日數十驚。大敵當前，此次孫劉兩家沒有大動干戈，透過外交談判達成協議：兩家中分荊州，以湘水為界，南郡、武陵、零陵西屬，江夏、長沙、桂陽東屬。孫權退出強奪的零陵郡，只得到長沙、桂陽兩郡，心中不平，聯盟發生裂痕。

第四回合，孫權襲殺關羽，奪取荊州，聯盟破裂：孫劉中分荊州，劉備認為自己用長沙、桂陽換了孫權的南郡，問題已經解決，進而放鬆警惕，到西元二一九年，劉備奪得曹魏的漢中、上庸兩地，關羽又威震荊襄，勢力迅猛發展，再次打破東西均勢，孫權震恐而偷襲荊州。這時，曹魏採取挑動吳蜀相仇的策略，拉攏孫權，創造孫權放膽進攻的條件。孫權派呂蒙偷襲南郡，擒殺關羽，是荊州爭奪的第四個回合。此役之後，孫劉聯盟破裂，兩家敵對，曹丕趁此稱帝篡漢。

第五回合，夷陵之戰，荊州歸吳，三分地理均勢形成：孫權破壞聯盟，心驚膽顫。他為抵禦劉備復仇，避免兩線作戰，向曹魏稱臣，這就是發生夷陵之戰的背景。夷陵之戰，是荊州爭奪的第五個回合。劉備失守荊州，等於喪失隆中路線規劃的北伐條件，被困於四塞之地的益州，他絕對不甘心。劉備認為，伐魏，力量不足；討吳，自謂可勝，加之為關羽報仇，可以激揚士氣，因此夷陵之戰不可避免。結果是一敗塗地，戰後蜀弱吳孤，後來吳蜀雖然重新修好，也只能自存，曹魏強於吳蜀的形勢不可逆轉。諸葛亮的隆中路線，伴隨夷陵之戰的發生而中道夭折。

綜上所述，荊州爭奪的五個回合，有三個回合發生在聯盟內部，而且一次比一次升級，最終以吳勝蜀敗荊州歸吳而結束。設若夷陵之戰勝敗易主，局勢難以預料，若果還是三足鼎立，荊州爭奪仍然不會結束，不達均勢則不停止。

葛魯外交顯神威

葛魯外交是三國外交的前奏，是指赤壁之戰前夕諸葛亮和魯肅根據當時形勢不約而同提出的孫劉兩家聯合共拒曹操的構想，史稱葛魯之謀，即葛魯外交。赤壁之戰，正是由於有孫劉兩家的聯合，挫敗曹操，拉開三國鼎立的序幕。

赤壁之戰前的統一形勢：東漢末年，軍閥混戰，形成群雄割據的局面。曹操在北方經過十二年的征戰，先後翦除陶謙、呂布、袁術、袁紹等軍閥集團，基本上統一北方。建安十二年（西元二〇七年），曹操北征烏桓凱旋，清除了南下的後顧之憂，全國統一的趨勢日漸明朗。當時，全國還有七大軍事集團。北方四大集團：曹操雄踞中原，遼東有公孫康，關西有馬騰、韓遂，漢中有張魯。南方三大集團：長江上游益州有劉璋，中游荊州有劉表，下游江東有孫權。這六大軍事集團中，曹操最強，已經佔有天下之半，「擁百萬之眾，挾天子以令諸侯」，其他集團都不足與之單獨對抗，曹操具有統一全國的勢力。

葛魯外交的提出與實現：西元二〇七年，諸葛亮在「隆中對」為劉備規劃三分天下的藍圖，提出東聯孫權、北拒曹操、奪取荊益的戰略方針。當時，孫權按照魯肅、周瑜、甘寧等人提出的全據長江、北抗曹操的戰略方針，積極備戰西征。西元二〇八年，孫權移行營於柴桑，發動討伐劉表的荊州之戰，一舉殲滅江夏的黃祖。劉孫兩家都要奪取荊州，發生戰略衝突，因此諸葛亮規劃的孫劉聯盟，只是一廂情願的構想，沒有實現的條件。

西元二〇八年七月，曹操大舉南下，形勢急轉，魯肅敏銳地看到劉表不足以抗衡曹操，他立即向孫權提出修正全據長江的戰略方針，調整為聯合荊州、共拒曹操的戰略方針。魯肅對孫權說：「荊州內部衝突重重，劉表的兩個兒子劉琦、劉琮一向不和，軍中諸將分成兩派，各自擁護一方。劉備一世英雄，寄居荊州，假如劉備可以與荊州方面同心協力，上下一致，就應該支持他們，和我們結盟交好；如果不能，就應該相機行事，另想辦法。」八月，曹操兵臨荊州，劉表驚嚇而死，形勢危急，魯肅主動要求以弔喪為名，出使荊州，慰問軍中諸將，並勸說劉備，安撫劉表舊部，齊心協力，對付曹操。孫權採納魯肅的建議，當即命他啟程前往荊州。魯肅晝夜兼程，趕到南郡（治江陵，故城在今湖北江陵東北），形勢又發生突變，劉琮投降曹操，劉備戰敗南逃。正在千鈞一髮之際，魯肅臨危不懼，毅然親赴前線，在當陽（今屬湖北）長坂坡遇見劉備，轉達孫權旨意，勸說劉備與孫權聯合。劉備處在敗軍之際，正待有人支持，自是欣然同意，於是率領殘部向東退走，駐紮鄂城，靠攏孫權。孫權採納魯肅聯荊抗曹的策略，至此出現孫劉聯合的條件。但是孫權的戰略修正是曹操大舉南下逼出來的，諸葛亮奉命隨魯肅過江，在柴桑行營舌戰群儒，駁倒投降派，在魯肅的推動下，孫權讓步，答應兩家聯合，打敗曹操，荊州歸劉。用諸葛亮的話說，就是兩家聯合抵抗曹操，曹操一定會戰敗，退回北方。這樣一來，「則荊、吳之勢強，鼎足之形成矣」。這就是赤壁之戰拉開鼎立序幕的來歷，孫劉兩家在戰前的雙邊談判中就確定了。這完全是曹操急於東進發動赤壁之戰帶來的後果。也就是說，是曹操推動孫劉結盟，發動赤壁之戰是一個戰略性的錯誤。

葛魯外交顯神威：葛魯外交實現孫劉聯盟，取得赤壁之戰的勝利。赤壁之戰以後，孫劉互為犄角，呈現出蓬勃生機。西元二一二年，孫權作濡須塢，西元二一四年又攻下皖城，築起鞏固的江北邊防，憑藉長江之險。西元二一四年，劉備得益州，有了立國根基。西元二一五年，劉孫爭荊州南三郡，蜀軍東下。曹操趁機進兵漢中，佔了便宜。但是這次曹操仍未掌握好火候，又失之於早，成全了兩家和解。孫劉中分荊州，又協同作戰，孫權圍合肥，劉備取漢中，曹操疲於奔命，只好臨江而嘆，逾秦嶺而生畏。西元二一九年，關羽北伐，威震荊襄，是孫劉聯盟達於巔峰的表現。假如此時，孫權在東，全力向北，一支出合肥，一支取徐州，劉備在西，率益州之眾出秦川，曹操是無法應付的。再假如吳蜀取得全線勝利，蜀得關中、襄陽，吳破合肥、徐州，或是這四個方向只取得一半的勝利，都會使中原震動、人心倒向，進而打破平衡，使曹魏陷於危局，三國的歷史就要重寫了。

吳蜀重結盟好成鼎足：歷史不能假設，葛魯外交中途夭折，結果是孫權背謀，奪得荊州，演成鼎立之勢。但是小國自相殘殺，大國漁利，吳蜀均不免滅亡。這個整體形勢，決定吳蜀聯盟才能生存，所以金戈鐵馬之後，仍能握手言和。西元二二三年，鄧芝使吳，吳蜀通好，葛魯外交進入三國外交階段。西元二二九年，孫權稱帝，吳蜀訂立中分天下的盟約，三國鼎立的政治均勢形成，三分對峙之局不可逆轉。

三國鼎立之謎

三國鼎立之謎，就是人們經常提出的問題：是「時勢造英雄」，還是「英雄造時勢」？綜上各節所述，三國鼎立形成的歷史原因是極其複雜的。以根本性的歷史原因來說，東漢末年軍閥混戰形成的三分人才均勢和三分地理均勢是兩個最重要的因素。漢末戰亂形成的「人才三分」，是「時勢造英雄」；如何平亂世，「人謀」規劃了三分之局，是「英雄造時勢」。二者相輔相成，互為因果，整體趨勢是前者為因、後者為果，即三國鼎立是「人謀」所結之果。也就是說，「人謀」在三國鼎立形成中，產生決定性的作用。

「人謀」規劃三分的核心是謀求地理均勢，同時又謀求政治均勢，地理均勢是政治均勢的前提條件。所以三國形成時期，曹孫劉三方的軍事鬥爭和外交鬥爭都是圍繞荊州的爭奪而展開，隨著荊州歸屬的解決才形成三分地理均勢，而後出現三分的政治均勢。至此，三國鼎立的對峙，就成為必然之勢，也就是不以人的意志為轉移，曹孫劉三方都無力統一天下。陳壽撰《三國志》，只有紀傳，而無表志，著重記載三國形成時期的人物，生動具體地表現這個歷史演變的主旋律，即「人謀」在形成三分過程中的決定性作用。一部《三國志》，總共記載四百四十一人的傳記，最耀眼的是謀略人物而不是軍事人物。三國人物傳記的分合排列以類別與時序相結合，重心突顯的是政治謀略人物。曹魏的五虎將張遼、樂進、于禁、張郃、徐晃按類為一傳，他們排在程昱、郭嘉等謀士傳之後。蜀國的五虎將關羽、張飛、馬超、黃忠、趙雲為合傳，列在諸葛亮傳之後。吳國以張昭、顧雍、諸葛瑾、步騭等政治人物合傳居前，程普等十二員虎將合傳在後，文武雙全的周瑜、魯肅、呂蒙等人合傳在二

三國鼎立圖

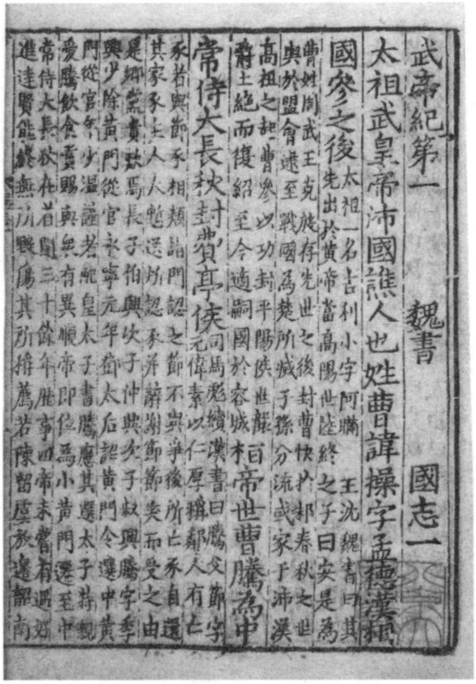
武帝紀第一　魏書　國志一

太祖武皇帝沛國譙人也姓曹諱操字孟德漢相國參之後

常侍大長秋封費亭侯

《三國志》宋刻本

明・崇禎刻本《三國志》書影

者之中。陳壽論人，重在人物器識的發揮，不時做比較。如將劉備與曹操相較，認為劉備「機權幹略，不逮魏武，是以基宇亦狹」。又將蜀漢的龐統和法正與曹操謀臣比較，認為龐統可與荀彧為仲叔，法正與程昱、郭嘉相儔並。從陳壽所寫《三國志》的重心和對人物傳記的布局與品評來看，用意重在探索三國鼎立形成的歷史原因和「人謀」的作用。三國人物的這個特點，給我們留下寶貴的經驗和財富。研究三國人物，可增長才智，吸取他們的教訓，可避免犯錯；運用三國謀略，可增加事業的成功機率。三國人物，可歌可泣；三國歷史，應該敬畏。

第二章

曹劉孫三家集團的興起

東漢末年的軍閥混戰，在激烈的社會抗爭中，英雄出世，演出三國鼎立的歷史劇。三國鼎立的創業之主曹操、劉備、孫權，他們是三國時代最傑出的政治家、軍事家，人們所熟知的英雄人物。三人相較，各有長短。曹操謀略最優而奸險詐偽，劉備弘毅寬厚而見事遲疑，孫權任才尚計而能屈能伸，都是人間英傑，成為創業之主而鼎峙三分。《三國志》作者陳壽，評曹操第一，稱他為「非常之人，超世之傑」；認為劉備第二，「機權幹略，不逮魏武」，有漢高祖的氣度，是一個英雄；評孫權「有勾踐之奇英，人之傑矣」，顯然是第三位的人物。三國鼎立的地盤闊狹，可以稱量三人的才能大小，應該是曹操第一，孫權第二，劉備第三。曹孫劉三個集團的興起，與三人的才識和經歷有至關重要的關係。知人論世，說三分，很大程度就是評說曹孫劉。

東漢末年的軍閥混戰

三國鼎立是東漢末年軍閥混戰割據兼併的結果。西元一九〇年，關東起兵討董卓，爆發東漢末年的軍閥混戰，群雄林立，東漢統治崩潰，實際上已經名存實亡。

董卓亂政：董卓是東漢末年窮凶惡極的軍閥。西元一八九年，他帶兵入洛陽，專斷朝政，擅廢立，成為漢末軍閥混戰的導火線。

董卓畫像

董卓，字仲穎，隴西郡臨洮縣人。兩漢時期的臨洮縣即今甘肅岷縣，那時是一個防禦羌人的邊陲重鎮，為隴西郡的南部都尉治。這一帶山高水險，原本是羌中之地。這裡的人民與羌人交接，騎馬彎弓，養成勇武剽悍的習性，董卓就是在這樣的地理環境和社會習俗中成長的雄略人物。董卓出身於一個武官家庭，父親董君雅是潁川綸氏縣尉，縣尉領一縣之兵。董卓生來力大體壯，有一副好身軀，粗猛有謀，史稱他「膂力過人，雙帶兩鞬，左右馳射，為羌胡所畏」。青年時期，他遊歷羌中，盡與羌豪相結，精通羌人之事，被羌人視為豪俠好漢。董卓成為軍閥，他的基本成員就是以羌人為主體的涼州兵。

董卓是在東漢對西羌的部族戰爭中培植起來的軍閥。西羌擾邊是東漢嚴重的邊患，兵鋒禍及的地區，為今甘肅、陝西、山西及四川北部等廣大地區。干戈綿延的歲月，從安帝永初元年（西元一〇七年）至靈帝建寧三年（西元一七〇年），長達六十三年。董卓年少從軍，他從一個行伍吏卒升遷為中郎將、前將軍，就是在羌漢戰爭中逐步升上來的。他二十多歲時為涼州兵馬掾，擊破羌胡，「斬獲千計」。西元一六七年，董卓三十五歲，為中郎將張奐司馬，大破寇掠關中的東羌、先零羌，斬其酋豪，首虜萬餘人。西元一八四年，董卓為東中郎將，鎮壓山東黃巾軍，兵敗抵罪。西元一八五年，又被起用為破虜將軍，從張溫西征韓遂，六路大軍，五路敗退，唯董卓一軍不敗，升為前將軍，與皇甫嵩齊名。此時，董卓已經擁兵自重。西元一八九年，靈帝徵董卓為少府，要他交出兵權，董卓抗命不就。靈帝又改拜董卓為并州刺史，調離關中。董卓仍然不交兵權，帶領涼州兵駐屯河東觀變。何進召董卓，他聞

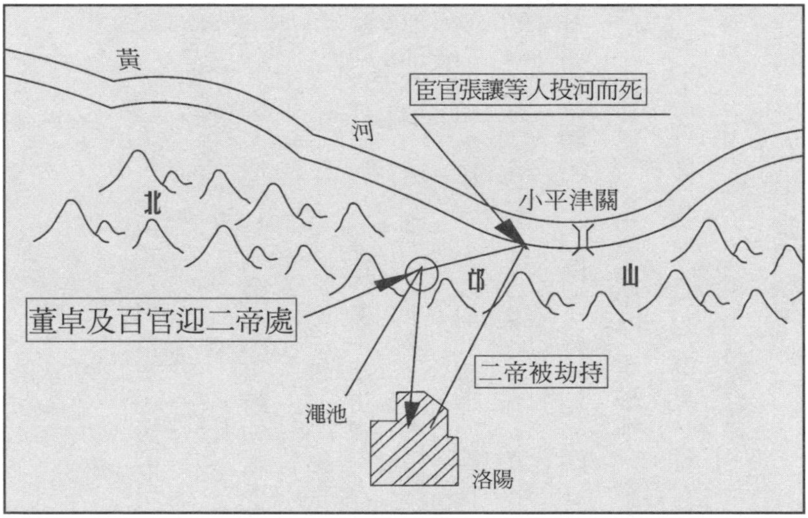

董卓入洛陽

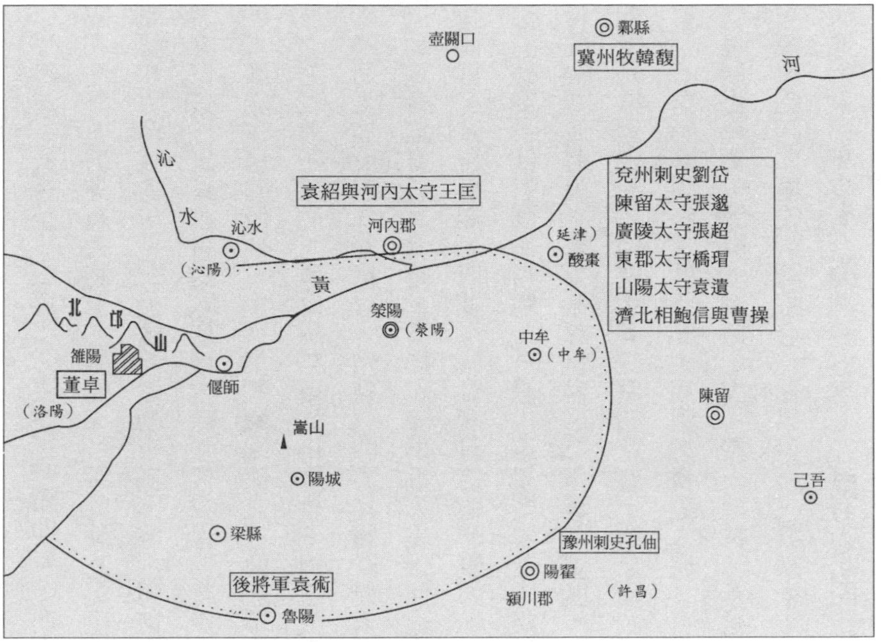

十二路諸侯討董卓

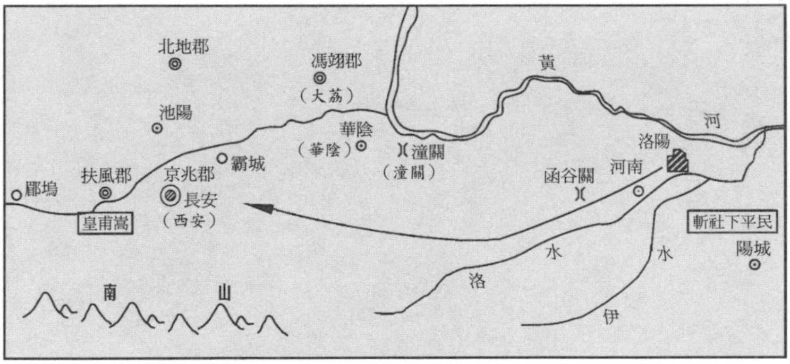

董卓脅獻帝西遷長安

命星夜上路，帶兵入洛陽。

西元一八九年，靈帝死，少帝劉辯即位，何太后臨朝，外戚何進為大將軍。當時，多數的朝官名士包括袁紹和袁術在內，還想挽救將傾的東漢大廈，與何進聯盟誅宦官。出身宦官的寒族地主豪強代表人物曹操，也加入謀誅宦官的行列。宦官集團極端孤立，何進不費吹灰之力就殺了蹇碩，奪得對禁軍的指揮權。但是代表皇權的何太后反對誅除宦官，何進召四方猛將豪傑入京，以兵諫脅迫太后。當時，曹操和陳琳等人主張何進專命誅宦官，先斬後奏，何進也確實擁有這樣的實力。何進沒有聽從，他有兩個考慮：一是投鼠忌器，為了維護皇權的神聖，何進不願專命誅宦官。二是專制制度，矯命獨斷乃欺君之罪，何進不願犯宮闕之怒，所以召諸侯入京強行請旨誅宦官。殊不知，用強力脅迫太后，實際上就是蔑視皇權，等於「倒持干戈，授人以柄」，足以煽起董卓窮凶惡極的覬覦野心。結果宦官先發制人，殺了何進，袁紹和袁術合力消滅宦官，卻沒有力量阻止董卓

漢魏洛陽城城牆遺址

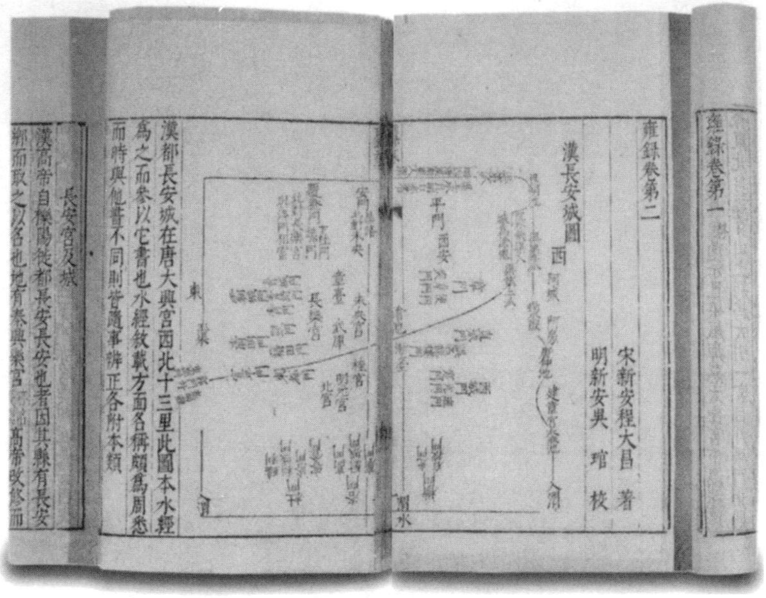

宋人程大昌《雍錄》中的漢長安城圖

入京。東漢宦官政治就像人類的癌症晚期一樣，伴隨著宦官的誅滅，東漢政權也瓦解了。董卓入洛陽，步騎不過三千人。當時，京師官兵甚盛：司隸校尉袁紹擁有禁軍的指揮權，曹操擔任典軍校尉，後將軍袁術控制大將軍何進的部曲，濟北相鮑信又募來一支山東兵，執金吾丁原有驍將呂布，這些力量合起來十倍於董卓而有餘。由於董卓三十餘年的行伍生涯，具有身經百戰的經驗，當時的東漢朝廷裡，沒有一個將軍是他的對手。董卓察覺自己勢單力弱，但是他十分狡詐地運用權謀來虛張聲勢，幾天後就在夜裡將部眾拉出軍營，天明「乃大陳旌鼓而還，以為西兵復至，洛中無知者」。董卓這一手，竟然鎮住袁紹、袁術、曹操等人，他們紛紛逃出京師，禁軍及何進的部曲統歸於董卓。董卓又離間丁原部曲，使呂布殺丁原而併其眾，收呂布為義子，於是勢力大盛。

董卓入洛陽所做的第一件事就是廢帝更立，控制皇權。董卓廢少帝劉辯為弘農王，隨後又殺弘農王及何太后，拔掉朝官和名士所憑藉的旗幟。董卓立靈帝少子陳留王劉協為帝，這就是漢獻帝。漢獻帝時年九歲，被董卓玩弄於股掌之中。董卓挾天子以令諸侯，自稱太師，遷相國，封郿侯，帶劍上殿，位在百官之上，儼然是一個攝政王。

董卓廢帝擅立，大權在握，野心日益暴露。他不思治國，一心謀劃篡逆，放縱部下以結黨羽。東漢二百餘年承平，京師貴戚宅第相望，金帛財產家家殷積。董卓驅使士兵剽擄、淫掠婦女，謂之「搜牢」。何太后合葬在靈帝文陵，董卓趁機掠取陵中隨葬珍寶，又「奸亂公主，妻略宮人」，「以嚴刑脅眾，睚眥之隙必報，人不自保」，國家法紀全被踐踏。

西元一九〇年，關東起兵，董卓退出洛陽，脅迫漢獻帝西遷長安，更暴露他的凶殘性。他挖掘諸帝陵寢及公卿墓塚，搜其珍寶。董卓還把洛陽及其附近二百里內居民幾百萬人驅趕入關中，將房屋燒光，雞犬殺盡。被驅趕的人民沿途缺糧，更遭到軍隊的踐踏和搶掠，死亡無算，積屍滿路，史稱「舊京空虛，數百里中無煙火」。東漢二百餘年來政治、經濟、文化中心的巍峨帝京，成為一片瓦礫場，董卓又把關中弄得殘破不堪。他大肆搜刮，敲剝黎民，築塢於郿縣，高厚七丈，與長安城等，號曰「萬歲塢」，積貯三十年的軍糧，珍藏黃金二三萬斤，銀八九萬斤，綿綺珠玉雜物奇玩積如丘山。董卓得意洋洋自稱：「事成，雄踞天下；不成，守此足以畢老。」由此可以看出，董卓把個人的榮辱建立在千百萬人的屍骨上。

董卓為了滿足無止境的貪欲，錐破秦時所鑄的銅人和鐘虡，又毀壞漢時的五銖錢，更鑄小錢，致使物價騰貴，穀一斛至數十萬，百姓又蒙受一層災難。

漢獻帝初平三年（西元一九二年）四月，司徒王允用計收買呂布誅殺董卓。當時，漢獻帝染病痊癒，宴會群臣於未央殿。呂布懷揣誅董卓詔書前往迎請董卓，呂布同鄉騎都尉李肅率親兵十餘人化裝為衛士守在掖門。董卓入宮，李肅等人奮起殺董卓，董卓呼叫呂布保駕。呂布宣讀詔書，刺死董卓。長安百姓奔相走告，仕女出賣衣裝首飾，沽酒相慶，「士卒皆稱萬歲，百姓歌舞於道」。一代窮凶惡極的禍國大盜，終於被釘在歷史的恥辱柱上而遺臭萬年。

中原十年混戰：東漢末年的軍閥混戰，從西元一九〇年至一九九年（漢獻帝初平元年至建安四年），是十年混戰時期，爭戰異常激烈。黃河兩

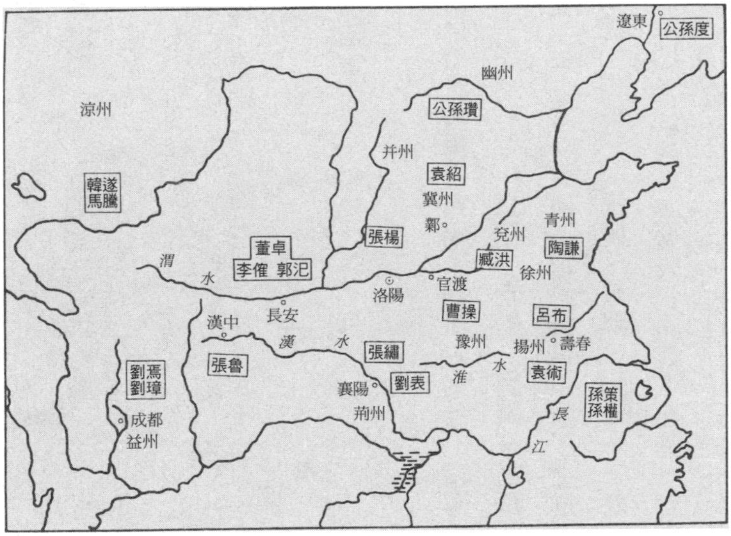

東漢末年軍閥割據形勢圖

岸，淮河之北，整個中原大地化為戰場，城邑村落變成廢墟。

關東諸侯起兵討伐董卓，推袁紹為盟主。關東軍十倍於董卓，並從北、東、南三面包圍洛陽，原本可以一戰擒賊。當時，曹操和孫堅奮勇爭先殺敵，尚有興復漢室之志。袁紹和袁術假討董卓之名，行割據之實，各路諸侯坐觀形勢，擴充勢力，董卓從容撤出洛陽，浩劫兩京。漢獻帝西遷，中原無主，各路諸侯立即展開火拼。首先，劉岱殺橋瑁，奪取東郡。袁紹用計，引誘幽州公孫瓚南下攻擊冀州，迫使韓馥讓出冀州，袁紹自領冀州牧。作為盟主的袁紹，搶奪別人的地盤，關東軍聯盟不復存在，軍閥混戰就這樣形成了。

公孫瓚畫像

《後漢書》立傳的有九大軍閥：董卓、劉虞、公孫瓚、陶謙、袁紹、劉表、劉焉、袁術、呂布。九大軍閥按照各自代表的階級傾向劃分，士族地主集團有五：袁紹、袁術、劉表、劉焉、劉虞，寒族地主集團有四：董卓、公孫瓚、呂布、陶謙。《三國志》立傳的軍閥較多，除了上述九人以外，又增加十二個軍閥人物，立專傳的有七人：臧洪、張楊、公孫度、張燕、張繡、張魯、劉繇；立附傳的有五人：李傕、郭汜附董卓傳，袁譚、袁尚附袁紹傳，張邈附呂布傳。此外，未立傳的軍閥人物有韓遂、馬騰、張超，裴松之注做出補充。《三國志》及裴注增加的十五個軍閥人物，除了劉繇為士族，張燕、張魯為農民首領以外，其餘十二人全屬寒族地主集團。上述總共二十四個軍閥人物，是以全國範圍來說的。其中割據周邊州郡的有七人：韓遂、馬騰、劉焉、張魯、劉繇、公孫度、劉虞。韓遂、馬騰據雍涼，西元二一四年為曹操所滅。劉焉據益州，兩傳至劉璋，西元二一四年為劉備所併。張魯據漢中，西元二一五年為曹操所併。劉虞據幽州，西元一九三年被公孫瓚兼併。劉繇據揚州，西元一九五年為袁術所遣孫策討滅。公孫度據遼東，三傳至公孫淵，西元二三八年為曹魏所遣大將司馬懿討滅。這些周邊軍閥，沒有力量參與中原逐鹿，只是趁亂割據地盤，為一方霸主。董卓死後，逐鹿中原的主要有下列九大集團。依由北往南的地域態勢，分敘如下。

公孫瓚集團：公孫瓚，字伯珪，遼西令支人，原本是家世二千石的士族子弟，由於庶出受到世俗冷落，只得為郡小吏。後來，公孫瓚從戎，與塞外烏桓力戰，積功為奮武將軍，封薊侯。軍閥混戰之初，公孫瓚手握強兵，從幽州南下，據有冀州大部及青州，與袁紹抗衡近十年。西元一九九年（建安四年）春，為袁紹所滅。

袁紹集團：袁紹憑藉袁氏四世五公的高門，結交豪傑，殺宦官，反董卓，位居司隸校尉之顯職，被四方英雄視為人傑。西元一九〇年，以渤海太守身分起兵討董卓，聲望冠中原，被推為盟主，駐兵河內。西元一九一年四月，董卓西去，關東軍解體，混戰開始。袁紹不戰而得冀州，一時之間，兵力最強盛。冀州從事沮授建議袁紹東攻青州、西擊黑山、北併公孫瓚，和撫戎狄，據青冀幽并四州之地，南向以爭天下。西元一九九年，袁紹併滅公孫瓚以後，完全達到他的預期目的。袁紹勢力達於鼎盛，他的驕恣及野心也達於頂點，成為天下第一軍閥。

袁術畫像

袁術集團：袁術是袁紹的同父異母兄弟，因為嫡出而蔑視袁紹，兄弟二人不和。袁術反董卓而出奔荊州魯陽，時為後將軍。袁術志大才疏，無所作為。長沙太守孫堅領兵北上討董卓，殺荊州刺史王叡和南陽太守張咨，因借袁術名望而擁為軍主，袁術才得以據有南陽。西元一九二年初，袁術使孫堅攻劉表，孫堅戰歿，袁術在南陽遭到曹操、劉表夾擊不能立足。西元一九三年，袁術轉兵東向殺揚州刺史陳溫，據有淮南。袁術統治暴戾、窮奢極侈、大肆搜刮，弄得民窮財盡、軍人乏糧。西元一九七年，袁術稱帝於壽春，眾叛親離，又遭呂布、曹操攻擊，由是破敗。西元一九九年春，袁術窮迫欲北上青州依袁譚，曹操遣劉備及將軍朱靈在徐州截擊，袁術不得過，還走壽春，六月病死，部曲星散。

呂布集團：呂布原本為并州刺史丁原部將。西元一八九年，何進召丁原入洛陽謀誅宦官。董卓入洛陽以後，離間呂布殺丁原，呂布投董卓。西元一九二年，司徒王允聯結呂布殺董卓。涼州將李傕、郭汜率董卓殘部攻入長安，呂布南出武關投袁術。袁術惡其反覆無常，拒而不受，又北投張楊、袁紹。呂布助袁紹攻破黑山軍張燕，恃功求索，要求擴大領兵。袁紹畏忌，遣刺客殺呂布，沒有成功，呂布走河內依張楊。西元一九四年春，陳留太守張邈與陳宮謀策，迎呂布入主兗州，與曹操相爭。西元一九五年農曆閏六月，呂布兵敗，投徐州劉備。次年夏，呂布趁劉備與袁術交兵之際，偷襲劉備根據地下邳（今江蘇邳縣南），自稱徐州牧。呂布與袁術合謀奪取徐州後，兩人又反目互相攻戰。呂布反覆無常，為天下所忌，西元一九八年末，被曹操擒殺。

張楊集團：張楊也是丁原部將，與呂布同僚，駐屯河內。河內北依太行山、南瀕黃河、西控虎牢關，是中原的戰略要地。張楊初依袁紹，袁紹得冀州，使張楊守河內。張楊後投董卓，董卓敗亡復依袁紹。西元一九八年，張楊聲援呂布，曹操藉機把勢力延伸河內，收買張楊部將楊醜殺張楊，以河內附曹操。張楊另一部將眭固殺楊醜，仍然以河內附袁紹。西元一九九年春，袁紹在幽州與公孫瓚進行主力決戰，曹操揮兵進河內，殺了眭固，袁曹公開決裂，進而成為官渡之戰的導火線。

臧洪集團：臧洪，字子源，廣陵射陽人，為廣陵太守張超功曹。西元一九〇年，臧洪說服張超起兵討董卓，張超依從其計，與其兄陳留太守張邈引兵會於酸棗。關東諸

呂布畫像

張楊畫像

臧洪畫像

陶謙畫像

侯設壇盟誓，共推臧洪為司儀。臧洪升壇操盤歃血為盟，慷慨陳詞，激揚士眾，聲名遠播。袁紹招致臧洪，使其撫領青州，與公孫瓚所署青州刺史田楷連戰兩年，為袁紹奪得青州。袁紹使其子袁譚領青州，徙臧洪為東郡太守。西元一九六年，曹操擊敗呂布奪回兗州，圍張超於陳留。臧洪從袁紹請兵救張超，袁紹不許，曹操破殺張超。張超之兄張邈南走壽春求救於袁術，半途為其兵所殺。臧洪怒袁紹不救張超，以東郡叛袁紹。袁紹興兵攻圍年餘，破殺臧洪。

陶謙集團：陶謙，字恭祖，丹陽人，為諸生，舉茂才，歷官盧縣令、幽州刺史，徵拜議郎。黃巾起義，朝廷以陶謙為徐州牧。關東兵起，曹操之父曹嵩避難琅琊。西元一九二年，曹操據有兗州，迎曹嵩赴兗。曹嵩曾經為太尉，貪贓財物至鉅，有輜重百餘輛。陶謙遣都尉張闓率騎士二百護送，張闓等人貪財，殺曹嵩取其財，逃奔淮南。這是《三國志・武帝紀》裴松之注引《吳書》的記載。關於曹嵩之死，有幾種說法。裴注又引《世說新語》記載，說陶謙密遣部將殺曹嵩。《後漢書・陶謙傳》記載，曹嵩為陶謙別將所殺，陶謙實不知情。曹操遷怒於陶謙，在西元一九三年至一九四年全力征討。曹軍攻破彭城、傅陽、取慮、睢陵、夏丘五城，皆屠之。歷史記載，曹操「凡殺男女數十萬人，雞犬無餘，泗水為之不流」。董卓亂兩京時期，中原及關中士民多流移徐州，至此遭曹軍蹂躪，大多被殺。徐州殘破，陶謙憂死，遺命讓州牧於劉備。

張繡集團：張繡，武威人，董卓部將張濟之族侄。西元一九六年，張濟引眾出關入荊州攻劉表，在穰城中流矢而死。張繡領其眾歸附劉表，駐屯穰城，抗拒曹操，曹操連年攻張繡不能下。官渡之戰前夕，張繡從賈詡計，領眾歸附曹操。官渡之戰，張繡力戰有功，後從曹操破袁譚於南皮，征烏桓於柳城，功勳卓著。但是淯水之戰，曹丕以張繡殺其兄曹昂數辱張繡，張繡自殺。

劉表集團：劉表，字景升，山陽高平（在今山東金鄉縣西）人，漢末名士八俊之一。西元一九〇年，荊州刺史

張繡畫像

劉表畫像

王叡被孫堅所殺，劉表代王叡為荊州刺史。因為袁術在南陽阻斷劉表上任，劉表從間道單馬入宜城，採納荊州名士蒯越等人的建議，誘殺宗賊渠魁五十餘人，撫用附從的地方勢力，「南據江陵，北守襄陽」，據有荊州，與袁術相抗。西元一九二年，劉表與曹操合兵逐走袁術，擔任鎮南將軍、荊州牧。西元一九八年，劉表擊敗遙應曹操的長沙太守張羨，使自己的轄地「南接五嶺，北據漢川，地方數千里，帶甲十餘萬」，成為南方最大的割據者。但是劉表無戡亂之才，只想「保江漢間，觀天下變」，不介入逐鹿中原之爭。官渡之戰，他坐山觀虎鬥，應袁紹之援而不出兵相救，使得曹操從容不迫地統一北方。

中原十年混戰以後的態勢：上述九大軍閥，加上董卓，總共有十大軍閥逐鹿中原。曹操、劉備、孫權三家，是魏蜀吳三國的創業之主，並非等閒軍閥，在下一章做專題評述。孫氏在江東發

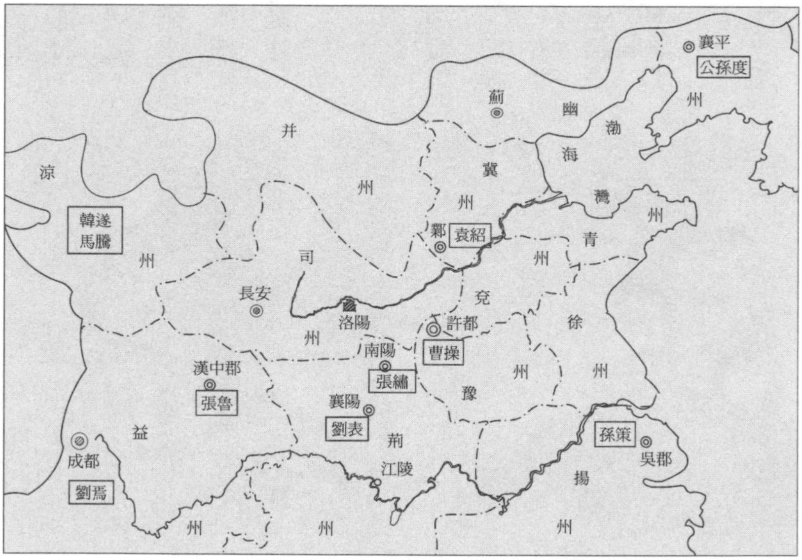

中原十年大混戰以後，西元199年軍閥割據態勢

展，未參與中原逐鹿。劉備在北方根基不厚，又無良輔，兩次得徐州，兩次失徐州，西元二〇〇年南依劉表，退出中原之爭。董卓敗亡後，爭逐中原的主要是五大集團：河北的袁紹、公孫瓚，河南的曹操、呂布，淮南的袁術。張楊、臧洪、陶謙、張繡、劉表，以及張燕、張邈、張超等人，並無縱橫天下之志，只是在軍閥混戰的洪流中被捲入逐鹿中原之爭。公孫瓚、呂布、袁術、劉表曾經風雲一時，鼎盛時期有很大的力量，手下有眾多謀臣武將，但是他們缺乏遠略，在爭雄中，必然為強者所滅。公孫瓚頑悍樂殺；袁術狂愚而逞；劉表雍容論道；呂布倏此倏彼，見利忘義，為人所忌。他們的失敗是註定的。曹操和袁紹是立於群雄之上的代表人物，他們都有縱橫天下之志，都想取代漢室，各有一套圖謀遠略的規劃。袁紹取河北，曹操圖河南，兩人同床異夢又緊密攜手，共圖發展。在中原十年混戰中，兩人背靠背，一個向北，一個向南，不受夾擊，因此各自取得勝利。西元一九一年末，公孫瓚南下，其勢凶猛，曹操助袁紹擊退公孫瓚。西元一九二年，袁術從南陽北進，袁紹助曹操趕袁術出南陽。在袁紹與曹操攜手共進中，曹操依賴袁紹的扶植而發展，袁紹結援曹操而無後顧之憂。其他軍閥都是獨自參與中原逐鹿，袁紹與曹操卻是並肩戰鬥，按照人際關係一加一大於二的計算公式，袁曹結盟自然是所向無敵。到了西元二〇〇年，北方除了關隴和遼東兩個邊隅地區以外，八州之地為袁曹兩大軍事集團分割。袁紹兼河北青、冀、并、幽四州，曹操兼河南司、豫、兗、徐四州。兩大集團旗鼓相當，軍事上袁強曹弱，政治上曹操「挾天子以令諸侯」，優於袁紹。天無二日，人無二主，袁曹爭雄必然會爆發，這就是官渡之戰。

曹操崛起於亂世

曹操，西元一五五年出生，死於西元二二〇年，年六十六歲。二十歲的時候，被舉為孝廉，初仕郎官，登上政治舞台，欲立功封侯，此其本志。

西元一九〇年，曹操三十五歲，陳留起兵討董卓，在風雲突變的漢末亂世中，縱橫馳騁三十年。他「挾天子以令諸侯」，統一北方，是奠定三國鼎立的第一人物。亂世造就曹操，培養他的野心，時人評為「治世之能臣，亂世之奸雄」。

曹操本志：曹操，字孟德，一名吉利，小字阿瞞，沛國譙縣人。漢代譙縣，即今安徽北部的亳州市。

曹操出身於宦官集團的官僚地主豪強大族，他的祖父曹騰是歷事安帝、順帝、沖帝、質帝、桓帝五朝的宦官，位至中常侍，被桓帝封為費亭侯。曹操的父親曹嵩是曹騰的養子，出自夏侯氏。《曹瞞傳》和《世說新語》都說是夏侯惇的叔父，即曹操與夏侯惇是堂兄弟，所以曹氏和夏侯氏非常親密，兩姓子弟成為曹操起家的主要力量。

曹騰是宦官，恩蔭曹嵩仕途一帆風順，歷官司隸校尉、大司農等職。漢靈帝賣官，曹嵩花了一億錢買得太

曹操畫像

尉高官，可見家產之殷富。曹氏家族在漢末做京官和地方官員的不只曹嵩一人。曹騰之弟曹褒官至潁川太守，曹褒之子曹熾官至侍中、長水校尉，曹熾是曹仁之父。曹騰的侄兒曹鼎官至尚書令，另一堂侄官至吳郡太守。這些人都是家財萬貫，僮僕上百人。曹鼎的侄兒曹洪家財甚至超過曹操，豢養的家兵達千餘人之多。曹氏家族在政治上和經濟上都是顯赫的豪強，讓曹操的仕途毫無阻礙，但宦官出身仍屬寒門，被官僚士大夫看不起。西元二〇〇年官渡之戰，袁紹發布的討曹操檄文就稱曹嵩為「乞丐攜養」，詆毀曹操為「贅閹遺醜」。因此，曹操難免會有自卑感，對於他所走道路以及執政產生複雜而微妙的影響。

曹操小時候很機靈，愛好飛鷹走狗，放蕩不羈，不受禮俗約束。他的叔父看不慣他，就在曹嵩面前告狀。曹操知道以後，想出一個辦法來報復叔父，以杜絕後患。有一天，他看見叔父走來，就故意把嘴歪到一邊，做出難過的模樣，假裝中風。叔父信以為真，趕忙去找曹嵩，曹嵩嚇了一跳。曹嵩見了曹操，卻見他安然無恙。曹嵩問：「叔父說你中風了，這麼快就好了？」曹操恨恨地回答：「叔父不喜歡我，都是亂說的。」從此，曹嵩再也不聽曹操叔父的話，由此可見曹操的狡詐和權謀。

西元一七五年，曹操二十歲，被推舉為孝廉又被推舉為郎，因為受到父祖蔭庇，歷任洛陽北部尉、頓丘令、議郎。曹操在洛陽北部尉任上，造「五色棒」懸於四門，有犯禁者，不避豪右，皆棒殺之。曹操曾經棒殺夜行的靈帝寵臣蹇碩的叔父，京師肅然。西元一八四年，曹操為騎都尉，率軍鎮壓潁川黃巾，以功升任濟南相。濟南國轄十餘縣，長吏依附宦官和貴戚，貪贓枉法；民俗迷信，淫祀多達六百餘祠，歷任長吏無法禁絕。曹操上任，罷去八個縣的贓吏，又禁斷淫祀，拆毀祠屋，奸宄逃竄，一郡清平，由於觸犯權貴，被任命為東郡太守。東郡為京師近郡，乃權貴橫行之地。曹操恐致家禍，稱疾歸鄉里。西元一八八年，靈帝建西園八校尉，曹操又被起用為典軍校尉。西園軍統帥是上軍校尉宦官蹇碩，副統帥是中軍校尉袁紹。曹操結納袁紹，兩人結拜為兄弟，謀誅宦官。

漢桓帝十常侍亂政（《帝鑑圖說》插圖）

西元一八九年，大將軍何進與袁紹謀誅宦官，曹操參決機要。曹操出身於宦官集團卻走上反宦官的道路，由此表現出他的不凡。曹操要在政治上嶄露頭角，必須廁身於世族名士行列，所以他矯情飾志，力爭贏得世族地主集團的支持。梁國橋玄、南陽何顒十分器重他。橋玄官至太尉，稱曹操為「命世之才」，並且以妻子相託。

西元二一〇年末，曹操曾經頒布《述志令》，宣稱自己青年時期希望天下太平，做一個清官，或是歸隱於故里，秋夏讀書，冬春射獵。後來擔任典軍校尉，想為國家討賊立功，西征韓遂，死後立一墓碑，刻上「漢故征西將軍曹侯之墓」，這就是他的本志。從曹操步入仕途的所作所為來看，這是符合實情的。曹操想以個人的努力來立功封侯，洗刷「贅閹遺醜」的汙名，成為一個漢室忠臣。由於董卓構難，形勢導致曹操走上另一條道路，那就是：逐鹿中原，與敵競爭，稱孤道寡，建立曹氏基業。

曹氏和夏侯氏的豪強資本，加之曹操的籌策善計，曹氏集團很快在北方亂世中崛起。

陳留起兵：董卓入京，拉攏曹操，任命他做驍騎校尉。曹操拒絕合作，逃出洛陽，到陳留（今河南開封東）募兵反董卓。曹操出了虎牢關，路過成皋村，到故友呂伯奢家借宿。呂伯奢不在家，他的五個兒子盛情款待。曹操聽見食器聲，誤認為是謀害他，於是手起劍落，殺了呂伯奢全家八口。事後發現唐突，既後悔又悲傷，然後狠心地說：「寧我負人，毋人負我。」由此可見曹操的奸雄本色，這兩句話，誰聽了都會不寒而慄。

陳留太守張邈是曹操的密友，陳留人衛茲也出財相助。曹

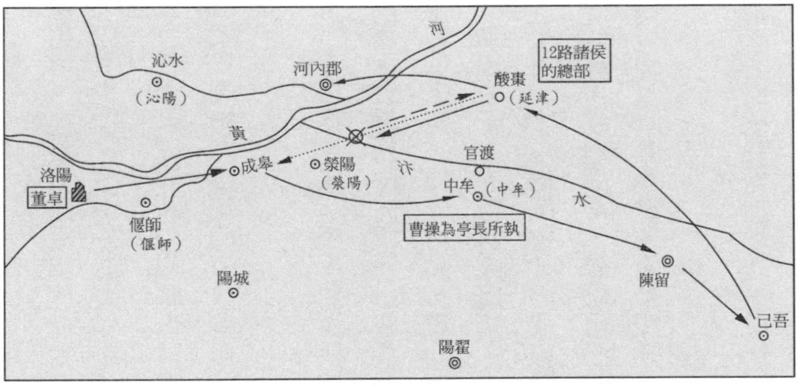

曹操陳留起兵討董卓

操募得五千兵員，正式建立自己的軍隊。當時，曹操還可以多招募一些兵員，但是他害怕樹大招風，成為禍根，所以自我限制。西元一八九年末，曹操在己吾正式起兵，第一個豎起反董卓的大旗。西元一九〇年初，關東兵起，曹操帶領這支軍隊到酸棗與諸侯相會，被張邈任命為代理奮武將軍。曹操在前往酸棗途中，路過中牟縣，該縣主簿任峻率自己的宗族、賓客、家兵數百人前來投附。曹操非常高興，任命他為騎都尉，還把自己的堂妹嫁給他。濟北相鮑信與其弟鮑韜也自願投效曹操，鮑信對曹操說：「你的謀略蓋世，找不出第二個人，能統率眾人撥亂反正的，只有你一個人。」曹操聽了非常高興，把鮑氏兄弟視為知己。

西元一九〇年春，董卓為了逃避關東軍的鋒芒，毒死廢帝劉辯，大殺袁氏宗親，然後挾持獻帝遷都長安。關東諸侯各懷異志，又畏懼董卓之兵，沒有人倡議出擊。曹操對諸將說：「我們發動義兵誅除暴亂，各路大軍已經會合，諸君還在疑慮什麼？如果董卓依仗王室，據守洛陽，東向以爭天下，儘管他十分殘暴，仍然可以為害無窮。現在，他焚燒宮室，劫遷天子，弄得舉國震驚，人心惶惶，天怒人怨。這是消滅他的最好時機，可以一戰而安定天下，不可失去這個機會。」關東諸將不聽，曹操率先行動，獨力追擊，在滎陽汴水岸邊與董卓大將徐榮交鋒，激烈異常，表現自己的奮勇。由於寡不敵眾，曹操全軍覆沒，自己也受了箭傷。曹操的大義精神被四處傳揚，他雖然打了敗仗，名聲卻響亮起來。

曹操回到酸棗，只見諸將每日飲宴作樂，不圖進取，十分氣憤，決定回揚州募兵，揚州刺史陳溫、丹陽太守周昕給他很大支持。曹操募得四千多人，開赴龍亢，由於新兵的譁變叛逃，最後只剩下五百多人。就在此時，曹洪帶了家兵千餘人來到龍亢，宗族曹邵、侄兒曹休趕來投效，周昕也陸續送來新兵。這樣一來，曹操重新召集萬餘人，第二次北上，不去酸棗，直接到河內，與駐屯那裡的關東軍盟主袁紹聯絡。袁紹為了擴張自己的勢力，不西征董卓，卻與冀州牧韓馥謀劃立幽州牧劉虞為帝，並刻了「虞為天子」的玉印給曹操看，拉攏曹操相助。曹操堅決反對：「董卓的罪行，國人盡知。我們會合眾人，舉起義旗，遠近聞風響應，這就是正義產生的號召力量。現在皇帝幼小，被奸臣董卓把持，我們不去救駕，反而廢除，這是不義的，將使天下不安。諸君北面，我自西向。」

「北面」語含雙關。古時，皇帝南面而坐，群臣面北朝見。幽州牧劉虞在北方，意思是：你們諸位就去向劉虞稱臣。曹操西向，是西討董卓，迎回獻帝。此時的曹操尚有扶危濟困之心，做出表率要挽救漢室將傾的大廈，也進一步撈取政治資本。

袁紹不死心，派人勸說曹操歸附自己。來人對曹操說：「現在袁公勢力正盛，兵力最強，兩個兒子成人。天下英雄，有誰是他的對手？」曹操用沉默表示回答，心裡十分厭惡，並且產生消滅袁紹的想法。

袁紹又親自召見曹操，提出一個問題：「如果我們討伐董卓不能成功，要用什麼辦法來發展勢力？」曹操反問袁紹：「你的具體計畫是什麼？」袁紹回答：「我南面依託黃河，北面佔據燕、代，聯絡烏桓，然後南向以爭天下，這樣做可以成功吧？」曹操接著說：「如果只靠山川的險要，佔據一塊地盤來圖發展，是不夠的。我要任用有才能的人打天下，用合乎時宜的辦法來引導他們，這樣大業一定可以成功。」曹操依靠「人謀」智力取天下的主張，顯然勝袁紹一籌。

東征陶謙：董卓西遷，東方諸侯開始混戰，河北、山東的黃巾也趁勢而起。曹操力量單薄，無力與各路諸侯相爭，於是把矛頭指向黃巾軍。西元一九一年，曹操進兵東郡，打敗白繞率領的黑山黃巾軍，壯大自己的力量。袁紹推薦讓曹操為東郡太守，曹操第一次有自己的地盤。西元一九二年，曹操又擊潰魏郡、內黃等地以于毒和眭固為首的兩支黑山農民軍，接著又進兵兗州，大破青州黃巾軍，「受降卒三十餘萬，男女百餘萬口」，並且「收其精銳者，號為青州兵」。此時，曹操聲勢大振，自領兗州牧，成為北方的軍閥，與冀州的袁紹、徐州的陶謙在中原鼎足而立。

曹操的基本軍事力量是招納強宗豪右的地主武裝，他倚重的親兵將領如曹洪、曹仁、夏侯惇、許褚，都是譙縣一帶與曹家有宗族、親戚、同鄉關係的

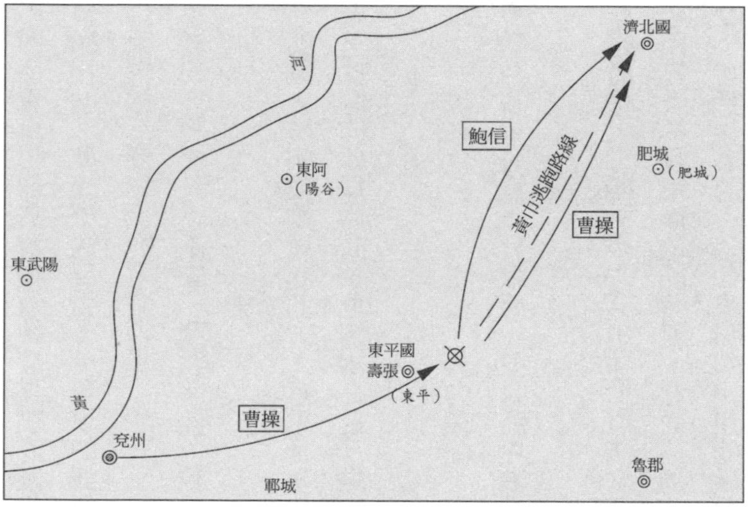

曹操收編黃巾為青州兵

豪強。曹操依靠這些宗親部曲和豪強家兵，在鎮壓黃巾的過程中不斷壯大自己。

曹操在兗州立足未久，西元一九二年冬遭到袁術的進攻。

袁術，字公路，司空袁逢的嫡子，官至河南尹、虎賁中郎將。董卓進京，任命他為後將軍，離京至南陽。長沙太守孫堅北上反董卓，殺南陽太守張咨，擁立袁術為主，成為關東軍討董卓的南翼。袁紹是袁術的哥哥，因為是庶出，袁術看不起他。袁術據南陽之時，袁紹佔有河北青、冀兩州。孫堅西討董卓，袁紹派兵奪取孫堅的豫州，袁術十分生氣，袁紹謀立劉虞為帝，袁術反對。就這樣，兄弟反目，成為仇敵。袁術北結公孫瓚攻打袁紹，而袁紹南連劉表攻擊袁術。兗州在南陽和冀州之間，袁紹支持曹操擋住袁術的北進，因此西元一九二年冬，二袁與公孫瓚、劉表、曹操、陶謙等軍閥

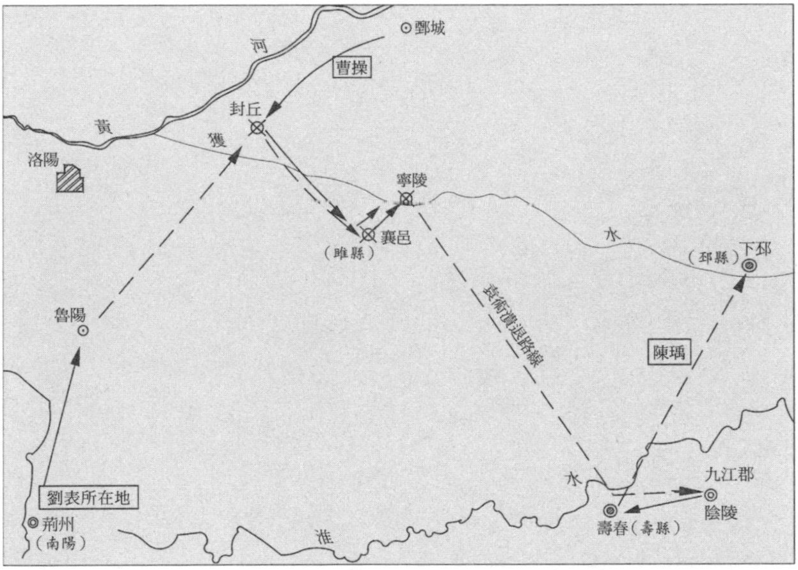

袁術走壽春

形成混戰的局面。

公孫瓚南下攻冀州袁紹，並任命嚴綱為冀州刺史，田楷為青州刺史，單經為兗州刺史，派劉備守高唐，單經駐平原，陶謙駐守發干，共同威逼袁紹。袁術進攻兗州，派孫堅攻打駐守襄陽的劉表。

首先，袁紹在西元一九二年底擊敗公孫瓚的主力，迫使他逃回幽州。西元一九三年春，曹操在封丘等地大敗袁術，乘勝窮追猛打，迫使袁術退出南陽，向東南跑到淮南。孫堅在襄陽戰死，殘部追隨袁術也到了淮南。袁紹派臧洪與袁譚在青州拒敵田楷，征戰兩年才把田楷驅逐出境。

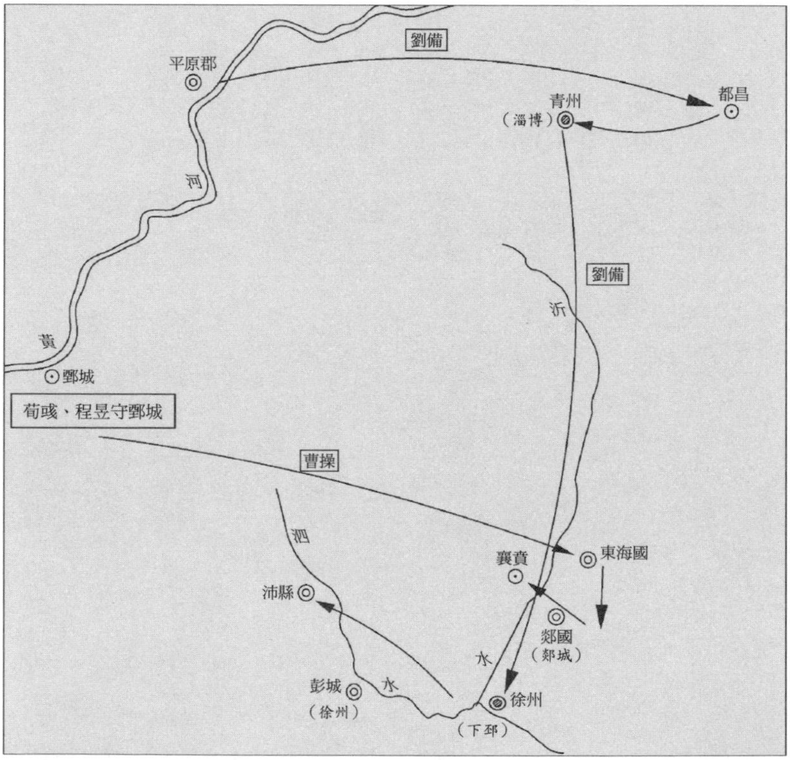

曹操東征陶謙

曹操打敗袁術，解除南面的威脅以後，就向東面發展，攻擊徐州牧陶謙。徐州北面與青州連接，從東面和東北面對兗州形成半包圍的態勢，而且居高臨下。公孫瓚勢力進入青州，所以陶謙與之聯合，與曹操為敵。曹操打敗袁術，自然要向東進攻擴展勢力，因而固守兗州。

曹操與陶謙還有不共戴天的個人恩怨。西元一九三年夏，曹操派人到琅琊迎接避難徐州的父親曹嵩，由於曹嵩家財豐盈，車載二百餘輛，在途中被見財起意的陶謙部將殺死，曹操遷怒於陶謙。這一年秋天，曹操興師問罪，第一次東征陶謙，一鼓作氣連下徐州十多座城池，進抵彭城。陶謙領兵前來交戰，被曹操的復仇之師打得大敗，上萬士兵戰死。曹操瘋狂殺戮，屠滅幾座縣城，總計殺死男女數十萬人。當初，洛陽和長安一帶遭董卓之亂逃到徐州避難的人民，這次又在劫難逃，被曹操屠殺。陶謙退保郯城（今山東郯城），青州刺史田楷派劉備等人率兵來救，曹操軍隊缺糧，暫時退兵。

這次曹操東征，袁紹派大將朱靈率兵相助，力戰有功。戰鬥結束，諸將北還，朱靈留下來，曹操挖了袁紹的牆腳。

西元一九四年春，曹操第二次東征徐州，志在必得，來勢凶猛，連下五城，一直掃蕩到琅琊、東海兩郡。陶謙和劉備在郯城阻擊，被曹操打敗，陶謙打算南逃丹陽。曹軍所到之處，仍然大肆殺戮，許多平民百姓無辜被害。曹操的殘忍好殺，是他政治上的失策，因而立即得到報應，兗州後院起火，他不得不退兵，功敗垂成，十分可惜。

爭奪兗州：曹操第二次東征陶謙，正當節節推進之時，兗州境內發生反對曹操的叛亂，這場叛亂是陳留太守張邈勾結呂布發動的。

張邈，字孟卓，東平壽張人，原本是曹操的密友。曹操陳留起兵，實際上是張邈的部將。曹操擔任兗州牧以後，地位在張邈之上，反而成為張邈的上級，張邈內心很不是滋味。曹操的部下陳宮，字公台，東郡人，足智多謀。曹操到東郡後，陳宮追隨曹操。曹操擔任兗州牧，前九江太守陳留名士邊讓在背後譏刺曹操。曹操藉機殺邊讓，並且大殺名士，這是曹操出身「贅閹遺醜」仇視名門這個自卑心理的潛意識反應。這個事件引起極大震動，陳宮喜好交結名士，對此極為反感，既為自己的前途擔憂，又為邊讓打抱不平。他趁曹操帶兵東征、後方空虛的機會，策動張邈與其弟張超謀叛，並勸說張邈迎請寄居河內的呂布主持兗州政務。呂布是一員虎將，張邈在陳留統治十多年，有深厚的潛在勢力，因此他們起事之後，立即得到許多郡縣的回應，幾天之內，兗州成為呂布的天下，只有荀彧留

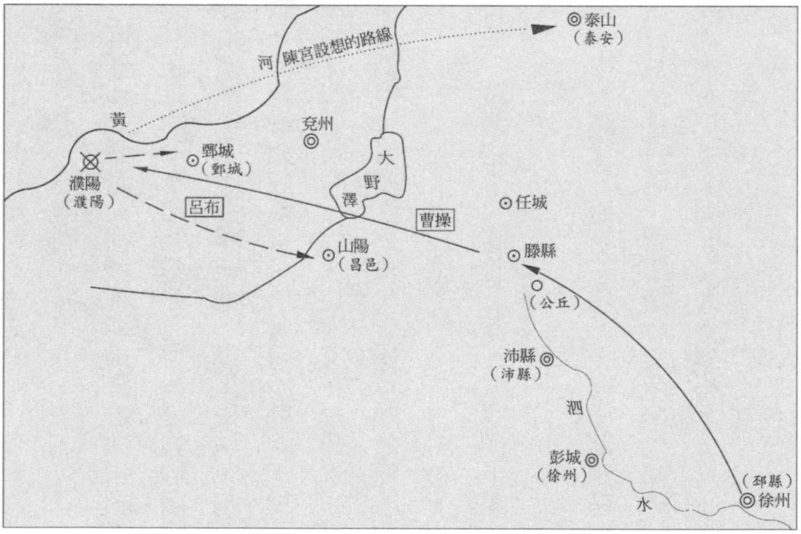

曹操救兗州戰呂布

守的兗州治所鄄城（今山東鄄城）、程昱留守的東郡范縣和東阿縣還在曹操手裡。荀彧將夏侯惇從濮陽調來加強鄄城防守，濮陽是東郡治所，夏侯惇離開以後被呂布攻佔。

曹操回救兗州，攻擊呂布，展開兗州爭奪戰。農曆五月，曹操進兵濮陽，兩軍相持三個月。八月，曹操在濮陽大姓田氏的協助下，攻入東門，但巷戰不利，敗退出城。曹操被衝散，遭到呂布騎兵的截擊。但是呂布兵丁不認識曹操，就問：「曹操在哪裡？」曹操急中生智，用馬鞭往前一指：「那個騎黃馬逃走的人就是！」呂布騎兵信以為真，丟下曹操去追趕騎黃馬的人，曹操死裡逃生，冒著東門的煙火逃出來。曹操回到大營，為了鼓舞士氣，不顧傷痛，親自到各營撫慰，表彰有功將士，並鼓勵他們做好攻城準備，不停頓地打擊呂布。這年夏天，兗州發生旱災和蝗災，糧食歉收，到處鬧饑荒，呂布和曹操兩軍都缺糧食。九月，呂布退兵山陽（今山東金鄉縣西北），曹操退兵鄄城，暫時休戰。

曹操回到鄄城，袁紹派來說客，表示袁曹兩家「連和」，要求曹操把家屬送到河北鄴城。「連和」本義是聯合交好為同盟，這裡的「連和」是委婉的外交辭令，其實有「歸附」之意，是「歸附」的代名詞。袁紹名為保護曹操家屬，實為徵取「人質」，曹操理所當然地拒絕。

這一年年底，徐州牧陶謙病死，把州牧讓給劉備。第二年，西元一九五年春，曹操經過一個冬天休整，發動收復兗州之戰。首戰敗呂布於定陶，接著又敗呂布於鉅野，殺死呂布大將薛蘭。這時，傳來陶謙病死、劉備領有徐州的消息。曹操打算趁劉備立足未穩之際，先取徐州，再收拾呂布。荀彧不同意，以高祖保關中、光武帝保河內的歷史例證，勸導曹操要深固根本，建立根據地。

荀彧說：「現在對呂布用兵已經取得重大勝利，宜將剩勇追窮寇，一舉打敗他。如果分兵攻徐州，兗州有失去的危險。如果攻不下徐州，將軍要到哪裡去立足？」曹操接受荀彧的意見，全力進攻呂布，呂布連吃敗仗，帶著殘兵敗將逃向徐州投靠劉備，曹操分兵收復兗州的郡縣。

張邈跟著呂布逃向徐州，讓他的弟弟張超帶著家屬退保雍丘。八月，曹操兵圍雍丘。九月，張邈到淮南向袁術求救，半途被部下殺死。十二月，曹操攻破雍丘，張超自殺，曹操屠滅張氏全族。至此，兗州平定，朝廷正式任命曹操為兗州牧。經過與呂布的一番爭奪，曹操鞏固這塊根據地，成為他逐鹿中原的根基，曹操集團就這樣形成了。

劉備轉戰北方

劉備是三國時期傑出的政治家，深為曹操所忌憚。如果將劉備與曹操、孫權做比較，他經歷更為艱難曲折的道路，屢仆屢起，三折肱而成良醫。劉備從微賤到發

魏晉・驛畫像磚

劉備畫像

跡，直至建立蜀漢，既不像孫權那樣有父兄之業相承，也沒有像曹操那樣靠雄厚的政治經濟實力而起家。劉備一無所有，只有依靠自己的努力，藉亂世而成英雄。

結義起兵：劉備，字玄德，涿郡涿縣（今河北涿縣）人，生於西元一六一年。劉備的祖先是西漢景帝之子中山靖王劉勝，所以稱「帝室之胄」。但是支系疏遠，家世沒落，至劉備這一代落到織席販鞋為生的地步。《三國演義》第二十回描寫劉備身世，有所渲染。劉備見漢獻帝，獻帝排家譜，劉備乃獻帝之叔，世人皆稱劉皇叔。獻帝令宗正卿宣讀劉備的世次，祖上世代為侯，依代排列，劉備是漢景帝第十八代孫。這個細節是小說家的增益之詞，虛構劉備為皇叔，抬高他的正統地位。但是劉備與漢獻帝同宗，都是西漢景帝之苗裔，卻是事實。根據《三國志・先主傳》記載，劉備是劉勝之子劉貞的後代，劉貞封涿郡陸城侯。查《史記》、《漢書》，劉貞在漢武帝元鼎五年（西元前一一二年）坐酎金失侯，家世衰落。劉備祖父劉雄、父親劉弘曾經做過地方小官。劉雄舉孝廉，官至東郡範令。劉備祖父以上世次不明。劉備初起之時，只是依附軍閥征戰，先後投靠公孫瓚、陶謙、曹操、袁紹、劉表，轉戰半生仍無立錐之地，他「帝室之胄」的出身，沒有給他帶來什麼憑藉。

劉備居室東南角有一棵桑樹，高五丈多，枝葉繁茂，遠遠望去像一個車蓋，過往的人感到驚訝，認為這家人要出貴人。劉備少年時期與同宗小兒遊戲，他坐在桑樹下說：「我將來一定會乘坐

關羽畫像

羽葆蓋車。」意思是：乘坐天子的座車。劉備叔父劉子敬聽到了驚駭萬分，對劉備說：「不要胡說，這是要殺頭的。」

劉備早年喪父，到了十五歲，因為同宗劉元起的資助陪同劉元起的兒子劉德然一起讀書，拜涿郡大儒盧植為師。劉備不喜歡讀書，喜歡玩狗馬、聽音樂、穿漂亮衣服、交結朋友，年輕人都與他交好。與劉備同窗的公孫瓚是關外遼西大漢，好俠義，劉備和他十分投緣。公孫瓚年長，劉備稱他為大哥。劉備的這些表現不合儒家禮教規範，所以沒有得到盧植的品評推薦，黃巾起義之前，只好默默無聞地在鄉里。

劉備身高七尺五寸，合今公制一百七十三公分，個頭只是中上，但是他手臂很長，垂下來可以摸到自己的膝蓋，耳朵很大，可以看見自己的耳朵。這副相貌，被當時的人們認為是貴人之相，前途非凡。他平時少言語，待人和善，喜怒不形於色，很有城府。

西元一八四年，黃巾起義，劉備二十四歲。他招兵買馬，要趁此機會建功立名，改變貧困地位。《三國演義》描寫劉備與關羽和張飛桃園結義起兵，桃園結義的情節是小說家的設景虛構，但三人結義是事實，記載於《三國志》中。關羽，字雲長，又字長生，河東解縣（今山西臨猗西南）人。他殺人亡命，避難涿郡與劉備結識。張飛，字益德（亦作翼德），涿郡人，小關羽數歲。關張二人都有萬夫不當之勇，他們拜劉備為大哥，三人一起同床共眠，比親兄弟還要親。劉備招兵，關張二人為左右手，中山富商張世平、蘇雙慷慨解囊。劉備組織一支鄉勇，追隨校尉鄒靖鎮壓黃巾，打仗有功，被任命為安喜縣（今河北安國西北）縣尉。這是劉備入仕的開始，但是不順利。郡督郵來縣巡察，劉備求見，門官不通報。當時賄賂公行，劉備厭惡這種行為，意料自己將被裁減，於是率領吏卒衝入傳舍，把督郵捆吊在樹上，狠狠鞭打一頓，棄官而去。不久，大將軍何進募兵，劉備投身麾下，因有戰功為下密縣（今山東昌邑縣東）縣丞，後來升遷為高唐縣（今山東高唐縣東）縣令。關東諸侯起兵討伐董卓，劉備也領兵參加，不久被青州黃巾軍打敗，投奔幽州軍閥公孫瓚。

張飛畫像

公孫瓚表請劉備為別部司馬，為青州刺史田楷助手，對抗冀州袁紹，不久改任平原相。

劉備由於出身寒微，威名不著，與關羽和張飛結義起兵，轉戰十年，位不過縣令，關張二人卻始終不離左右，公孫瓚部將趙雲也傾心與劉備相結。由於劉備寬厚待人，能得人死力。他與部屬同席而坐，同鍋吃飯。劉備做平原相，平原豪強劉平派刺客暗殺他，劉備不知，以誠摯的待客之禮款待刺客。刺客不忍下手，臨別坦然向劉備說明真相，請他嚴加提防，劉備就是這樣受人敬愛。

兩度為徐州牧：西元一九四年，曹操第二次東征徐州，陶謙向公孫瓚求救，劉備奉命救陶謙，正式脫離公孫瓚集團。這一年冬天，陶謙病死，他的部屬共推劉備為徐州牧，劉備再三謙讓。下邳人陳登，字元龍，時為廣陵太守，頗有才幹，他看不起一般的士人武將，但是十分敬重劉備。他勸劉備：「我們可以替你集合步騎十萬，你用這支軍隊，進可以輔助天子、安撫百姓，退可以據州自守，這是一個好機會，應該聽從我們的主張。」北海相孔融也勸劉備：「今天的世勢，人民擁護有才幹的人。錯過這個機會，後悔莫及。」劉備多年來一直顛沛流離，何嘗不想做州牧。他的謙讓，是為了爭取民心，尤其需要陳登這樣的人支持。陳登發話以後，劉備非常高興地接下官印，出任徐州牧，有自己的一席之地。

劉備坐領徐州，得到袁紹和曹操的認同。袁紹對徐州派去的使者說：「劉玄德弘雅有信義，現在徐州人士擁戴他，真是一個適當的人選。」曹操為了穩定兗州東部邊境的局勢，並且利用劉備對抗袁術，對劉備也採取籠絡的策

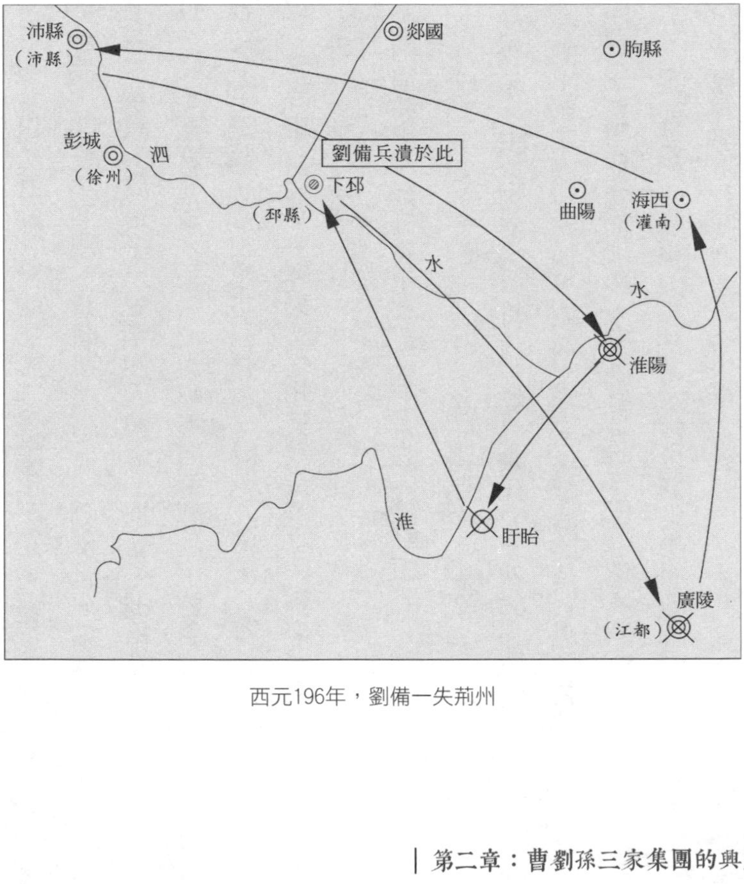

西元196年，劉備一失荊州

略。西元一九六年，曹操迎獻帝建都許昌，以天子名義拜劉備為鎮東將軍，封宜城亭侯。劉備的名字，在中原日益顯赫。

西元一九五年，呂布被曹操擊敗，東投劉備。劉備違背眾意收容呂布，在賓主酬答之際，劉備見呂布舉止輕浮，言語有失分寸，為此外表恭敬而內心厭惡，讓呂布駐屯在小沛。

淮南袁術不滿劉備領徐州牧，發兵來爭，並且暗中勾結呂布。西元一九六年，袁術大軍征討徐州，劉備使張飛守下邳，親自禦敵於盱眙、淮陰。呂布乘虛襲奪徐州，並且俘獲劉備的妻子。這一年，劉備已經三十六歲，好不容易得到徐州這塊地盤，突然之間又丟了。劉備向呂布求和，呂布歸還劉備妻子，讓劉備駐屯小沛，自己駐屯下邳，自稱徐州牧。劉備在小沛收合散亡，得萬餘人，軍勢復振。呂布擔心劉備坐大，親自領兵來攻，劉備大敗，無法顧及妻子，倉皇投奔許昌的曹操。

曹操謀士程昱見劉備英雄氣象，就對曹操說：「劉備是一個雄才大略的人，而且很得人心，終究不會甘居人下，不如趁早圖之。」曹操說：「現在我們需要收攬天下英雄，如果因為殺掉一人而失去天下人心，太不划算了。」曹操厚待劉備，表薦他為豫州牧，並且為他補充兵員，還屯小沛，對付呂布。西元一九八年，劉備再次被呂布打敗，曹操親自東征，擒殺呂布。劉備隨曹操還許都，曹操表薦他為左將軍，拜關羽為中郎將。

曹操表面上禮遇劉備，內心懷著很深的戒備。劉備瞭解曹操的用心，自覺韜晦，閉門謝客，每天在後院種菜，隨時尋找機會擺脫曹操，另圖大業。

曹操豈能被劉備的假象所迷惑，經常派人暗中監視。一次，曹操請劉備喝酒，品評天下人物。

他突然看著劉備說：「當今天下英雄，只有你和我。袁本初這個人，是算不上數的。」這時，劉備正在用筷子夾食，聽了曹操的話，心頭一驚，手中筷子掉落。正巧天空一聲驚雷，劉備接過曹操的話，裝出無可奈何的笑容說：「聖人說『迅雷風烈必變』，這句話確實不假。剛才一個響雷，竟然如此厲害！」就這樣，劉備隨機應變，輕鬆地把剛才的失態掩飾過去。

西元一九九年春，車騎將軍董承接受獻帝寫在衣帶上的密詔，要劉備等殺曹操。劉備慨然應允，與長水校尉种輯、議郎吳碩、將軍吳子蘭、王子服等人一起謀劃，來不及採取行動，袁術北上青州與袁譚會合。曹

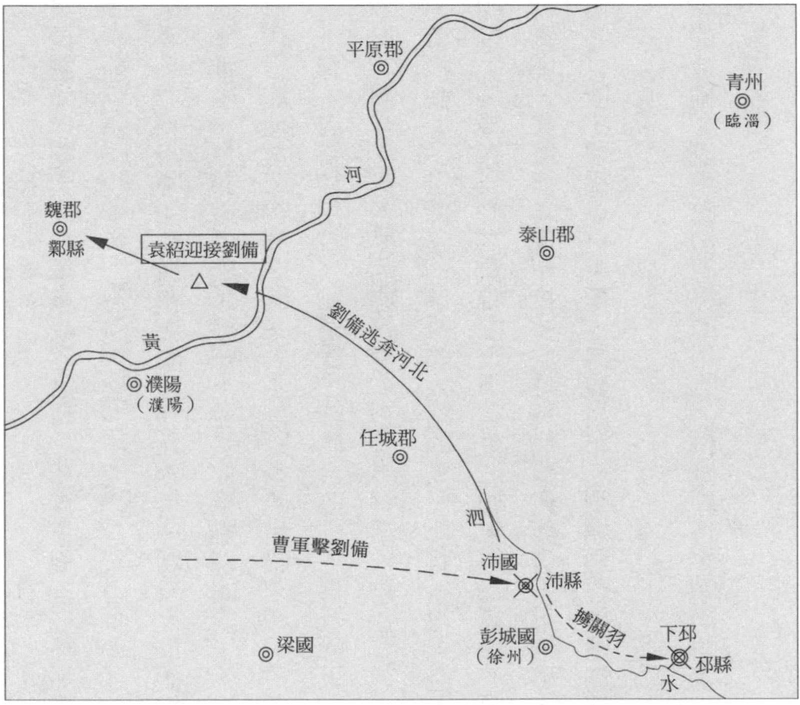

西元200年，劉備再失荊州

操派人阻擊袁術，劉備主動請纓，曹操答應了，派朱靈為副將，與劉備一起帶兵東進。劉備脫離樊籠，日夜兼程向東奔馳。程昱、郭嘉等人事後得知消息，立刻跑來勸阻曹操：「今天放走劉備，豈不是縱虎歸山，很快就會發生變亂。」董昭也來建言，不可放走劉備。曹操深感後悔，但是追趕已經來不及，只好聽天由命。

劉備到達下邳，袁術南逃，不久病死於壽春。曹操下令劉備還軍，劉備讓朱靈回都，然後以突然襲擊方式，殺死徐州刺史車冑，宣布衣帶詔，公開反曹。劉備駐屯小沛，令關羽守下邳，行使太守之職。徐州郡縣紛紛響應，劉備第二次奪得徐州，自稱徐州牧，旬日之間聚眾得數萬人。

劉備派孫乾為特使，前往冀州與袁紹連和，共同對付曹操。

曹操得知劉備反叛，立即派司空長史劉岱、中郎將王忠前去討伐，被劉備打敗。劉備對劉岱等人說：「像你們這等角色，即使來一百個也奈何我不得，如果曹操親自來戰，我也不怕他。」

這時，袁曹已經臨近官渡之戰，曹操親臨官渡備戰。劉備就是抓住這個時機反抗曹操，他預料袁紹會大軍壓境，曹操不敢親征。這一次，劉備完全失算。袁紹不滿劉備首先打出反對曹操的旗號，佔了自己之先，假託兒子有病，不肯出兵相助，曹操及其謀士也正確分析袁紹不會出兵，於是曹操從官渡前線回軍東征。西元二〇〇年正月，曹操在許都殺董承、王子服等人，政治軍事雙管齊下，鎮壓反對派。劉備沒有做好應戰準備，聽說曹操親征，軍心浮動，一戰即潰。劉備棄軍投奔青州袁譚，妻子與關羽都被曹操俘虜。

劉備第二次丟失徐州。

劉備兩次得徐州，又兩次失徐州，根基不固是一個重要原因，但最重要的是身無良輔，缺少統籌全局的謀臣，只靠關羽、張飛的萬人敵是無法打天下的。劉備身無良輔，不是他德薄才疏，而是他先天不足。東漢是經學昌盛的時代，士族壟斷選舉，所以漢末謀士多出自士族，武將多出自寒門。劉備是寒族，他在中原能得關羽、張飛，得不到荀彧、郭嘉這樣的謀臣。因此，劉備得到徐州，卻不知道怎樣守住它。第一次得徐州，他過高地估計袁術的勢力，把注意力放在南邊，不料呂布從西邊來奪取徐州。第二次奪徐州，時機把握不準，形勢估計不足，因為袁紹見死不救而失敗。王夫之批評劉備第一次得徐州，沒有打出救駕西京這張政治王牌來鞏固自己，而扮演與袁術、呂布一樣的軍閥角色，所以遭到失敗。劉備第二次奪徐州，如果放在袁曹官渡之戰爆發之後，形勢就不知怎麼演變，而且時間只有一月之差。歷史不能假設，就不必多說。

南依劉表：劉備兵敗徐州，隻身逃往青州。青州刺史袁譚率步騎迎接劉備，並陪同劉備到鄴城。袁譚先期派人稟告袁紹，袁紹親自出城二百里迎接，禮數十分周到。這時，袁紹內部對是否發動官渡之戰，展開辯論。劉備見袁紹好謀寡斷、志大才小，與曹操的多謀善斷、心雄智廣形成鮮明對照。劉備又想起曹操的評斷：「袁本初這個人，是算不上數的。」決定找機會脫離袁紹，另圖發展。

西元二〇〇年二月，官渡之戰正式開始。袁曹兩軍在白馬、延津展開兩次前哨戰，可以說是官渡之戰的序戰。袁軍連折兩員大將顏良、文醜，袁軍震恐而曹軍士氣倍增。曹軍數量不及袁軍，而兩軍的強弱利鈍、智謀高下、優劣成敗的徵兆卻充分顯示出來，劉備更加感到袁軍樊籠不可久留。

關羽在曹操軍中受到特別的恩遇，他表示立功報答曹操，然後去找劉備。白馬之戰，關羽誅顏良，曹操立即表奏封關羽為漢壽亭侯，厚加賞賜，想以此留住關羽。但是關羽去意已決，他把曹操賞賜的東西全部封存，留下一封告別信，帶著劉備妻子徑直到袁軍中找劉備。曹操部下報告曹操，請求追擊，曹操不同意，對部下說：「關羽是各為其主，不用追了。」劉備與關羽、張飛在袁紹軍中得以重新聚合，十分高興。這時，趙雲也前來投奔。劉備認為離開袁紹的時機已到，藉口到汝南開展第二條戰線，向袁紹告辭。袁紹欣然同意，給劉備補充資糧，把他放走了。

劉備與關羽、張飛、趙雲一行到了汝南，與那裡的黃巾軍餘部龔都聯合，有數千之眾。曹操派蔡陽往討，被劉備斬殺。官渡之戰結束後，曹操親自南征，劉備戰敗，不得已南奔劉表。劉表聞訊，親自出襄陽城郊迎，以上賓禮款待劉備，給他補充部眾，並且駐屯新野，替劉表看守荊州北方，防禦曹操。

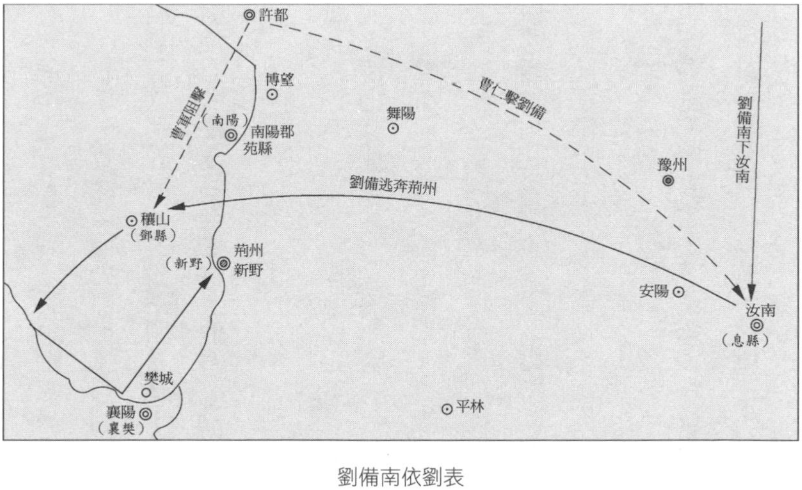

劉備南依劉表

劉表據荊州，地方數千里，軍隊有十餘萬。但是他胸無大志，不參與中原逐鹿。官渡之戰，袁紹求援，他口頭答應，但是不發一兵一卒應戰，主要的部屬勸他投靠曹操，他也不肯，只希望割據一方，保境安民。在中原紛亂之時，荊州成為一方樂土，關中、華北的數十萬難民流入荊州，許多北方士人也避難荊州。諸葛亮就是臥居荊州襄陽城西隆中十年，靜觀天下之變。官渡之戰以後，劉表感到形勢不利，劉備來奔使他一憂一喜，喜的是有人替他看守荊州北方，憂的是疑忌劉備終不為人下而無法駕馭，所以外親內疏，厚待劉備而不重用。西元二〇七年，曹操遠征烏桓，擔心劉表偷襲許昌，郭嘉判斷劉表不會有所動作。果如郭嘉所料，劉備勸劉表進兵許昌，劉表不用其謀。曹操勝利班師，劉表感到荊州即將成為曹操下一個打擊目標，後悔沒有聽從劉備的勸告，他對劉備說：「沒有採用你的計謀，失去一次大好機會。」劉備寬慰劉表：「現在天下紛爭，每天打仗，還會有機會，吸取這次教訓，為時不晚。」其實，劉備也是無可奈何。

劉表坐觀成敗，不圖進取，劉備很多年沒有打仗。有一次，劉備參加劉表召聚的宴會，起身上廁所，發現自己大腿的肌肉鬆軟，身體也胖了起來，回到席上不禁一陣心酸，流下淚來。劉表感到驚訝，問這是怎麼回事。劉備說：「過去我經常南征北戰，身不離鞍，腿肉消瘦。現在長期閒居，腿肉增加不少。時間過得真快，歲月蹉跎，而功業不就，是以悲傷。」劉備轉戰半生，輾轉依附於他人，沒有自己的地盤，無法擴充實力，四處奔命，寄人籬下，前程渺茫，怎能不傷懷？劉備前思後想，領悟到身邊缺乏良輔，打天下必須靠智謀，決定訪求賢才。

襄陽地區有兩個很有威望的人物，一個叫龐德公，一個叫司馬徽。司馬徽，字德操，外號叫水鏡先生，一些有才學的士人，經常聚集在司馬徽門下談古論今，其中諸葛亮、龐統、徐庶三人是佼佼者。

劉備首先尋訪司馬徽，請教世務，求他幫助。司馬徽對劉備說：「書呆子不懂時務，有真才實學的人才是俊傑。我們這裡有兩個俊傑，一個號臥龍，一個號鳳雛。」劉備問臥龍、鳳雛是誰，司馬徽說：「臥龍是諸葛亮，鳳雛是龐統。」龐統是龐德公的侄兒。

不久，徐庶投效劉備，也向劉備推薦諸葛亮。劉備請徐庶把諸葛亮請來相見，徐庶說：「要見諸葛亮，主公要放下架子親自去見，不然是請不動的。」劉備冒著嚴冬，三次到隆中拜訪，終於感動諸葛亮，答應出山相輔，這就是人們傳誦的「三顧茅廬」的故事。

定策隆中：諸葛亮，字孔明，瑯琊郡陽都縣（今山東沂南縣）人。諸葛亮是三國時期傑出的政治家、軍事家、外交家，可與曹操、劉備、孫權三個開國之主相提並論。在引導歷史走向三分的「人謀」因素中，諸葛亮是一個舉足輕重的人物。諸葛亮品德高尚、恪守諾言、扶弱抑強、忠於職守，在他身上充分表現中華民族高尚、智慧、勤勞、勇敢的品格，贏得世世代代人們的敬仰，成為家喻戶曉的歷史人物。

諸葛亮畫像

諸葛亮生於漢靈帝光和四年（西元一八一年），死於蜀漢後主建興十二年（西元二三四年），享年五十四歲，他出生的第四年就爆發黃巾起義。西元一九〇年，諸葛亮十歲，關東諸侯起兵討董卓，天下分裂，戰亂不休。因此，諸葛亮生於亂世，長於亂世，父親早亡，依隨叔父諸葛玄生活。西元一九五年，割據淮南的袁術委署諸葛玄出任豫章太守，豫章郡治在今江西南昌市。諸葛玄到任不久，就被涼州軍閥李傕控制的東漢朝廷派來的太守朱皓趕下台。諸葛玄與劉表是舊交，於是到襄陽依附劉表。就這樣，諸葛亮流寓到了荊州。

諸葛亮兄弟三人，他排行第二，哥哥叫諸葛瑾，弟弟叫諸葛均，他還有兩個姐姐。諸葛玄南走時，諸葛瑾在家看守。西元二〇〇年，諸葛瑾南下渡江投靠孫權，做了東吳大臣。諸葛亮和兩姐一弟隨叔父來到荊州，不幸的是，諸葛玄兩年後病死襄陽（《三國志・諸葛亮傳》裴注引《獻帝春秋》，諸葛玄在豫章遭朱皓攻擊，退守西城，被西城居民所殺）。諸葛玄死後，只有十七歲的諸葛亮挑起一家人的生活重擔。他看到劉表昏庸無能，不是命世之主，於是結廬襄陽城西二十里的隆中山中，隱居待時，這是西元一九七年的事情。

古隆中遺址

諸葛亮自比管仲、樂毅，即治國如管仲，打仗如樂毅。他隱居隆中，廣交江南名士，密切注意時局發展，有匡正天下之志。諸葛亮師事龐德公，把自己的二姐嫁給龐德公的兒子龐山民。漢南名士黃承彥，其女有德但是貌醜，諸葛亮娶之為妻，流傳成為佳話，鄉里特製諺語：「莫學孔明選婦，專愛阿承醜女。」諸葛亮客居荊州，透過婚姻躋身於荊州士族集團，說明他很有心計。諸葛亮還與流寓的北方士人博陵崔州平、潁川石廣元、徐庶、汝南孟公威等人交好。曹操統一北方，流寓荊州的士人紛紛北還。有一天，孟公威來辭行，諸葛亮對他們說：「中原人才濟濟，男兒四海為家，施展抱負何必要還鄉？」表示諸葛亮絕對不依託曹操。一方面，諸葛亮是世族出身，受到儒家傳統教育的影響，屬於擁漢的士人；另一方面，他立志救天下蒼生，希望投效明主，而曹操討伐徐州，塗炭百姓，諸葛亮一家就是因為避禍而離鄉背井，因此他絕對不效忠這個奸雄。如果沒有機會，諸葛亮就會淡泊以為志，終老黃泉。就在這時，劉備三顧茅廬，「由是感激，遂許先帝以驅馳」。諸葛亮不辭危難輔佐劉備，把報答知遇之恩和匡救天下的抱負結合起來，進而選擇一條命運多舛的政治道

隆中三顧堂

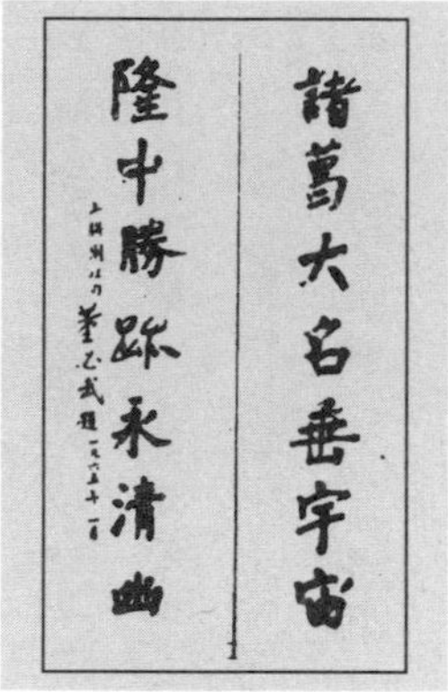

董必武墨蹟

路，這是他的不凡之處。諸葛亮託身仁德之主劉備帳下，可以縱橫馳騁，施展自己的才華。

從西元一九七年到二〇七年，諸葛亮隱居隆中十年。人生亂世，「智慧之士思得明君」，諸葛亮縱觀天下形勢，對近在咫尺的劉備，顯然有多方面的瞭解。劉備駐屯新野六年，南來北往的文武人士沒有依附他，凡夫俗子只能看眼前，不識潛龍真面目。曹操、孫權、諸葛亮、魯肅視劉備為人中之龍，因為他們是識人的大才。所謂慧眼識英雄，劉備見諸葛亮，相見恨晚，情好日密，甚至引起關羽、張飛的嫉妒，劉備解釋：「我得到孔明，好比魚兒得水，請你們不要多言。」

劉備三顧茅廬，第三次在隆中見到諸葛亮，迫不及待誠懇請教。劉備說：「現在王室傾危，奸臣當道，皇帝受盡欺凌。我不度德量力，想伸大義於天下，恢復漢朝統治，可是才疏德薄，屢遭失敗，至今一事無成。但是，我的壯志還沒有減退，想要做一番事業，誠懇地請教先生，我應該怎麼辦？」

劉備的赤誠和坦蕩，打動諸葛亮。針對劉備屢遭挫折的心理，諸葛亮首先分析曹操取勝的原因，主要是「人謀」，而不是只靠天命或時機。諸葛亮說：

自從董卓入京作亂以來，四方豪傑蜂起，割據一方的人多得數不清。曹操與袁紹相比，名望低，兵力少，但是他取得最後勝利，時機是一個條件，「人謀」才是最主要的條件。

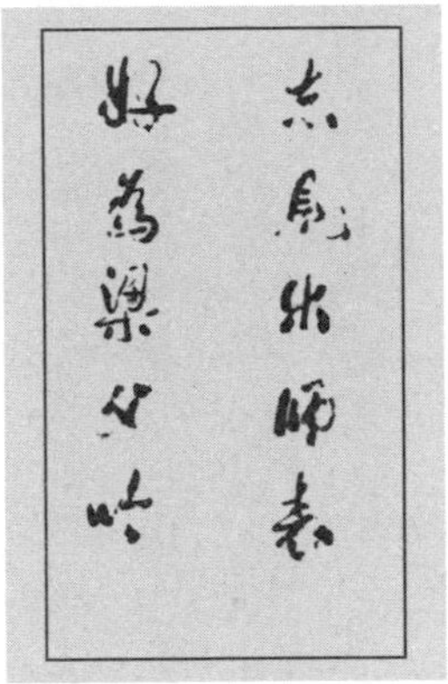

郭沫若墨跡

按照古代政治家總結的歷史經驗，想要統一天下，必須佔有天時、地利、人和三個條件，三者缺一不可。然後，諸葛亮分析天下大勢：

現在曹操擁兵百萬，又有「挾天子以令諸侯」的有利地位，確實不可以和他爭鋒。孫權佔據江東，已經過了三代，地勢險要，民眾歸附，有才能的人在為他效力。因此，只可以聯合孫權，不要打他的主意。

這些話非常明顯，北方中原、江東地盤，劉備不要去問津。劉備轉戰半生，沒有立錐之地，是所爭方向有問題。劉備力量薄弱，就要避實擊虛，從庸主手中奪地盤。當時，荊、益二州佔有地理形勢，又在庸主手中，難道是天意要留給劉備嗎？諸葛亮繼續說：

荊州這個地區，北有漢水、沔水，利收南海，東連吳越，西通巴蜀，是一個用武的要地，它的主人劉表沒有能力守住它，這個機會是留給將軍的，難道你沒有想過嗎？益州地勢險要，沃野千里，號稱天府之國，漢高祖憑藉它完成帝業。但是佔據益州的劉璋昏庸無能，北面又有張魯威脅。他雖然擁有益州這塊寶地，但是不知道治理國家和安撫百姓。那裡有智謀和才能的人，希望得到一個賢明的君主去統治。

十分明顯，諸葛亮指導劉備奪取荊、益二州，以此為根據地發展帝業。諸葛亮最後總結：

將軍是漢王室的後代，信義播於天下，收攬英雄，思賢若渴。如果跨有荊、益二州，據險防守，西邊和好戎人，南邊安撫越人，外結孫權，內修政理。局勢有利，就任命一位名將率荊州之兵向宛洛進攻，將軍率益州之眾指向關中。到了那時，百姓沒有不送飯送酒歡迎你的。真是這樣，將軍的事業可成，漢朝也一定會復興。

諸葛亮在隆中草廬的這個議論，是回答劉備的提問，所以史稱《隆中對》或《草廬對》，又稱「隆中對策」或「隆中路線」。

諸葛亮對劉備興復漢室的事業，做出兩步規劃。第一步，要避實擊虛，奪取荊、益二州，建立根據地，東聯孫吳，北抗曹操，形成天下鼎足三分之勢。第二步，依靠「人和」與「人謀」，實現統一。所謂「人和」，有三個方面的內容。第一，要總攬英雄，使眾士歸心若水之歸海。第二，內修政理，外和夷越，使人民歸附。第三，要結好孫權，抗衡曹操，以待天下之變。整體來說，「隆中路線」就是順應時勢，依靠「人謀」。

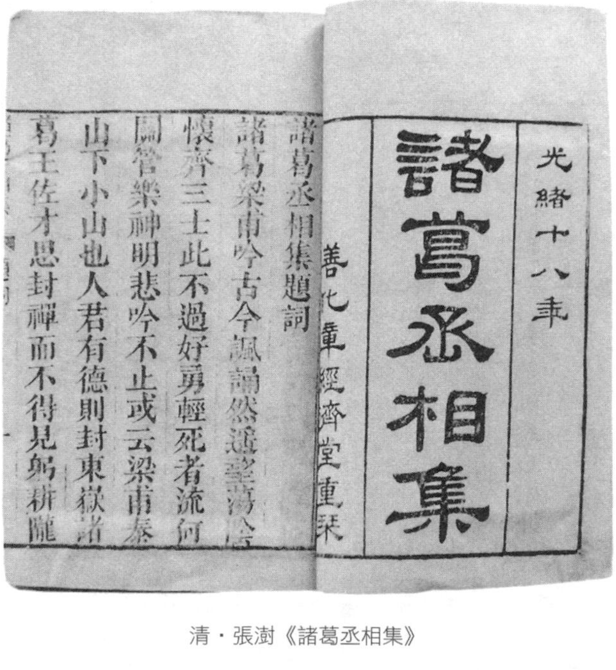

清・張澍《諸葛丞相集》

諸葛亮到了劉備軍中，見他只有幾千人馬，無法抗衡曹操的南下。諸葛亮對劉備說：「現在荊州無戶籍的流民很多，已經安居樂業。如果只照戶籍上的人徵稅抽兵，擴大勢力，勢必引起人心浮動。應該先清理戶籍，限期讓流民自報戶籍，然後按照舊法徵收，由於戶籍增加，自然可以擴大兵員。」劉備上報劉表依計而行，劉備的軍隊從幾千人擴大到幾萬人，迅速壯大。這支軍隊經過諸葛亮的嚴格訓練，成為劉備開創基業的主要力量。許多荊州文武人士也被網羅進來，為劉備入蜀準備人才。

劉備有英雄之名，關羽、張飛萬人敵，諸葛亮韜略蓋世，他們的集合，劉備集團就這樣興起。

孫氏興起江東

孫權承父兄之業，也就是說，孫氏集團的興起，奠基人是孫權之父孫堅和孫權之兄孫策。孫堅仗義扶持漢室，而使孫氏名聲冠江南；孫策創業江東，使孫權有繼承的基業。孫權與父兄三人創業時，孫氏集團終於興起於江東。孫氏父子三人創業時，均是年少英雄。

孫堅仗義：孫堅，字文台，吳郡富春（今浙江富陽）人。《三國志》記載，孫堅是春秋時期兵法家孫武之後，陳壽用的是「蓋」詞，意思是傳說、大概是。可能這是孫氏發跡以後的附會，因為孫氏世系無考。現在當地人傳說，孫堅之父瓜農出身，民間傳說或許可信。總之，孫堅出身最寒微，孫氏基業完全是自身努力創立，沒有任何憑藉。孫堅仗義討董卓，是孫氏贏得人心的最初根基。

孫堅容貌不凡，性情豁達，喜歡做出驚人的舉動。孫堅十七歲的時候，與父親外出遇海賊分贓物，孫堅見狀，單人隻身立於高崗舉刀比劃，彷彿在指揮官兵圍捕海賊。海賊望見，落荒而逃，孫堅窮追斬殺一賊，以勇聞名鄉里，被吳郡太守召為代理郡尉。孫堅招募精勇，鎮壓會稽人許昌在勾章（今浙江餘姚東南）的起義，歷任鹽瀆、盱眙、下邳等縣縣丞。西元一八四年，黃巾起義，孫堅招募鄉里青年千餘人，隨右中郎將朱儁鎮壓起義軍。孫堅為先鋒，多次建功，升為別部司馬，又為車騎將

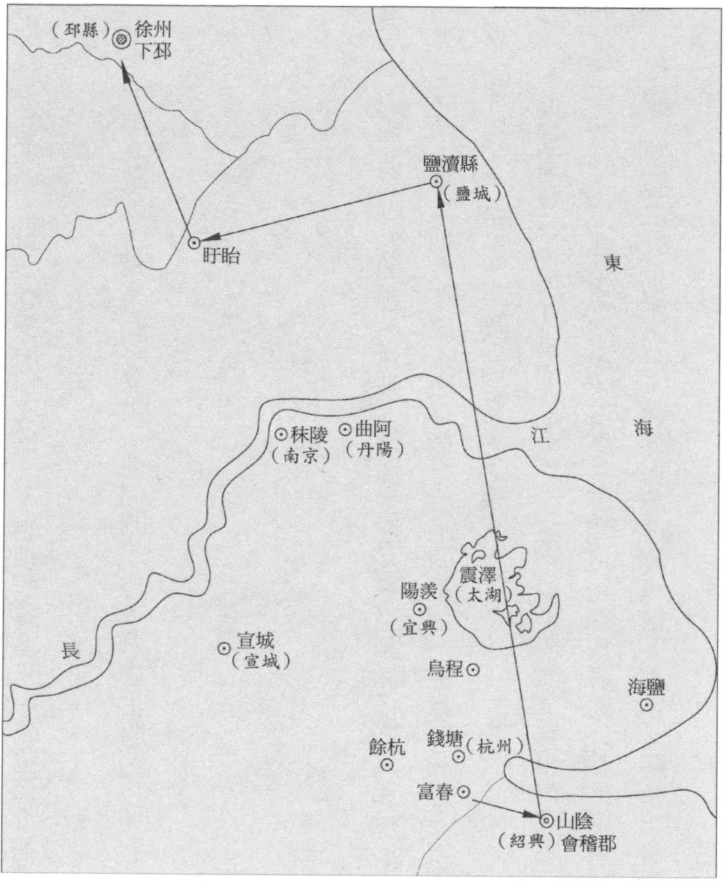

孫堅起家

軍張溫的軍事參謀，征討涼州的韓遂、邊章，回到京城洛陽，拜為議郎。西元一八七年，孫堅出任長沙太守，鎮壓長沙、零陵、桂陽三郡的農民起義，被封為烏程侯。西元一九〇年，關東兵起，孫堅北上，殺荊州刺史王叡、南陽太守張咨，聚眾數萬。他到魯陽（今河南魯山）會見袁術，主動讓出南陽，擁戴袁術為主。袁術依靠孫堅，成為河南的軍閥；孫堅依靠袁術，表薦為破虜將軍。孫堅志在討董卓，首先攻入洛陽。《三國演義》第五回描寫關公溫酒斬華雄，華雄是董卓手下的一員猛將，他不是被關羽所殺，而是死於孫堅之手。小說家為了塑造關羽的英雄形象，有意張冠李戴。董卓曾經對長史劉艾說：「關東軍的各路首領，每個都是我的手下敗將，不值得畏懼。只有孫堅這個人，頗能用人，要告訴諸將，多加小心。」董卓派李傕收買孫堅，遭到嚴詞拒絕。董卓火燒洛陽西逃，孫堅入洛陽維修諸帝陵墓，在城南井中獲得漢朝傳國玉璽。袁術囚禁孫堅夫人，奪走漢朝傳國玉璽。西元一九一年，袁術與劉表爭荊州，孫堅為先鋒，連敗劉表大將黃祖，黃祖退入襄陽。在進圍襄陽時，孫堅輕騎到前線陣地偵察敵情，被流矢所中，死於湖北峴山，時年三十七歲。

孫堅誤投袁術，一代英雄早年殞落，孫氏與劉表及黃祖結下不共戴天之仇。

小霸王孫策創業江東：孫策，字伯符，孫堅長子，一表人才，好笑語，人稱孫郎。孫堅死時，孫策只有十七歲。西元一九五年，孫策二十歲，領兵征江東，人稱小霸王。霸王是秦末項羽的稱號，項羽力能扛鼎，率領江東八千子弟打天下，英勇無敵，所向披靡。項羽性情爽直而粗暴，果於殺戮，人人聞之膽寒。孫策具備這些特點，小霸王之稱，當之無愧。

孫堅得人，程普、黃蓋、韓當、朱治都是他的舊部。孫堅死後，其眾由孫策堂兄孫賁率領投靠

孫策畫像

袁術，孫策攜母往投舅父丹陽太守吳景。孫策聰明英武，喜好結交朋友，聲名遠播。舒縣（今安徽舒城）人周瑜與孫策同年，慕名來訪，一見如故，兩人結為生死之交。孫策到了舒縣，在周瑜資助下，招募部曲七百人。西元一九四年，孫策率眾投附佔據壽春的袁術，希望從袁術那裡討還父親的舊部。

孫策在壽春，受到袁術賞識，表薦為懷義校尉。袁術大將橋蕤、張勳非常敬重孫策，袁術嘆息地說：「如果我有孫策這樣的兒子，死也甘心。」但是袁術對孫策頗懷戒心，曾經兩次讓孫策討敵立功，許諾任命孫策為九江太守、廬江太守，但是悔約而改授自己的親信，孫策決定找機會脫離袁術。西元一九五年，孫策的舅父吳景被揚州刺史劉繇趕出，雙方在橫江津一帶相持不下。孫策趁機對袁術說：「我的父親在江東有威望，我想到江南招募，可得三萬精兵，幫助舅父打退敵人，再來為主公效勞。」袁術知道孫策懷恨想離去，他認為劉繇在曲阿、王朗在會稽，孫策未必可以成功，就把孫堅舊部將士千餘人交給孫策指揮，並表薦孫策為折衝校尉。

袁術放虎歸山，孫策如魚得水。孫策出壽春時，只有千餘人馬，他沿途招募軍隊，由於紀律嚴明，行至歷陽（今安徽和縣），已經擁眾六千人。這時，周瑜領兵來迎，孫策力量更為壯大，開始向東南進軍，攻擊揚州刺史劉繇。

劉繇，東萊人，漢朝宗室後代，兗州刺史劉岱之弟。劉繇出任揚州刺史，遭到袁術的逼迫，治所壽春被袁術佔領。劉繇攻佔曲阿（今江蘇丹陽），趕走袁術任命的太守吳景，劉繇同郡太史慈來投奔他。太史慈出身寒微，雖然勇猛有才，但是不被重用。劉繇迂腐，不用人才，軍隊缺乏訓練，因此戰鬥力不強。孫策作戰英勇，「所向皆破，莫敢當其鋒」，善於識人用人。劉繇不是孫策的對手，手下大將張英、樊能戰死，太史慈投靠孫策，只好棄軍而逃。孫策很快佔據曲阿，奪取丹陽郡，在江南站穩腳步。

孫策打仗，總是一馬當先。敵方將士聽見孫策來了，大多失魂落魄。若遇小兒啼哭，大人說：「孫郎來了」，小兒即不敢哭，威名直至如此。孫策頒下軍令，士兵不得擄掠民間財物，「雞犬菜茹，一無所犯」，受到百姓

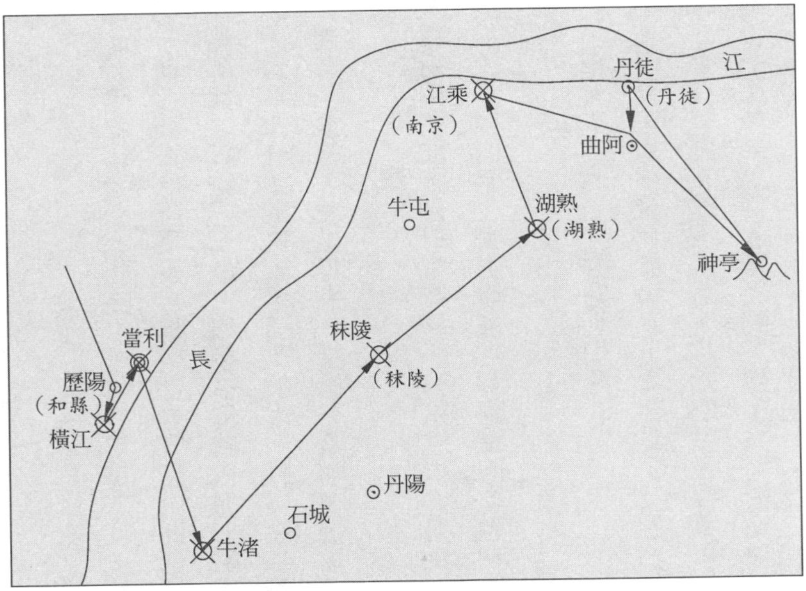

孫策定江東

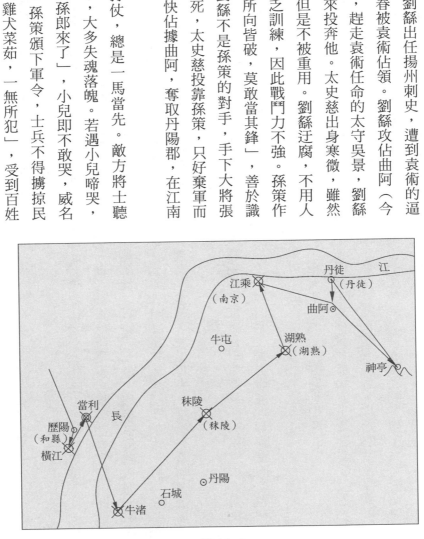

歡迎。他優待劉繇降卒，願意從軍的免除賦稅徭役，不願意從軍的不強迫。這樣一來，不僅許多劉繇部眾投奔孫策，而且四方士眾雲集，半個月時間，孫策軍隊擴大到兩萬人，馬千餘匹，「威震江東，形勢轉盛」。

當時，江東各地豪強林立，地方宗族部伍各不統屬，主要有吳郡太守許貢、會稽太守王朗，以及地方豪強如烏程的鄒他、錢銅、吳郡的嚴白虎，前合浦太守王晟及自稱吳郡太守駐屯海西的陳瑀。孫策採取先打弱敵、後打強敵的策略，首先掃蕩鄒他、錢銅、王晟，然後掃蕩嚴白虎、陳瑀。四年之間，東滅吳郡太守許貢，降服會稽太守王朗、豫章太守華歆，聚眾三萬餘人，將領除了孫堅舊部程普、黃蓋、韓當以外，又收聚周瑜、蔣欽、周泰、董襲、凌操等人，謀士有張昭、張紘、秦松，儼然大家氣象。

西元一九六年，曹操迎獻帝都許昌，第二年，袁術卻在淮南自稱皇帝。孫策寫信給袁術決裂，上表獻帝聯絡曹操，曹操表薦孫策為討逆將軍、吳侯。孫策討袁，獨力發展，智謀遠略超過父親孫堅。

太尉喬玄有兩女，天姿國色，稱大喬、小喬。孫策娶了大喬，周瑜娶了小喬。

西元一九九年，袁術北上依附袁譚，曹操派劉備阻擊，袁術憂死於壽春，袁術妻子及餘部往依廬江太守劉勳。孫策用計誘使劉勳進攻割據的豪強，然後從背後偷襲皖城，趕走劉勳。孫策用汝南李術為廬江太守，給兵三千守皖城，把俘獲的劉勳妻子部曲三萬餘人遷徙到吳郡，袁術的女兒也被納入後宮。劉勳失去立足之地，北依曹操。其時，曹操正與袁紹對峙，為了籠絡孫策，把侄女許配給孫策的小弟孫匡，又為其子曹彰迎娶孫策堂兄孫賁之女，舉薦孫策之弟孫權為茂才。

攻破劉勳之後，孫策為報父仇，也為了向長江上游發展，進討劉表部將黃祖。黃祖為江夏太守，駐屯沙羡（在今武漢市西南）。西元一九九年十二月八日，孫策率領周瑜、孫權、呂範、程普、黃蓋等部將大舉進攻，孫策親自策馬擂鼓，兵士借風放火，弓箭手千弩齊發，大破黃祖，斬首兩萬餘人，萬餘人溺水而死，繳獲船隻六千餘艘，其他財物無數，生俘黃祖妻子親屬七人，黃祖逃脫。這次大捷報到許昌，曹操聽後，臉色驟變，感嘆地說：「獅兒難與爭鋒也。」孫策穩固地佔有江東。

國色天香大喬、小喬

孫策之死：西元二〇〇年，袁紹吸引曹操於官渡，袁曹決戰，許昌空虛。孫策決定抓住這個大好時機，先放下與劉表的私仇，回頭北上，計畫輕騎襲擊許昌，挾天子以令諸侯，表現自己縱橫天下之志。這時，陳瑀的堂兄之子陳登出任廣陵太守，治射陽（今江蘇寶應東北），要為陳瑀報仇，積極籌劃進攻孫策。孫策也決定藉此北征，先滅陳登，然後奇襲許昌。孫策行軍至丹徒，他喜歡外出射獵，因為馳馬疾追一頭鹿，從騎落在後面，突然遭到事先埋伏的三個刺客進攻，對方用弓箭近距離射擊。孫策奮力射殺一人，自己也受到重傷，另外兩人被從騎趕來殺死。這三個刺客是吳郡太守許貢的賓客，他們為主人報仇，抓住孫策經常單身追獵的特點，進行一場刺客伏擊戰。刺客的弓箭帶毒，傷者用良藥以後需要靜養。孫策性急，養病幾日，引鏡自照，看見面容憔悴，對左右說：「一個英雄變成一個醜八怪，還有面目見人嗎？」他扔掉鏡子，大發脾氣，縫合的創傷破裂，當天晚上就死了。這時，孫策只有二十六歲。

可惜，三國亂世又少了一個英雄。

孫策有勇有謀，善於識人用人。他的夭折，是孫吳政權的重大損失。孫策早亡，也是個人缺點造成的。他年少氣盛，心胸狹隘，缺少容人之量，忌諱名望超過自己的人，這是一個很大的缺點。餘姚有一個著名學者叫高岱，研習《左傳》當世知名，孫策與他講論，高岱不答，孫策就把他殺了。吳郡太守許貢也是被孫策錯殺的人，所以孫策才會遭到報復。根據《江表傳》記載，吳郡太守許貢曾經向漢獻帝密告，說孫策就像項羽，要召到京師給他高官籠絡起來，讓他長期在外就會難以制服。這份上奏落在孫策手裡，孫策責問許貢，許貢不承認，孫策就絞死許貢。這是小不忍則亂大謀，導致這位英年將軍早逝的悲劇。

孫策臨終，把印綬交給十九歲的弟弟孫權。孫策對孫權說：「舉江東之眾，決機於兩陣之間，與天下爭衡，你不如我；舉賢任能，各盡其心，以保江東，我不如你。」就這樣，建立孫吳政權的重擔落在孫權的肩上。

孫權統事：孫堅有五子，依次為孫策、孫權、孫翊、孫匡、孫朗。孫策、孫翊驍勇聞名，個性輕躁，二人皆死於非命。孫策死後不久，孫翊為部屬所殺。孫匡才庸，孫朗庶出。孫氏兄弟，

孫權畫像

唯有孫權狀貌奇偉，方頤大口，目光炯炯有神，被時人認為「骨體不恆，有大貴之表」。孫權生於西元一八二年，死於西元二五二年，享年七十一歲。西元二〇〇年，孫權統事，在位五十二年，在三國君主中，其年壽和在位都是最長的。

孫權沉靜有謀，十五歲為陽羨縣長，隨後以奉義校尉之職領兵從孫策征討，參加討伐廬江太守劉勳和江夏黃祖的戰鬥。孫權胸襟豁達、好俠養士、處事果斷，深得孫策信任，所以孫策臨終以大事相託。孫權對於哥哥的死極為悲痛，整日啼哭，不能視事，重臣張昭對孫權說：「現在難道是哭的時候嗎？眼前奸臣虎視眈眈，豺狼當道，在這個時候哀悼親人，講究禮儀，豈不是開門揖盜嗎？這樣不能叫做仁愛。」張昭擔心政治出現真空，引起渙散。他說畢，強請孫權脫掉孝服，換裝上馬，出巡各軍，使眾心有所歸。孫權年少威輕，能否駕馭父兄遺留下來的名臣宿將，站穩江東，面臨嚴峻的考驗。當時，孫權面臨的問題主要有三個：名微眾寡、山越暴動、地方不服。

他連下幾著妙棋，站穩江東，且看他如何動作：

第一著，「尊禮重臣，團結舊部。」孫策臨終對張昭等人說：「目前中原大亂，以我們吳越之眾，依靠長江天險，可以觀成敗，求得生存和發展，你們要盡心輔佐我的弟弟。」東吳將帥程普、呂範、朱然、蔣欽、周泰、陳武、董襲等人，都是孫策聚集留給孫權的寶貴財富。但是孫權與舊將「未有君臣之固」，能否威眾，取決於他的措置是否合宜。張昭為文臣領袖，周瑜為武將之魁。孫權待張昭以師傅之禮，而兄事周瑜，又以程普、呂範為心腹將帥。張昭、周瑜等人認為孫權可以共成大業，真心侍奉。張昭、周瑜心服，這樣就穩定全軍。

第二著，「招延俊秀，聘求名士。」魯肅、諸葛瑾為賓客，眾士歸附，人心悅服。

第三著，「分部諸將，鎮撫山越，討不從命。」鎮撫山越是孫吳立國的基本國策，留待第六章詳說。所謂「討不從命」，是指討滅廬江太守李術，李術為孫策所署。西元一九九年，孫策派李術攻殺曹操所署的揚州刺史嚴象而得廬江太守，現在李術背叛孫權。孫權利用袁曹官渡相持、曹操無暇東顧的時機，討滅李術。孫權的高明之處，在於不只憑武力，要在道義上和外交上孤立李術，在政治上取得主動權。所以，孫權先致信曹操，聲稱李術攻殺嚴象是「輕犯漢制」，藐視曹操，把舉主孫策的責任推得一乾二淨，同時給曹操留下台階，計畫妙極。孫權聲稱自己要為國討賊，為嚴象報仇，並且說這是「天下達義」，希望曹操支持，不要援助李術，措辭冠冕堂皇、理直氣壯、無懈可擊。曹操鞭長莫及，樂得順水推舟，表薦孫權為討虜將軍，領會稽太守。孫權抓住時機，一舉殲滅李術。

孫權獲得朝命，鞏固在江東的地位。國險而民附，賢能為之用，孫權集團在江南已經不可戰勝了。

回溯本章所述，曹操、劉備、孫權三個集團，興起有先有後。曹操勢力最大，形成最早，在西元一九五年形成，根據地為兗州。孫權集團在江東奠基，形成於西元二〇〇年。劉備集團形成最晚，劉備轉戰半生無立錐之地，直到西元二〇七年仍然寄人籬下，由於劉備已經在荊州駐屯六年，西元二〇七年訪賢得諸葛亮相輔，文武齊備，曹孫兩家不敢小視，雖然尚無根據地，而集團勢力已經形成。三個集團形成，表示人才三分，地理分界。荊、益二州是劉備的近水樓台，劉備在荊州坐大，曹孫劉三個集團興起，於是孕育三國鼎立的基本條件。

浙江富陽瓜橋埠村孫權故里

一第三章一

魏武帝曹操

漢、魏之際，群雄角逐，曹操始以「興義兵，誅暴亂」為旗幟，繼而「挾天子以令諸侯」，用武力翦滅一個又一個強敵。同時，推行許多有效的經濟和政治措施，鞏固地盤，歷經三十多年征戰艱辛，一統北方，開創魏國基業。他以雄才大略、赫赫功績，作為中國封建地主階級傑出的政治家、軍事家、文學家，名垂青史。

挾天子以令諸侯

漢獻帝劉協是董卓扶植的一個傀儡，有皇帝之名而無皇帝之實。但是皇帝在古代是國家的象徵，誰充當他的保護人，誰就掌握國家的最高權力，在政治上有發號施令之權。漢室天子大旗還沒有完全倒下的時候，逐鹿中原，一是搶地盤，二是爭皇帝。曹操在角逐中，憑藉他的智謀和對時機的把握，贏得「挾天子以令諸侯」的勝利。

遣使長安：西元一九二年，曹操攻佔兗州，治中從事毛玠提出建議，對曹操說：「現在天下分裂，皇帝西遷，百姓不能從事生產，饑餓流亡，國家沒有一年的糧食儲備，百姓得不到安定，這是難以維持長久的。袁紹、劉表雖然地廣民眾，看起來強大，但是他們沒有長遠的考慮和能力，不是建樹牢固根基的人，打仗要師出有名，鞏固政權要有財力。我們應該奉天子以號令不歸附的人，修耕植以儲備軍資。這樣一來，霸王之業才可以成功。」（《三國志‧毛玠傳》）這些話有兩個中心，即「奉天子以令不臣，修耕植以蓄軍資」。尊奉天子以獲取正統名分，發展生產以增加糧食和布帛的儲備。這是兩個極好的建議，立足於

魏武帝曹操

併天下取大位的戰略思想，受到曹操的嘉獎，於是升遷毛玠為幕府功曹。但是，曹操在兗州立足未穩，沒有力量到長安西迎獻帝，還要等待機會。

漢獻帝畫像

曹操也懂得做出效忠皇室姿態的政治意義。西元一九一年，曹操出任東郡太守，皇室劉邈到長安奉表貢獻，在獻帝面前稱讚曹操，曹操知道以後非常高興。西元一九二年，控制朝政的李傕派太傅馬日磾、太僕趙岐奉詔撫慰關東，曹操聽到消息，親自帶兵到數百里外郊迎。毛玠的提議，正中曹操下懷，也是英雄所見略同。曹操派王必出使長安，途經河內，被張楊扣留。這時，擔任張楊部屬騎都尉的董昭勸張楊藉機結交曹操，並且認為袁紹不是曹操的對手，要張楊早自為計。張楊是靠攏袁紹的，這次還是聽了董昭的話，讓王必過境。董昭以曹操的名義，為長安的李傕、郭汜等人採辦禮品，託王必帶去。曹操得知情況，派人送給張楊犬馬金帛，表示感謝。從此，兗州與長安的道路被開通，曹操與朝廷之間的使者往來暢通。

王必到了長安，未能受到李傕、郭汜的禮遇。黃門侍郎鍾繇對李傕說：「現在群雄並起，各霸一方，只有曹操心繫王室，如果不接受他的效忠，恐怕會有失眾望。」李傕認為有道理，於是改變態度厚待王必，但是仍然沒有正式任命曹操為兗州牧。

董昭、鍾繇都是智慧之士，他們從曹操遣使西行的行動中，看出曹操是一個英雄，為了給自己留一條退路，於是主動幫助曹操。後來，他們成為曹操的高級參謀，被委以重任。官渡之戰時期，鍾繇受命鎮撫關中，立下大功。在紛亂之世，不僅君擇臣，臣亦擇君。一項善政，一個措施，對天下人心的影響，有時候是十分巨大的，曹操遣使西行就產生這樣的效果。

迎獻帝都許：西元一九五年二月，涼州軍閥李傕、郭汜互相火拼，在長安城內外展開激戰。李傕劫持獻帝，郭汜扣住公卿，把朝廷君臣作為雙方人質。張濟為二人調解，獻帝和公卿大臣獲釋。李傕部將楊奉與涼州軍閥反目，與國戚董承護駕東歸洛陽，李傕、郭汜聯兵來追，在弘農大敗楊奉，百官士兵死傷甚眾。楊奉連忙召來河東白波軍韓暹等人助戰，擋住李傕、郭汜的追擊。楊奉護駕取道河東，途經河內，終於在西元一九六年七月回到洛陽。

獻帝路過河內，袁紹謀士沮授向袁紹獻計：「我們趕快把獻帝接到鄴城，這樣就可以挾天子以令諸侯，蓄士馬以討叛逆，誰可以抵擋？」袁紹的另一個謀士郭圖反對：「現在英雄並起，各據州郡，正所謂『秦失其鹿，先得者王』。如果把獻帝迎到身邊，一舉

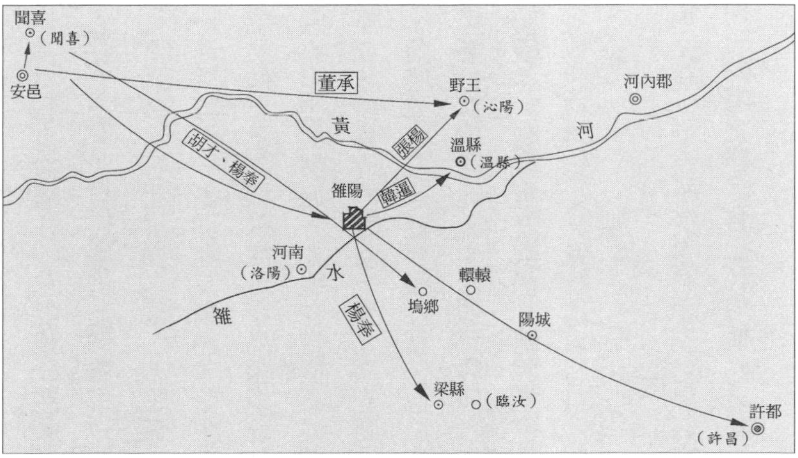

曹操迎獻帝都許

一動都要向他請示，聽從則權輕，不聽為拒命，沒有任何好處。」沮授說：「迎接天子，符合道義。現在時機正好，如果錯過，一定有人搶先。」袁紹聽不進沮授的意見，讓張楊放走獻帝。正如沮授所說，曹操捷足先登。獻帝七月回到洛陽，九月被曹操迎往許昌，袁紹後悔莫及。

董卓西遷，焚燒洛陽，帝京成為一片廢墟。獻帝與百官無宮室和官府居住，只能找一些柴草，靠著斷垣殘壁搭帳篷居住。糧食更是奇缺，州郡各擁強兵，無人貢獻，群臣饑乏，尚書郎以下官員都要自己外出挖野菜充饑，有些餓死在斷牆之間，有些被士兵殺死，形勢非常危急。幾個護駕功臣，韓暹與董承宿衛京師，楊奉駐屯洛陽南方梁縣，張楊駐屯河內野王，表面互為犄角，暗中鉤心鬥角。荀彧力勸曹操迎請獻帝：「從前晉文公接納周襄王，諸侯像影子一樣跟從；漢高祖東征為義帝舉喪，天下歸心。現在皇帝還舊京，一片荒涼，忠義之士關心皇帝的命運。如果在這個時候迎奉獻帝，正是順從民望。用忠於帝室的行動來鎮服各據一方的雄傑，是偉大的策略，要當機立斷，及早行動。若行動遲緩，發生變亂，悔之無及。」（《三國志・荀彧傳》）正合曹操心意，他派曹洪領兵西迎獻帝。曹操利用護駕功臣的衝突，穩住兵力最強的楊奉，寫信給他，表示願意與他合作，共同輔佐王室，並且用糧食接濟朝廷。楊奉見信大喜，對諸將說：「曹操近在許昌，離我們很近，有兵有糧，應該依靠他。」楊奉與諸將聯名上表獻帝，拜曹操為建德將軍，又遷為鎮東將軍，襲父爵為費亭侯。

這時，韓暹自恃護駕有功，專橫跋扈，董承極為反感，但是無力對付，於是暗中召曹操入京。曹操喜出望外，立即帶兵入洛陽，朝見獻帝，上表請治張楊、韓暹之罪。曹操利用他們之間的衝突，分化打擊。韓暹自料不是曹操對手，單騎逃出洛陽，投靠楊奉。

曹操總攬朝政，即以獻帝名義殺掉侍中壺崇、議郎侯祈、尚書馮碩，而封外戚衛將軍董承、輔國將軍伏完等十三人為列侯，既排斥異己，又討好獻帝及國戚。但是曹操知道，要完全控制獻帝，在洛陽辦不到，於是與已經擔任朝廷議郎的董昭商議遷都許昌的策略。董昭建言：「楊奉勢孤少援，有勇無謀，只要將軍牽制他，派人送上厚禮，並且對他說，洛陽沒有糧食，暫時把獻帝遷到魯陽，靠近許昌就糧，他必然不會懷疑。」曹操依計而行，順利把獻帝遷到許昌。楊奉發現上當，派兵來追，受到曹操伏擊，大敗而歸。十月，曹操親自帶兵，以天子名義討伐楊奉。楊奉不敵，與韓暹一起南投袁術。楊奉部將徐晃，字公明，投歸曹操，後來成為曹操的五虎將之一。

獻帝遷都許昌以後，任命曹操為大將軍，封武平侯，曹操部屬也得到封賞，荀彧升遷為侍中、代理尚書令。尚書令是政府首腦，從此曹操出外征伐，朝中大政就由荀彧處理。由於曹操自兼「錄尚書事」，所以荀彧只為代理尚書令。

曹操掌握漢獻帝，河南洛陽以南大片土地歸曹操所有，關中也名義上歸附，袁紹非常後悔。他想出一個辦法，寫信給曹操，要求把獻帝遷到鄄城。鄄城離冀州很近，以便就近施加影響或搶奪獻帝，曹操理所當然地拒絕，並且針鋒相對反擊袁紹。曹操以獻帝名義下詔責備袁紹，只顧樹立自己勢力，沒見他出師勤王，只見他攻城掠地兼併別人，詔書提出限制袁紹活動的要求。袁紹偷雞不著反蝕一把米，自討一場沒趣，只好上書為自己申辯一番。曹操趁勢又以獻帝名義任命袁紹為太尉，封鄴侯。太尉為全國軍事首腦，位為三公之一，但是在大將軍之下。曹操冠冕堂皇地升遷袁紹，而實際降為自己的下級。袁紹當然不會答應，上表固辭。他抱怨地說：「曹操幾次打敗仗，險些命都丟了，是我救助他，現在竟然挾天子號令我。」當時，袁強曹弱，曹操不願意此時與袁紹決裂，只好把大將軍之位讓給袁紹，自己就任司空，兼領司隸校尉。司隸校尉掌管京師治安，曹操出任此職，就有生殺之權。他派親兵保衛宮室，實際上是看管獻帝。

修耕植以蓄軍資

用兵打仗，糧秣先籌，因此解決糧食問題，是逐鹿中原和鞏固政權的經國大計。曹操陳留起兵之後，經常苦惱糧食問題。他汴水失利，到揚州募兵，因為糧食問題，新兵譁變。他東征陶謙，因為糧食不足，中途退兵。他與呂布爭兗州，也因為糧食不足，只好罷兵自守。這時，程昱從自己所轄三縣籌得三天軍糧，裡面還摻有人肉乾。曹操到洛陽迎獻帝，因為糧食吃光，將士們險些餓死，幸虧新鄭令楊沛拿出儲存的桑葚乾來充饑，才度過危難。許多軍閥只知燒殺搶掠，不知安撫百姓，由於糧食缺乏而瓦解流離，無敵自破。袁紹軍在河北，以桑葚為食；袁術軍在江淮，取食蒲蠃；劉備軍在廣陵，饑餓困敗，軍吏士卒相食。想要生存，就要生產糧食。西元一九五年，公孫瓚被袁紹擊敗，退守易京，「開置屯田」，得以與袁紹相持數年。地方豪強率宗族自保，也從事耕植。諸葛亮隱居隆中，躬耕自食。西元一九二年，毛玠提出「修耕植以蓄軍資」，是社會提出的迫切問題。

隨後，東阿令棗祇組織軍民生產，支援曹操與呂布爭奪兗州。但是靠一般手段，且耕且戰，或是鼓勵農民自耕發展生產，無法解決大規模軍需的燃眉之急。只有大規模屯田，密集勞動耕植，才是解決糧食的有效方法。西元一九六年，曹操定都許昌，討破汝南黃巾軍，獲得數萬人口和大量耕牛農具。曹操採納棗祇與韓浩的建議，在許昌試行屯田，任命棗祇為典農都尉，主持其事，當年得穀數百萬斛，獲得成功。棗祇死後，任峻繼任為典農中郎將，在所有州郡列置田官，招募流民，組織生產，推廣屯田。其後，吳蜀兩國為了解決軍糧，也進行屯田，屯田成為三國時期招撫流亡的主要形式。

曹操屯田，作為一項國家恢復經濟的重大政策加以執行。曹操在《置屯田令》中說：「夫定國之術，在於強兵足食。秦人以急農兼天下，孝武以屯田定西域，此先世之良式也。」秦人，是指秦孝公用商鞅變法，獎勵耕戰。孝武，是指漢武帝屯田西域。曹操以秦孝公、漢武帝為榜樣，用屯田方式「修耕植以蓄軍資」，是一個有遠見的戰略措施。歷史記載，曹操屯田，「征伐四方，無運糧之勞，遂兼滅群賊，克平天下」。後來，曹操打敗袁紹，追思棗祇之功，下令褒獎。由於棗祇已死，曹操封其子棗處中。由此可見，屯田對曹操事業的興起和發展產生重要作用。西元二一三年，曹操在淮河兩岸地區推廣軍屯，規模更大，生產效率也比民屯高。鄧艾守

曹魏農業使用的翻車復原模型

淮南，用五萬士兵在淮河兩岸屯田，淮北兩萬，淮南三萬。十二分休，即百分之二十的人輪休守衛，四萬人經常耕植，每年生產五百萬斛軍糧，七年之間，在淮上積糧達三千萬斛，可供十萬人五年之食《三國志・鄧艾傳》。

南征張繡，東平徐淮

南征張繡：西元一九六年到一九九年，曹操集團在河南發展。西元一九八年，滅呂布平徐州，一九九年，滅袁術併淮南，又降張繡，於是全據河南。曹操在平定徐淮之前，曾經數次南征張繡。

曹操定都許昌之後，佔有河南兗、豫二州，四周皆敵手：河北有袁紹，南邊有荊州劉表，東邊有徐州呂布，東南有淮南袁術，西邊關中有馬騰、韓遂。曹操分析形勢，對強敵採用拉攏分化、先弱後強、集中力量打擊一敵再各個擊破的方針，以發展力量。袁紹最強，但是北有公孫瓚，也無暇南顧，曹操利用這個形勢繼續與袁紹保持同盟關係；東邊呂布，曹操為劉備補充兵馬，駐屯小沛，予以牽制；西邊關中，曹操派侍中鍾繇為司隸校尉，督關中諸將，以天子名義招撫馬騰、韓遂，西邊無事。這樣一來，曹操專力南下征討劉表。劉表保境安民，無遠略之志，但是曹操向北進兵，總是擔心劉表襲擊背後，所以要先打劉表，穩固後方。西元一九五年，駐屯弘農的涼州軍閥張濟因為缺糧南下荊州就食，在攻打穰城時被冷箭射死。他的部眾由其侄兒張繡率領，張繡接受劉表招撫，駐屯南陽看守荊州北方。曹操南下攻劉表，由於張繡擋在前面，實際上就是與張繡作戰。

西元一九七年正月，曹操親率大軍南征，直趨南陽郡治宛城，張繡接戰不利，投降曹操。曹操好色，見張繡嬸母張濟之妻姿色豔美，納入軍中過宿，張繡由是怨恨，帶領本部人馬在夜幕掩護下發動突然襲擊。曹操措手不及，無法抵擋，靠貼身護衛典韋死戰得以脫身，右臂受了箭傷。長子曹昂被亂兵所殺，侄兒曹安民同時遇害。曹操次子曹丕僥倖乘馬逃脫，典韋戰死，曹操大敗而歸。曹操兵敗清水岸邊，史稱「清水之難」。

西元一九八年三月，曹操再度起兵親自南征，將張繡圍困在穰城，兩月不下。劉表率軍救張繡，斷曹操歸路。田豐說服袁紹襲擊許昌，劫掠天子。消息傳來，許

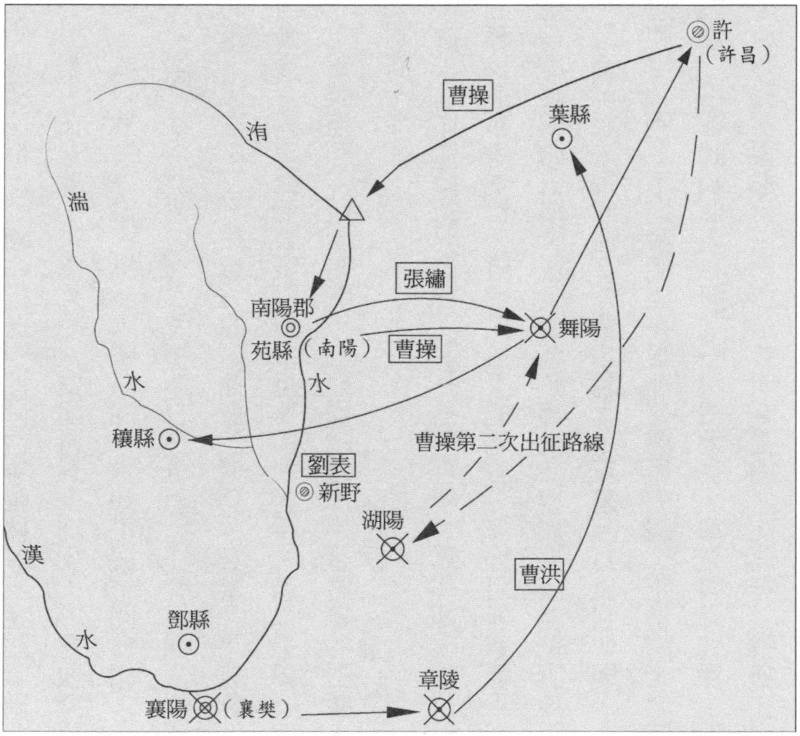

曹操征張繡

昌告急，曹操退兵。曹操故意徐行，誘使張繡追擊，企圖在行進中消滅他。張繡謀士賈詡識破曹操計謀，勸張繡不追。張繡不聽，率精兵追擊，在安眾中伏擊大敗。賈詡再對張繡說：「趕快整軍追擊，一定可以打勝仗。」張繡將信將疑，收拾散兵再追，果然大勝而回。張繡不解，問賈詡：「我用精兵追退兵，吃了敗仗，隨後用敗兵追勝兵，反而得勝，應驗你的預言，是什麼道理？」賈詡說：「這是很明顯的道理。曹操親征將軍，志在必克。交戰方酣，他突然退兵，必定許昌有急。曹操老謀深算，防備將軍追擊，一定親自斷後。將軍雖然善戰，但不是曹操的對手，所以追擊必敗。曹操勝利以後，放下對將軍的戒心，一定輕裝速回，留諸將斷後。曹操諸將卻不是將軍的對手，所以打勝仗。」張繡非常折服，從此言聽計從。

西元一九九年冬，袁紹發動官渡之戰，派使者聯絡張繡，並且致書賈詡。賈詡卻在接待袁紹使者的宴會上，公然對使者說：「回去替我道謝袁本初，自家兄弟不能相容，怎麼可能容得下天下的國士？」賈詡的這番言論，杜絕張繡投靠袁紹的去路，並且說服張繡投效曹操。張繡驚訝地說：「袁強曹弱，我和曹操又有深仇大恨，怎麼可能去投效他？」賈詡說：「正是因為袁強曹弱，才是投效曹操的好時機。袁紹勢大，只是想利用我們，不把我們放在眼裡。曹操力弱，正是用人之時，此時投效曹操，必得重用。他有王霸之志，不會計較個人私怨。」張繡聽從，率眾歸降曹操。曹操舉行盛大宴會歡迎，與張繡握手言歡，結為兒女親家，二十二子曹均娶張繡之女為妻。張繡在官渡之戰中，奮勇殺敵，立下大功。曹操更是器重賈詡，握著他的手說：「使我的威信可以傳揚天下，是你的功勞啊！」曹操立即表拜賈詡為執金吾，封都亭侯，遙領冀州牧。河北平定以後，曹操自領冀州牧，遷賈詡為太中大夫，使賈詡參決謀議，不離左右。

張繡降曹，死心塌地立功補過。曹操也表示信任，獎勵張繡異於諸將。但是張繡內心不踏實，感覺危機四伏，看見曹丕有如芒刺在背。張繡努力作戰，多次宴請曹丕，向他討好，但是曹丕不放過他。西元二〇七年，張繡隨曹操北征烏桓，曹丕對張繡說：「你殺了我的哥哥曹昂，怎麼還有臉面活在人間？」張繡自殺。曹操與曹丕父子逼殺張繡，演出一場雙簧。這個歷史悲劇，直接責任人是奸雄曹操，但是賈詡也難逃誘降張繡的責任，他為己謀則善，為「人謀」則欠妥。張繡不應該投效曹操，這次聽錯了意見。一位壯士的冤死，令人嘆惋！

東平徐淮：用卑劣手段奪得徐州的呂布，是一個無行小人。他反覆無常，為天下所忌。呂布佔領徐州，袁術向他靠近，願意為兒子娶他的女兒。袁術在淮南稱帝，派韓胤為使者通告呂布，並且迎親，呂布表示同意。這時，呂布所屬沛相陳珪，早就傾心曹操，要阻撓呂布與袁術結盟，於是勸呂布協同曹操，共圖大計。曹操派人送來詔書，呂布立即改變主意，把已經在途中的女兒追回，斷決與袁術的關係，還把韓胤押送許都正法。

袁術對呂布的出爾反爾十分憤慨，立即派大將張勳、橋蕤與楊奉、韓暹聯合進攻呂布。曹操利用呂袁衝突，進一步離間，派奉車都尉王則持詔書和印綬去見呂布，任命呂布為平東將軍。曹操寫了一封信給呂布，一面籠絡，一面請呂布上表效忠朝廷。曹操的意思是：讓呂布再次明確表示與袁術決裂，用自己的誓言來約束自己，以便徹底孤立袁術。呂布不知是離間計，反而大喜，派陳珪之子陳登為使，上表許都，要求朝廷正式任命自己為徐州牧。

陳登到許都表示效忠曹操，曹操非常高興，任命陳登為廣陵太守，暗中做好內應，又把陳珪的俸祿從二千石增為中二千石。臨別時，曹操拉著陳登的手深情地說：「東邊的事情，就託付給你們父子。」

陳登回到徐州，沒有給呂布帶回徐州牧的官印。呂布大怒，要殺陳登。呂布說：「你的父親勸我與袁術絕親，現在遭到大軍進攻。你到許都沒有把事情辦成，自家父子卻顯達了，我不是被你們出賣嗎？」陳登不慌不忙地解釋：「我在許都對曹公說：『對待呂將軍好比是養虎，要用肉餵飽他才可以，不然他會吃人。』曹公卻說：『我看呂布是一隻鷹，餓了才可以利用，飽了就會飛走。』曹公就是這樣說的。」陳登的意思是暗示呂布：你要徐州牧，就要像餓鷹一樣去打袁術。蠢笨的呂布似乎明白什麼，果真消氣了。

至於如何退敵，陳珪獻計：「袁術與楊奉、韓暹沒有深交，可以離間拆散。」呂布寫信給楊奉、韓暹：「二位將軍曾經保護皇帝大駕，我也曾經殺死董卓，都是朝廷功臣。現在我們應該聯合起來，攻打稱帝的奸賊袁術，怎麼反而助紂為虐？」呂布答應打敗袁術以後，所得軍資全部歸楊奉、韓暹。這兩個小人貪利，掉轉矛頭與呂布合兵，大敗袁術軍隊，袁術剩下殘兵敗將五千人逃回淮南。袁術經過這一仗，從此一蹶不振。陳珪之謀，就是挑起呂袁大戰，讓曹操坐收漁翁之利。

呂袁火拼，曹操的離間計獲得成功。西元一九七年九月，曹操在袁術削弱的情況下，大舉南下討袁，袁術不敢戀戰，丟下壽春南逃，曹操斬殺袁術留守大將橋蕤，得勝回許都。

現在，河南只剩下呂布一個強敵。曹操征討袁術之時，呂布在徐州擴大地盤，打敗劉備。曹操有進軍的藉口，於西元一九八年九月東征呂布。十月，攻下彭城，曹操下令屠城，無辜百姓慘遭殺害。曹操頒布一個暴虐的軍令，叫做「圍而後降者不赦」，所以彭城兩次遭屠。

呂布退保下邳，廣陵太守陳登起兵配合曹操，呂布陷入重圍。呂布派許汜、王楷到淮南向袁術求救，袁術氣憤地說：「呂布棄婚毀約，理當失敗，有什麼臉面向我求救？」許汜、王楷哀求地說：「明公現在不救呂布，唇亡齒寒，呂布一破，明公也會朝不保夕。」袁術勉強答應援救呂布，但是他無兵可派，只能聲援，於事無補。曹操攻圍下邳兩月，引泗水灌城，城破，呂布等人束手就擒。

曹操在白門樓上召集文武處置呂布，呂布被押上樓，呼叫鬆綁，曹操笑著說：「縛虎不得不緊啊！」鬆綁以後，呂布向曹操獻媚：「明公憂慮的就是呂布，現在我降服了，天下就可以平定。明公率領步兵，讓我帶領騎兵，橫掃天下，還怕無法平定嗎？」曹操遲疑不決，徵詢劉備意見。劉備說：「明公想想丁原、董卓是怎麼死的，就會有主意。」呂布大罵劉備：「大耳賊最沒有信用。」曹操傳令把呂布絞

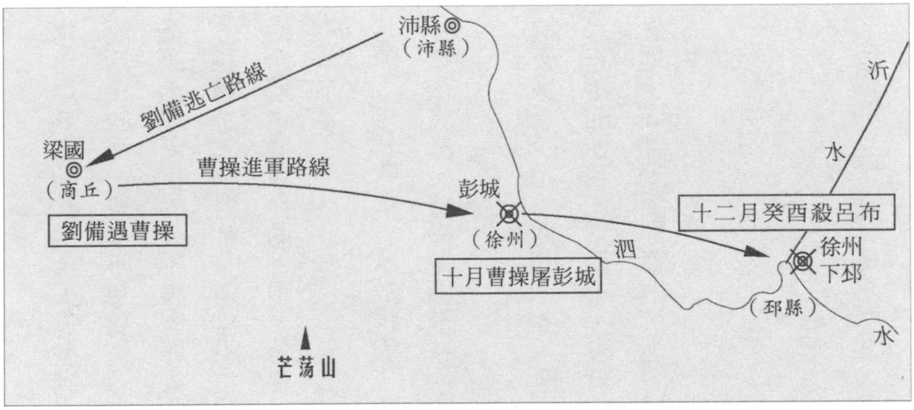

呂布敗亡

死。

曹操處置呂布以後，問同時被俘的呂布謀士陳宮：「公台平常自以為有智計，今天怎麼到了這個地步？」陳宮說：「可惜呂布沒有聽我的計謀，不然你怎麼可能活捉我？」曹操不想殺害陳宮，又問陳宮：「你不想想你的母親嗎？」陳宮說：「我聽說提倡孝行來治理天下的人不謀害罪人的父母，我的母親是死是活，完全由你定奪。」曹操又說：「你的老婆和孩子怎麼辦？」陳宮說：「我聽說用仁德統治天下的人不會滅人之後，我的老婆和孩子，他們的命運也操在你的手中。」曹操十分惋惜，但最終還是處死陳宮，他奉養陳宮的母親，又替陳宮嫁女兒。

呂布被滅，袁術在淮南獨木難支，又因為驕奢淫逸，府庫空虛，士兵散走，眾叛親離。西元一九九年六月，袁術除去帝號，把玉璽送給袁紹，要求北上青州，往依袁譚。曹操派劉備在徐州阻擊，袁術走投無路，在壽春吐血而死。

劉備在徐州阻擊袁術後，公布漢獻帝的衣帶詔，佔據徐州反抗曹操。西元一九九年冬，曹操親征劉備，劉備敗走，北投袁紹。就這樣，曹操建都許昌以後，經過五年的征戰，滅呂布、袁術，降張繡，趕走劉備，平定徐淮，控制黃河以南司、豫、兗、徐四州之地，成為隔河與袁紹抗衡的最大軍事集團。

官渡之戰，大破袁紹

官渡之戰，葬送天下歸一的局勢，是三國鼎立形成中的第一次大戰，也是北方曹操與袁紹兩大集團之間的一次主力決戰。這次決戰袁敗曹勝，進而奠定曹操統一北方的基礎，對三國歷史的發展具有重要意義。設若這次戰役袁勝曹敗，袁紹有能力席捲江南而君臨天下，三國鼎立的局面就不會出現。在軍事上，曹操以少勝多，走上他的巔峰。這次戰役如同赤壁之戰一樣，也是一次群英會。袁曹雙方的謀臣武將雲集官渡，鬥智決力，波瀾壯闊，是一段很精彩的歷史風雲際會。

袁紹發動官渡之戰：官渡，地名，故址在今河南中牟東北，臨古官渡水。獻帝建安五年（西元二〇〇年），袁紹與曹操兩大集團在官渡進行全力決戰，史稱官渡之戰。今有土壘遺存，稱中牟台，又稱曹公台。由於這個歷史遺存，如今經過整治開發，成為吸引中外遊客的人工景點，古戰場變成旅遊勝地。

袁紹畫像

袁曹兩個集團在中原十年混戰中，為戰勝群雄曾經攜手並肩，劃分勢力範圍，袁紹收河北，曹操圖河南。二人隨著勢力的膨脹而外親內疏，明爭暗鬥，兩大集團的決戰是必然之勢。但是官渡之戰在兩大集團尚未準備充分，尤其是袁紹剛滅公孫瓚，尚未喘息又投入大戰，在西元二〇〇年爆發，是雙方始料未及的。事情的原委，還要從河內張揚說起。

張楊原本是丁原部將，與呂布同僚相好。董卓殺丁原，張楊回并州募兵，於是據有河內，在十年混戰中與袁紹相聯絡。西元一九八年末，曹操擒殺呂布，解除北進的最大後顧之憂，立即對袁紹擺出對抗姿態，在西元一九九年四月進兵河北，略取河內。曹操圍呂布，袁紹暗中支持張楊聲援。曹操打入張楊內部，指使張楊部將楊醜殺張楊，公開投靠曹操，挑起事端。張楊部將眭固又殺楊醜，明白宣布投歸袁紹，並且重兵控制河內郡的戰略重鎮射犬（在今河北武陟縣西北）。四月，曹操揮師臨河，派曹仁、史渙渡河擊殺眭固，佔領河內郡，打入袁紹的領屬區，建立河北前進基地。袁紹對曹操此舉十分惱怒，他曾經致書公孫瓚，勸公孫瓚投降，除去嫌隙，而公孫瓚不予理會。於是，袁紹奮力滅公孫瓚，曹操進兵河內時，袁紹也取得勝利。袁紹凱旋之後，立即宣布兵伐許都，時間在西元一九九年五六月間。

袁紹宣布進兵許都，在內部引起爭議。郭圖、審配認為討伐曹操，易如反掌，「今時不取，後難圖也」。沮授認為，袁軍討伐公孫瓚，師出歷年，「百姓疲敝，倉庾無積」，況且曹操奉迎天子，建都許昌，「今舉師南向，於義則違」。為了擺脫政治上的被動局面，同時爭取時間，休整士卒，沮授提出「修耕戰緩搏敗曹」的建議。沮授說：「應該先派使臣向天子報告平滅公孫瓚的捷報，獎勵農耕，休息百姓。如果上達天子的言路斷絕，再宣布曹操一手遮天的罪惡，然後進兵駐屯黎陽，逐步經營河南，多造舟船，整飭兵器，分路派出精銳騎兵，擾亂曹操統屬區，讓對方得不到安靖，我方以逸待勞，這樣可以穩操勝券。」但是急於稱帝的袁紹卻聽不進去，他要與曹操立決雌雄。他不顧政治上的被動局面，也不顧士民連年征戰的疲勞，更不顧部屬的紛爭意見，不取穩操勝券的戰略，而妄聽郭圖的「公師徒精勇，將士思奮」的阿諛頌詞，走上黷武的道路，以圖「早定大業」。在不利的時機發動官渡之戰，加深隱伏的敗機。

建安五年（西元二〇〇年）二月，袁紹正式南伐，發布討伐曹操的檄文，其中有一段歷數曹操挑動戰爭的罪惡：「往年我軍北伐，征討公孫瓚，強敵叛逆，抗拒一年。曹操趁此機會，暗中與公孫瓚勾結，打著援助我軍的旗號，實際想在背後發動突然襲擊，所以領兵臨近黃河，正在調集舟船渡河，被我方外交人員察覺其陰謀。正好趕上公孫瓚被剿滅，才使得曹操把鋒芒縮回，陰謀沒有得逞。」這道檄文記載於《後漢書・袁紹傳》。李賢注引《獻帝春秋》：「曹操渡河攻佔河內，聲言援助袁紹討伐公孫瓚，實際是要偷襲袁紹根據地鄴城。正好公孫瓚敗亡，袁紹也識破曹操計謀，立即回軍，曹操退守敖倉。」這就是說，曹操進兵河內，挑起袁曹公開對立，成為官渡之戰的導火線。曹操既佔了地利和實利，又企圖偷襲袁紹根本，氣度狹隘的袁紹被激怒，貿然發動官渡之戰，承擔黷武的罪責。袁曹較量，曹操確實道高一尺，戰爭還未開始，已經在氣勢上和道義上先勝一籌。

袁曹力量對比：袁紹佔領河北青、冀、幽、并四州；曹操據有河南司、豫、兗、徐四州，及荊州北部、青州一部。雙方地盤相當，實力接近。財力軍力，袁強曹弱；政治及個人素質，曹操佔優。具體分析，雙方各有優勢與短處，加上其他軍閥的背向及謀略得失，力量對比就會轉化。具體比較如下：

財力軍力，袁紹地廣人眾，有明顯優勢。根據《後漢書・郡國志》記載：東漢時期，河北四州總戶數約二百萬，人口約八百萬；河南四州總戶數三百三十九萬，人口一千八百萬。按照當時戶口，曹操佔領區高出袁紹佔領區一倍，河南殷富甲於河北。但是中原十年混戰，主戰場在河南曹操佔領區，潼關以東至陳留，南至潁川，幾百里路，不見人家煙火。徐州歷經戰亂，也是十分荒殘。曹操佔領區的人口耗損，歷史記載，十成人口只剩下一成（《三國志・張繡傳》），這雖然是誇張，但是可以窺見荒殘景象。河北四州人口以半數計，約八九百萬人口，河南四州以十分之二計，有七八百萬人口。或是袁曹佔領區，人口大致相當，河北擾亂較小，卻比河南殷富。從地理形勢看，袁紹據河北居高臨下，又與戎狄和親，無後顧之憂。曹操所佔中原，處四戰之地，周圍軍閥環繞，有陷入兩線作戰的危險。袁紹由於有這個優勢，志驕意得，急不可耐地想要做皇帝。這時，袁術歸帝號於袁紹，稱頌袁紹：「今君擁有四州，民戶百萬，以強則無與比大，論德則無與比高。曹操欲扶衰拯弱，安能續絕命救已滅乎？」意謂曹操不能挽救已絕天命的漢室，也不能保自己滅亡的命運。袁紹聽了好不歡喜，示意自己的主簿耿包上書勸進，請求袁紹順天意，從民心，當皇帝。此論一出，袁軍僚屬一致反對，指斥耿包妄言，袁紹不得已殺耿包解嘲，十分狼狽。這一齣鬧劇，撕下袁紹「舉義兵誅暴亂」的假面具，使他失去號召力，使許多政治集團轉變方向，袁紹陷於孤立無援的境地，政治上處於劣勢。

從個人素質看，袁紹雖然也是一個英雄，但不是曹操的對手，政治謀略遜色一籌。西元一九六年，漢獻帝東歸洛陽，袁紹謀士沮授勸他迎立天子以令諸侯，袁紹沒有聽從，拱手讓給曹操，在政治上就輸了一著。然而，這是對全局成敗有決定性影響的一著，袁紹輸了，處處被動。曹操贏了這一著，全盤皆活，處處主動。曹操挾天子以令諸侯，不僅關中附從，而且號令袁紹的時候，盛氣凌人的袁紹也不得不聽從曹操的擺布，一再上表向朝廷表白忠心。袁紹致書曹操，說許昌低濕，應該徙都鄄城，以便自己也可以打上天子旗號。曹操不做這種傻事，理所當然予以拒絕。袁紹爭天子不得，後悔莫及。

西元一九八年春，曹操南下圍張繡於穰城，田豐勸袁紹趁機南下襲許，奉迎天子以號令天下，否則「終為人所擒，雖悔無益」。由於當時公孫瓚未滅，袁紹為避免兩線作戰，沒有聽從，只寫了一封恐嚇信，曹操慌忙退軍，被張繡追擊，打了一個敗仗。曹操憂心忡忡地對荀彧說：「今將討不義，而力不敵，怎麼辦？」荀彧回答：「古代打江山的人靠的是才幹，往往由弱變強；不能成大事的人，也總是由強變弱。劉邦與項羽的成敗，就是這樣啊！」荀彧從氣度、謀略、武功、德義四個方面分析，曹操都勝過袁紹，又有天子為號令，「扶義征伐」，不怕打不敗袁紹。

曹操聽了荀彧的意見，非常高興，但是他仍然不放心，又去問郭嘉。郭嘉更為細緻地比較曹操與袁紹的長短，認為曹操在十個方面超過袁紹：

袁紹講究繁文縟節，曹操做事講求實際，在實效方法上超過袁紹，是第一勝；袁紹不尊奉朝廷，曹操擁戴漢獻帝，以天子名義號令天下，在義理上超過袁紹，是第二勝；漢末法令寬緩，豪強橫行，袁紹以寬治寬，政治更加腐敗，曹操以猛治寬，抑制兼併，上下整肅，在行政上超過袁紹，是第三勝；袁紹表面寬厚，內心狹窄，用人唯親，曹操外表簡易，內心精明，任人唯賢，在器量上超過袁紹，是第四勝；袁紹多謀少決，貽誤良機，曹操有謀則行，應變無窮，在謀略上超過袁紹，

郭嘉畫像

是第五勝；袁紹憑藉家世資望，故作謙虛收取名譽，投靠他的人多半是徒有虛名的書呆子，曹操誠心待人，不圖虛名，自身節儉做表率，獎勵有功的人一點也不吝惜，因此忠誠正直而有才學的人願意效勞，在品德上超過袁紹，是第六勝；袁紹憐憫眼前的饑寒之人，考慮不到更多的饑寒之人，這是婦人見識，曹操往往忽略眼前小事，卻能考慮長遠的天下大事，在仁愛上超過袁紹，是第七勝；袁紹放縱部屬，互相爭權奪利，曹操管束有方，流言蜚語沒有市場，在明察上超過袁紹，是第八勝；袁紹分不清是非黑白，曹操獎勵正直，懲辦奸惡，在文德上超過袁紹，是第九勝；袁紹不懂用兵，慣於虛張聲勢，曹操用兵如神，善於以少勝眾，在武德上超過袁紹，是第十勝。（《三國志・郭嘉傳》裴注引《傅子》）

曹操聽了郭嘉的十勝分析，心裡踏實了，笑著對郭嘉說：「我有這麼高的道行嗎？」郭嘉趁此獻計：「現在袁紹與公孫瓚大戰，我們立刻消滅呂布，不然與袁紹對陣，呂布搗鬼，禍害無窮。」曹操改變南征計畫，東出一戰擒滅呂布。

荀彧、郭嘉原本是袁紹的謀士，他們見袁紹外寬內忌，不是明主，轉而投奔曹操。他們讚揚曹操的才幹，難免有誇張的成分，但是說話很有見識。這些話顯示曹操和他的智囊團早就認清形勢，從心理上準備與袁紹決戰，樹立必勝的信心。

袁曹二人的智力既有差異，兩人爭天下的政治路線也迥然不同。袁紹憑藉的是「力」與「地利」，經過十年血戰，實現自己的「吾南據河，北阻燕代」，可以算得上群雄中的佼佼者。但是與曹操相比，只是一個「小氣」。袁紹可以戰勝韓馥、公孫瓚，而不能戰勝曹操，所以不能建立非凡的帝王之業。曹操高於袁紹，不僅是個人政治素質，而且更是政治路線。袁紹憑藉的地盤和兵力，敵不過曹操的人才和道義，所以諸葛亮說：「曹操比於袁紹，則名微而眾寡，然操遂能克紹，以弱為強者，非惟天時，抑亦『人謀』也。」官渡之戰，袁紹一敗塗地，由強轉弱，從勝利的頂峰跌落下來，墜入滅頂的深淵，最重要的原因就是他因勝而驕，一意孤行，以個人之智敵曹操之群士。袁紹謀臣如雲，但是他不納田豐之謀，不用沮授之計，既要急於進取，又貽誤戰機，一失再失，怎能不敗？袁紹能聚人而不能用人，張郃、許攸就是因為計謀不被採納，憤然陣前倒戈。袁紹逞個人之智，又遇到曹操這樣道高一籌的對手，難逃覆滅的命運。

官渡之戰的過程和結局：官渡之戰從西元二〇〇年二月到十月，總共歷時九個月，分為三個階段。第一階段，二至六月，曹軍步步撤退，在行進中消耗和偷襲袁軍，積小勝為大勝，滅敵威風，壯己士氣。第二階段，七至九月，官渡相持。第三階段，十月烏巢燒糧，奇計破袁。依照時間順序列出戰爭過程於下：

二月，袁紹進軍黎陽，曹軍收縮河南。袁紹令劉備協助顏良為先鋒，渡河圍白馬。沮授對袁紹說：「顏良性情褊狹，雖然作戰英勇，但是不能獨當一面。」袁紹沒有聽進去。

四月，曹操北上解白馬之圍，用荀攸計，屯兵延津偽裝渡河，好像要攻擊袁紹的後方，迷惑袁紹大軍渡河，使其分兵西向。目的達到以後，曹操自引輕騎，集中徐晃、張遼、關羽等驍將，出其不意奔襲白馬。關羽斬顏良，袁軍潰敗。曹操拔出白馬之軍，遷徙白馬百姓沿黃河撤退，丟棄輜重軍械，誘袁紹大軍渡河來追。

五至六月，袁軍渡河至延津，沮授又進諫：「顏良敗沒，曹軍反而後退，這種變化要詳細考察。為保萬全，部隊應該駐屯在延津，分兵進攻官渡。如果勝利，大軍再跟上去；如果不勝，主力可以安全撤退。」袁紹不聽。沮授氣憤地說：「主上驕傲，部屬邀功，悠悠黃河，我們還能過河還鄉嗎？」遂稱病辭職。袁紹不許，將沮授降職隸

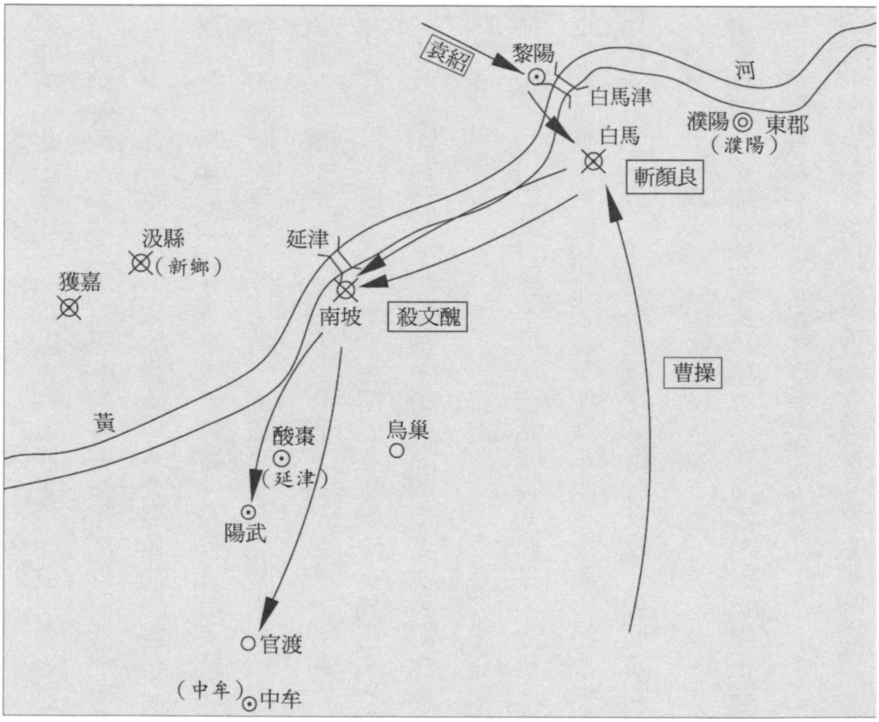

關羽斬顏良、文醜

屬郭圖。

袁紹大將文醜與劉備追擊曹軍，在延津南白馬山中計被斬。顏良、文醜為河北名將，連戰皆輸，袁軍奪氣。與延津之戰同時，于禁、樂進又率步騎五千，從延津西渡河奇襲袁軍後方，至汲、獲嘉兩縣，焚其堡聚二十餘屯。

七至九月，袁紹雖然連戰皆北，仍然憑其兵力優勢，密集推進，與曹操相持於官渡。八月，袁軍逼近曹寨，依沙槌為屯，東西數十里，曹軍亦分營對壘相持。

袁紹逼近官渡的同時，於七月派劉備迂迴曹軍後方，與汝南黃巾軍聯合開闢第二戰線，袁紹又「遣使招誘豫州諸郡，諸郡多受其命」。袁軍派出的劫糧之軍也連連得手，許昌及曹軍中人多與袁紹通書。

九月，袁曹二軍在官渡展開陣地戰，曹軍寡不敵眾，還營堅守。袁軍起土山地道強攻，激戰異常。兩軍「相持百餘日，河南人疲困，多叛應紹」。當時，曹軍糧少，曹操致書荀彧，打算撤軍。荀彧回信曹操，以楚漢相爭為喻：「當時，劉邦與項羽相持於成皋，誰也不肯先撤退，先撤退的人士氣就會低落。」又說：「現在正是用計破敵的時候，不可失去這個機會。」曹操又問賈詡，賈詡說：「主上英明勝過袁紹，勇敢勝過袁紹，用人勝過袁紹，決斷勝過袁紹。有這四個方面勝過袁紹，而相持半年沒有決出勝負，就是過於謹慎的緣故。只要下定決心，立刻就會決出勝負。」

曹操派曹仁率領徐晃、史渙攻破劉備在汝南的策應，還消滅袁紹斷糧道的游擊軍，使其運輸暢通。曹操又用荀攸計，派徐晃擾亂袁紹後方，燒了袁紹運糧車及其輜重，殺其將韓猛。

十月，兩軍主力決戰。袁紹再次派出淳于瓊帶兵萬餘人押運糧車，屯放在袁紹大營北四十里的烏巢。沮授又進諫袁紹：「我軍人數佔優勢，但是勇敢不及敵軍；敵軍糧食少，物資不如我軍。敵軍希望快速決戰，我軍利於持久，拖垮敵軍。」沮授建議派出蔣奇率領一支軍隊掩護側翼，保護糧草，以阻止曹軍再次偷襲屯糧之所。對此，袁紹一概聽不進去。謀士許攸向袁紹獻計：「曹操集中全力在官渡，許都空虛，如果分兵攻擊許都，迎接天子討伐曹操，一定可以活捉曹操。即使打不垮曹操，也使他顧頭無法顧尾，終究會打敗曹操。」袁紹還是不聽，卻說大話：「我就是要先捉拿曹操。」袁紹下令軍中，每個人帶一條三尺繩子，一定要活捉曹操。

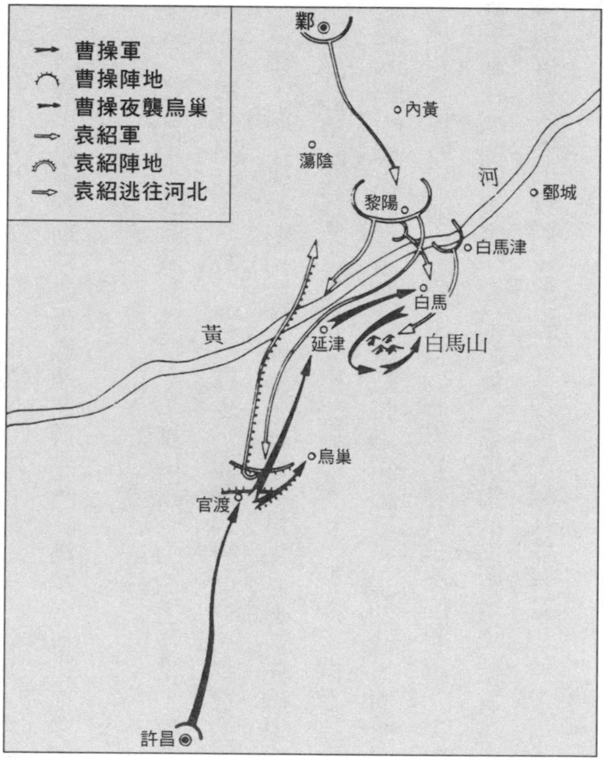

官渡之戰形勢圖

許攸的計謀不被採納，心中很是不平。正在這時，留守鄴城的審配收捕犯法的許攸家屬，恰似火上澆油。許攸一怒之下，投奔曹操，告知袁軍儲糧虛實，勸曹操輕騎燒糧。當時，曹軍只有一個月的軍糧，為打破僵局，曹操決定出奇制勝。他親率五千騎兵冒用袁軍旗號，月夜偷襲烏巢。天亮時分，曹操抵達淳于瓊糧營。淳于瓊不護糧草，見曹操兵少，欲邀功利，出營迎戰。曹軍殊死戰，淳于瓊戰敗，糧草被焚。

袁紹知道曹操劫糧以後，又做出錯誤的調遣。他不聽張郃用重兵救糧的意見，卻採納郭圖攻劫曹營的主張。袁紹對其子袁譚說：「就算曹操攻破淳于瓊軍，我這裡攻破曹營，看他回去哪裡？」張郃與郭圖爭執起來。張郃說：「曹操自引精兵，必能破瓊，而曹營鞏固，我們若攻不下來，大事就完了。」但是袁紹不聽，只用輕軍救淳于瓊，而令張郃、高覽攻曹營。這時，曹操已經回軍夾擊袁紹軍。郭圖出了錯誤計策，反誣張郃不力戰以推脫責任。張郃、高覽氣憤不過，焚戰具，投降曹軍。曹軍趁勢全線出擊，袁軍大潰。袁紹、袁譚倉皇潰逃，只帶了八百騎渡河，

官渡之戰遺址（河南中牟東北的官渡新村）

沮授及審配二子皆成俘虜。沮授拒降，被曹操所殺。

袁紹官渡慘敗，愧對田豐，說：「吾不用田豐言，果為所笑。」於是下令殺害田豐。袁紹如此心胸狹隘，一蹶不振，發病吐血，建安七年（西元二〇二年）五月病死。

官渡之戰，曹操以少勝眾，以弱勝強，一代梟雄袁紹殞落。伴隨袁紹之死，漢末的統一局勢受挫，成就曹操的事業，加速他統一北方的步伐。河北智士名將，田豐、沮授、顏良、文醜，成為失敗英雄袁紹的殉葬品。張郃、許攸等一批人傑，投附曹操，壯大曹操的勢力。官渡之戰，鞏固曹操的政治地位，以及在漢官、曹氏陣營中的聲望，曹操走上自己的巔峰。

官渡之戰古戰場紀念館一角

橫掃河北，遠征烏桓

官渡之戰以後，袁紹收縮鄴城，曹操打算南征劉表，消除心腹之患。荀彧不同意，對曹操說：「袁紹打敗仗，我們不應該讓他休養生息，捲土重來，應該徹底平定河北。如果我們大軍南征，遠涉江漢，如果袁紹從背後偷襲，對我們就不利了。」曹操認為有道理，把大軍部署在黃河岸邊，隨時準備給袁紹致命的打擊。

橫掃河北：西元二〇二年五月，逃回鄴城的袁紹積鬱成疾，吐血而死。袁紹有三子，依次為袁譚、袁熙、袁尚，另有一個外甥叫高幹。袁紹喜歡小兒子袁尚，有意讓袁尚繼嗣為冀州牧，於是派袁譚做青州刺史，派袁熙做幽州刺史，派高幹做并州刺史，留袁尚在身邊。沮授進諫：「這樣安排，一定生出禍亂。」袁紹說：「我讓諸子各統一州，展示才幹。」袁紹在世的時候，袁譚

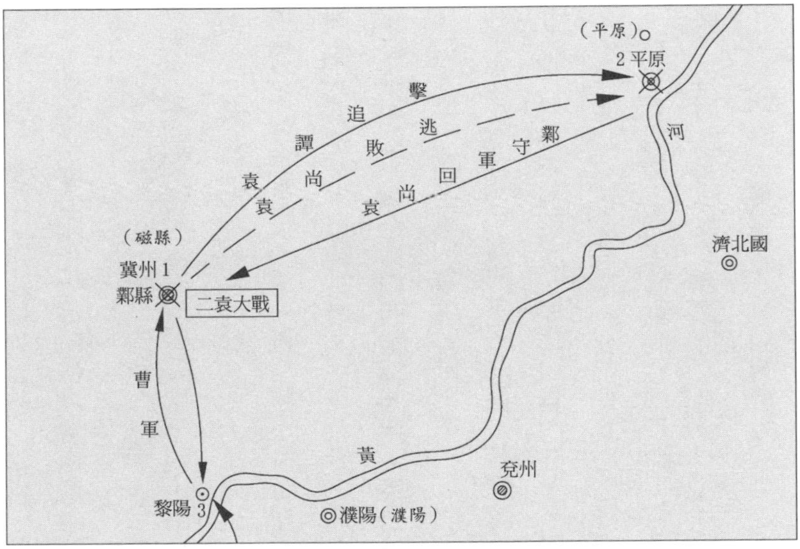

袁譚、袁尚二人火拼

與袁尚爭奪嗣位，拉幫結派，培植黨羽，造成袁氏集團的分裂。審配、逢紀擁護袁尚，辛毗、郭圖支持袁譚，兩派明爭暗鬥，只是沒有公開化。袁紹一死，衝突立即公開化。審配傳達袁紹遺命，奉袁尚為嗣。袁譚不服，屯兵黎陽，並且殺死袁尚親信逢紀。

西元二〇二年九月，曹操利用二袁衝突，進兵黎陽。袁尚怕黎陽丟失，對鄴城不利，出兵相救。曹操打敗二袁的聯兵，進圍鄴城。諸將想要乘勝攻取，郭嘉認為城堅一時難破，力排眾議，進獻奇謀。他分析二袁之間的衝突，認為二袁兄弟各擁重兵，各有謀臣，二人爭為冀州牧而互不相容，急則相助，緩則相爭，「不如南向荊州，擺出征討劉表的樣子，以觀其變。一旦有變，然後進兵，可以一戰平定」。曹操採納郭嘉的建議，假裝南下，進至西平（今河南西平縣西）。不出郭嘉所料，曹操南下，二袁大打出手，袁譚被袁尚擊敗，困於平原，派辛毗向曹操乞降求救。

曹操猶疑，拿不定主意，召集諸將討論，多數人主張先打荊州，荀攸主張北進。荀攸認為：「劉表坐保江漢，沒有四方之志，不妨慢慢攻取。河北袁氏勢力不可輕視，要趁二袁內訌，一舉平定。河北平定了，打荊州就不用費力氣。」曹操還是沒有下定決心，又問：「袁譚是真心乞降嗎？一定可以打敗袁尚嗎？」辛毗說：「明公不必問真假，只要看形勢就夠了。袁尚包圍袁譚，但是無力攻破城池，說明他的力量衰竭了。只要明公進兵鄴城，袁尚就要回救，袁譚肯定追擊。袁尚遭到兩面夾攻，肯定滅亡。當今四方勢力，沒有人強過河北。只要明公平定河北，你的實力就可以大大增強，天下為之震動，何樂而不為？」曹操聽了，疑團消失，立即下令揮師北上。

西元二〇四年二月，曹操兵圍鄴城，審配、蘇由留守鄴城。蘇由打算做內應，計謀洩露，出城投奔曹操，告知城中虛實。曹操四面強攻，又引漳水灌城，圍困四個月，仍未破城。城中糧食吃光，有一半的人餓死。袁尚解平原之圍，率主力一萬多人回救，被曹操打敗，率領殘部投奔幽州袁熙。城內見外救無望，軍心動搖。審配侄兒審榮開門出降，鄴城被攻破，審配等人被處死。

然後，曹操進攻袁譚，將袁譚包圍在南皮。西元二〇五年正月，天寒地凍，曹操親自督戰進攻，擂鼓助威，一舉破城，袁譚、郭圖被斬殺。曹操趁勢進兵幽州，袁熙大將焦觸、張南等人投降，袁熙和袁尚逃入烏桓，幽州也落入曹操之手。

并州高幹為了避免曹操兵鋒，在曹軍攻下鄴城以後，向曹操表示投降。但是不久又背叛曹操，打算偷襲鄴城，被曹操發現，派樂進、李典堵擊，高幹退守壺關（在今山西長治東南）。西元二〇六年正月，曹軍冒嚴寒進兵，攻破壺關。高幹南逃，取道陝西出武關依附劉表，逃到嶢關（在今陝西藍田東南），被嶢關都尉王琰殺死，并州平定。

遠征烏桓：袁熙、袁尚率殘部逃入烏桓，幽、冀吏民追隨逃奔者十餘萬戶，成為袁熙、袁尚可能東山再起的憑藉。烏桓受到袁紹長期籠絡，經常犯

曹操征烏桓時經過的羊腸坂道

邊。面對這個形勢，曹操是繼續北上追窮寇，還是回頭打荊州，軍中又發生爭論。諸將認為，袁尚是一個逃亡賊，烏桓又沒有信用，如果大軍遠出，劉備與劉表偷襲許昌，會對大局不利。只有謀士郭嘉提出反對意見，他認為袁紹有恩於烏桓，曹操只是用武力奪得四州，沒有恩德於民，如果大軍南征，袁尚勾引烏桓入侵河北，恐怕青、冀、幽州又要落入袁氏之手。郭嘉做出分析：「劉表是座談客，自知才能不如劉備，不敢重用，曹操可以放心北征，不必憂慮劉表。」郭嘉的分析很有道理，他沒有把曹操的暴行說破。官渡之戰，曹操坑殺河北降卒八萬多人，河北百姓聞曹色變，才有十餘萬戶逃入烏桓。曹操橫掃河北，破城屠戮，極其殘暴。他進攻袁譚，時在三九隆冬，河水積冰，不能行船。曹操徵發民夫鑿冰，有些人逃役，事後主動自首，曹操仍然捕殺不赦免。如果逃入烏桓的十餘萬戶難民，追隨袁熙、袁尚返回河北，再呼朋引伴，將會掀起波瀾。這支力量再與烏桓之兵聯合起來，絕對不可小視。曹操也認識到這一點，於是決定先北後南，遠征烏桓。

烏桓，也寫作烏丸，是居住在中國北方今遼寧西部、內蒙古東部、河北東北部一帶的少數民族。東漢末年，烏桓族強大起來。西元一八七年，中山太守張純勾結烏桓遼西部大人丘力居擾亂幽州，公孫瓚就是在平定烏桓的戰爭中興起的軍閥。丘力居死後，他的兒子蹋頓繼位，有武略，成為遼東、遼西、右北平三郡烏桓的首領，史稱三郡烏桓，比丘力居時期更為強大。烏桓仇恨公孫瓚，袁紹利用這個衝突招撫烏桓，夾擊公孫瓚。袁紹打敗公孫瓚以後，假借漢獻帝名義封蹋頓為烏桓單于，封遼東屬國烏桓大人峭王蘇僕延為左單于，封右北平烏桓大人汗魯王烏延為右單于。袁紹死後，三郡烏桓繼續為袁氏出力，所以袁尚、袁熙失敗以後才會逃入烏桓，想要借三郡烏桓的力量與曹操抗衡，烏桓成為幽冀地方世族官僚及袁氏集團殘餘勢力的集結處。曹操要統一北方，必須進討烏桓。

遠征烏桓不是一件容易的事情，運輸是一個問題。曹操組織人力開闢兩條管道，一條從滹沱河鑿渠入泒水，名平虜渠；一條從泃河口鑿渠入潞河，通渤海，名泉州渠。這兩條渠修成，既便利軍糧運輸，又成為農業灌溉渠，但是興修時期，動用很多的人力。

西元二〇七年五月，曹操正式起兵出征烏桓。為了鼓勵士氣，曹操在二月下《封功臣令》，大封功臣二十餘人為列侯，其餘將士依次受到封賞。

曹操大軍北進到河北易縣（今河北雄縣西北），郭嘉又獻奇計，大軍留下輜重，組織精銳輕騎兵，迅速推進。曹操計畫取道無終（今天津薊縣），傍海進擊烏桓。但是大軍來到無終以後，遇上連日大雨，大水暴漲，行軍困難，而且這條路線有烏桓人設關防守。這樣一來，曹軍就被阻滯下來。曹操久

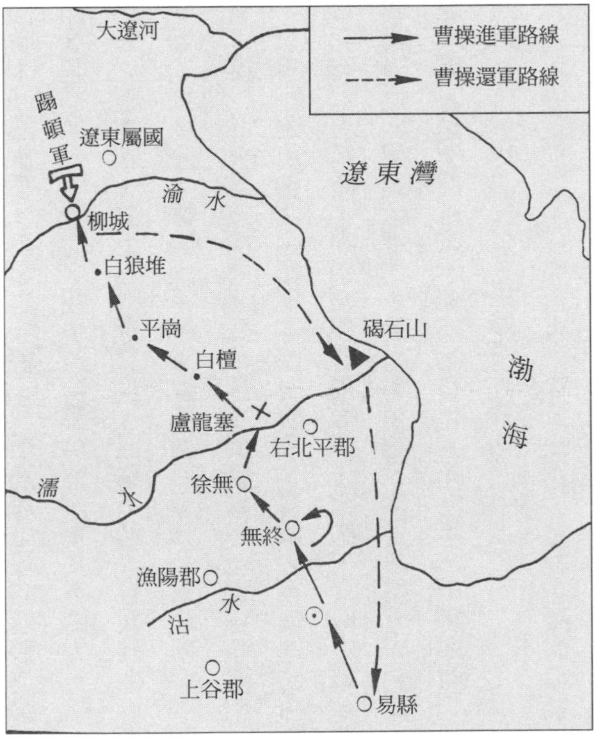

曹操北征烏桓

仰隱耕於無終徐無山的田疇，派人請田疇來商議軍事。田疇是無終人，很熟悉這裡的地形道路。田疇痛恨烏桓侵擾邊境，所以樂意為曹操籌劃軍事。田疇提出抄小道奇襲烏桓、乘其不備的方略，曹操非常贊成。他下令向後撤退，還在路旁立下木牌，寫上「方今暑夏，道路不通，且俟秋冬，乃復進軍」，用以迷惑敵人。曹操將部伍隱蔽前進，登上徐無山，越過盧龍塞（今河北喜峰口），跨過白檀（今河北寬城），經平岡（今河北平泉），千里奔襲烏桓蹋頓所住的柳城（今遼寧朝陽南）。這條路崎嶇險阻，已經中斷近二百年，只有小路可走，蹋頓根本沒有防備。曹操大軍前進到白狼堆（今遼寧建平南的布佑圖山），距柳城只有二百里路，蹋頓發現曹軍從背後殺來，倉促應戰。曹軍先鋒勇將張遼，前行至凡城（今遼寧朝陽附近）與烏桓遭遇。蹋頓率領的三郡烏桓與袁尚、袁熙的部眾，總共有數萬騎兵，遠遠多於曹軍，因為是突然應戰，陣容不整，士氣低落，一觸即潰，蹋頓被亂兵殺死。曹操大軍乘勝追擊，到達柳城，漢民及烏桓軍民歸降者有二十萬人。

曹操擊潰烏桓，勝利班師。袁尚、袁熙逃往遼東，投靠遼東太守公孫康。諸將主張窮追猛打，消滅袁氏兄弟。曹操說：「公孫康很害怕袁尚和袁熙，他們的衝突很深，我們進軍，他們必然聯合。如果我們退兵，可以坐收漁翁之利，公孫康會把二袁的首級獻上來。」不出曹操所料，公孫康怕袁尚和袁熙奪他的地盤，設鴻門宴將袁尚和袁熙殺掉，獻首級於曹操。自此，袁氏勢力被徹底消滅，三郡烏桓歸附曹操。曹操精選烏桓騎兵編隊供其驅遣，號稱「天下名騎」，在以後的征戰中所向無敵，立下很大的戰功。

曹操從柳城班師，從大道循渤海回軍。曹操登上碣石山（在今秦皇島附近），烏瞰大海，心潮起伏如海潮奔騰澎湃，即景賦詩，寫下名篇《觀滄海》。詩云：

東臨碣石，以觀滄海。
水何澹澹，山島竦峙。
樹木叢生，百草豐茂。
秋風蕭瑟，洪波湧起。
日月之行，若出其中。
星漢燦爛，若出其裡。
幸甚至哉，歌以詠志。

這首詩筆力遒勁，激昂慷慨地抒發曹操取得勝利之後的滿腹豪情。

西併關隴，統一北方

赤壁之戰，劉備和孫權結成鞏固的聯盟，挫敗曹操向南推進。曹操也認識到北方不具備一舉征服南方的力量，於是掉轉矛頭，肅清北方邊遠的割據勢力。當時，遼東有公孫康集團，地處偏遠，斬二袁首級敬獻，表示臣服，曹操把他放在一邊。關西馬騰、韓遂集團，力量強大，關中形勢居高臨下，又是進兵漢中、益州的通道，這是必須掃除的。曹操取關隴，南下漢中，窺視益州，可以對孫劉聯盟集團取得戰略迂迴包圍之勢。孫劉聯盟集團也把戰略目標瞄向西方，奪取益州，全據長江，形成南北對峙。也就是說，赤壁之戰以後，孫劉集團指向益州，曹操指向關隴，雙方都向西推進，看誰可以搶先佔領戰略要地，形成時間上的賽跑。

西併關隴：西元二〇八年，曹操南征荊州。為了穩固後方，他以漢獻帝名義徵召馬騰入許都，表為衛尉，以馬騰之子馬超統其眾，拜偏將軍。韓遂與馬騰為結拜兄弟，二人聯手割據關隴三十餘年，他們雖然名義上歸順朝廷，實際是國中之國，曹操當然不能允許。徵召馬騰入京，就是控制關隴的一著妙棋。但是韓馬集團名義上歸順朝廷，馬騰又受詔入京，曹操去討伐關隴馬韓，就是師出無名。曹操自有他的辦法，欲加之罪，何患無辭。西元二一一年春，曹操進兵關中，聲言討伐漢中張魯。討伐漢中，要經過關中，韓馬就範，就是曹操效法晉獻公伐虢滅虞之計。如果韓馬不借道，就是公開反叛朝廷，曹操就可以名正討伐。韓馬集團沒有遠略，雖然只是趁亂割據的地方軍閥，但是面臨生死抉擇，自然不允許曹操兵臨關中。韓遂、馬超集合關中諸將侯選、程銀、楊秋、李堪、成宜、張橫、梁興、馬玩等十部人馬集結潼關，攔阻曹操入關。曹操派曹仁督軍西征，兵臨潼關堅壁不出戰。西元二一一年七月，曹操親臨前線。

八月，曹軍與關西軍在潼關夾關對陣。關西軍精悍，善使長

馬超畫像

矛，作戰英勇。韓馬集結重兵要與曹軍決戰，曹軍深溝高壘吸引關西軍的注意力於正面，然後派出徐晃、朱靈等人率領精兵四千從蒲阪津（今山西永濟西）渡過黃河，在黃河西岸（今陝西大荔東）建立灘頭陣地。曹操此計是避開關西軍鋒芒，繞其側背，調動敵人在行進中處於被動，削弱關西軍善戰的長處，以己之長攻敵之短。曹操大軍陸續從側背渡河，在渭北搶佔有利地形，沿河向南用「連車樹柵」的辦法，建立活動甬道，輸送糧草。曹軍繞過馬超的阻擊防線，馬超被迫放棄潼關，收縮到渭南迎擊曹軍，兩軍夾渭水對峙。

曹操抓住馬超急於求戰的心理，故意設置疑兵，擺出決戰姿態，暗中用舟船在渭水搭浮橋，出敵不意，夜間渡河，結陣於渭南。馬超得知曹軍渡河，親自領兵偷營，曹操早有防備，設伏襲擊，大敗馬超。九月，曹軍全部渡過渭水，在渭南逼近韓馬聯軍。

韓馬集結重兵於第一線，阻擊不成，速戰不得，連吃敗仗，深知不是曹操對手，加之重兵集結，憂慮後防空虛，向曹操提出割地求和的要求。曹操的目的就是要拖住韓馬聯軍，使關西軍集結，一舉全殲其主力，所以不允求和。如果強打陣地戰，曹軍將要付出沉重代價。曹操採納賈詡的離間計，假意許和，要求在陣前與韓遂商談求和條件。馬超、韓遂不知是計，同意陣前商談。可是見面以後，曹操只是與韓遂敘舊，表現極大的熱情，歡笑話別，隻字不提軍事。馬超在旁邊監視戰陣，不知談話內容。韓遂回營，馬超問韓遂，曹操說什麼，和談條件是什麼。韓遂回答不出，引起馬超懷疑。曹操又用間諜投書，寫信給韓遂，又故意在信上塗抹，彷彿是韓遂改動的。信的內容是勸韓遂投降，間諜有意讓這封信落在馬超手中，更引起馬超的懷疑。這時，曹操突然發起總攻。由於韓遂、馬超有隔閡，互相防範，無法併兵形成拳頭作戰，結果被打得大敗。成宜、李堪被殺，馬超、韓遂逃奔涼州，關中大部被曹操佔領，這一仗是曹操有名的渭南大捷。

渭南大捷，表現曹操的軍事才能，但是離間計不高明。如果韓遂有些警惕，陣前嚴肅談判，只講軍事，不講私誼，曹操的離間計就會不攻自破。如果馬超有些頭腦，就不會掉進曹操的陷阱。他們有勇無謀，所以被曹操和賈詡玩於掌上。渭南大捷以後，曹營諸將仍然不明白曹操的用兵方略。他們不理解，曹操既然不在潼關決戰，為什麼要集結重兵在潼關深溝高壘。曹操做出解釋：「我軍在潼關集結，就是要吸引敵人把重兵集中在潼關一線，渭北河西防務空虛，便於大軍趁虛而入。我軍在渭北集結，在渭南紮營，都是一個道理，轉移敵人視線，使我軍掌握戰場主動權。我們假意允和，使他們放鬆戒備，然後突然襲擊，攻其不備，所謂『迅雷不及掩耳』，這就是取勝之道。用兵打仗，千變萬化，不能墨守成規。」諸將無不佩服。

渭南大捷以後，曹操留夏侯淵鎮守關中，大軍撤回。西元二一三年，馬超糾集羌、胡等部反攻關中，曾經攻陷漢陽郡治所冀縣（在今甘肅甘谷南），殺涼州刺史韋康。不久，韋康部下楊阜、姜敘起兵攻馬超，夏侯淵、張郃率步騎來援，冀縣城中吏民殺馬超妻子，閉門不納。馬超四面受敵，

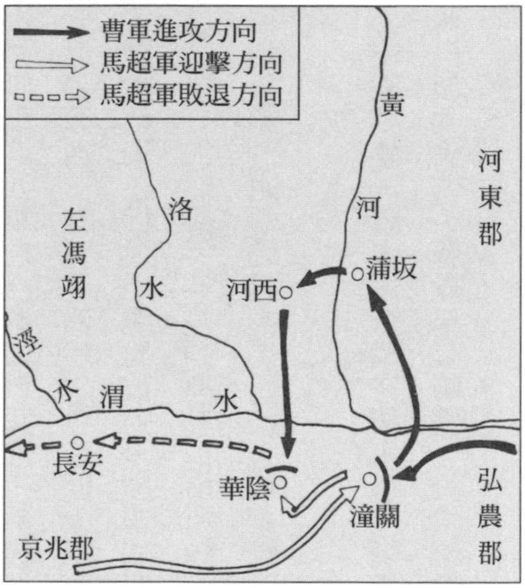

渭南之戰

走投無路，率殘部投靠漢中張魯。夏侯淵掃蕩隴右殘敵，又打敗韓遂，韓遂逃入西平（今青海西寧），為部下所殺。西元二一四年，夏侯淵拔掉割據枹罕（今甘肅臨夏）的軍閥宋建，自此關西為曹操平定。西元二一九年，盤踞河西四郡，即敦煌、酒泉、張掖、武威的軍事首領向曹操納「質」。第二年，曹丕稱帝，用兵把河西四郡併入曹魏版圖，曹魏西疆達於敦煌。

統一北方：曹操在《秋胡行·其二》的詩中，表達自己的治世志向，寫下如下詩句：「不戚年往，憂世不治。」西元二〇四年，曹操攻克鄴城，統一北方的大局已定，如何穩定社會秩序，治國理民以清天下的任務排上議事日程。曹操發布《蠲河北租賦令》、《收田租令》，穩定佔領區，抑制豪強兼併。《收田租令》又稱《抑兼併令》，此令兼有這兩個方面的內容。穩定田租，保護自耕農，就可以在一定程度上抑制兼併。令文如下：

有國有家者，不患寡而患不均，不患貧而患不安。袁氏之治也，使豪強擅恣，親戚兼併；下民貧弱，代出租賦，衒鬻家財，不足應命。審配宗族，至乃藏匿罪人，為逋逃主；欲望百姓親附，甲兵強盛，豈可得邪！其收田租畝四升，戶出絹二匹、棉二斤而已，他不得擅興發。郡國守相明檢察之，無令強民有所隱藏，而弱民兼賦也。

東漢末年豪強兼併，激化階級衝突。袁紹佔領河北，對豪強兼併採取放任態度，使廣大貧民更趨貧困。曹操的令文譴責袁氏的放任政策，更提到審配家族的不法行為，表達曹操對豪強大族的不滿和痛恨。全文特別規定畝收租穀四升，按戶納絹二匹、棉二斤以代戶調，即人頭稅。這種定額租賦制，隨後推行到曹操的北方佔領區，對於舒緩北方農民的負擔，恢復生產，產生一定的作用。

曹操鼓勵地方官員打擊豪強，要求他們不避宗親。獻帝都許昌，曹操任命滿寵為許昌令。曹洪有一個賓客多次犯禁令，滿寵把他抓起來治罪。曹洪寫信求情，滿寵不予理睬。曹洪無奈，去找曹操。滿寵得知消息，立即殺掉曹洪賓客，曹操不僅沒有怪罪，反而高興地說：「當官治事就是應該這樣。」汝南是袁紹的故鄉，門生賓客遍布郡內，大多橫行不法。曹操派滿寵做汝南太守，滿寵到任，募精壯勇士五百人攻克拒命的塢壁二十餘座，誘殺不肯降附的渠帥，總共得戶二萬，兵二千，很快平定汝南局勢。

楊沛做長社令，境內曹洪賓客仗勢不肯納賦稅，楊沛把他抓來治罪，將其處死。後來，曹操用楊沛做鄴縣令，曹洪、劉勳等人畏懼楊沛威名，立刻派人通告鄴城宗親及賓客子弟，各自檢束，不得為非作歹。楊沛擔任鄴縣令數年，社會秩序井然。

朗陵令趙儼、菅縣縣長司馬芝、并州刺史梁習、魏郡太守王修，都是嚴懲豪強的地方能吏。

長期戰亂，社會風氣變壞，出現結黨營私、誹謗攻訐、挾嫌報復的社會問題。西元二〇五年九月，曹操頒下一道《整齊風俗令》。令文說：「結黨營私，是古代聖賢痛恨的。聽說冀州的風俗，父子分裂為兩派，互相誹謗。我要整頓社會風氣，那些顛倒黑白、造謠中傷的歪風劣俗，必須除掉。」只要改惡從善，就會給予自新的機會。在《赦袁氏同惡令》中說：「其與袁氏同惡者，與之更始。」又明令：不准報私仇，禁止厚葬。這些措施，不僅整齊風俗，也對不法豪強產生一定的抑制作用。

曹操嚴明法紀，以法治軍，以法治民，頒布許多軍法、民法、獎懲法令。陳壽評價曹操「攬申商之法術，該韓白之奇策」。意思是說：曹操治民用申子、商鞅的法治，用兵有韓信、白起的奇謀。因此，曹操不僅統一北方，而且治理鞏固北方，恢復社會秩序和經濟，不是袁紹等人所能比擬的。

曹操的智囊團

智囊是指參決謀議的主要謀士。荀彧、荀攸、賈詡、鍾繇、程昱、郭嘉、董昭、劉曄、蔣濟是曹操的主要謀士，華歆、王朗、毛玠、何夔、徐奕、陳群、趙儼、袁渙、涼茂、司馬朗、梁習為重要謀士，司馬懿是後起之秀。再擴大範圍，智囊包括各級行政要員，武將不在智囊範圍內。廣義智囊，主要以投效曹操曾經為其掾屬者為限，總計有九十三人之多。

曹操智囊團的形成：西元一九六年，曹操迎獻帝都許昌，為司空。西元二〇八年，曹操為丞相。因此，他的掾屬稱司空掾，或是稱丞相掾。曹操的主要謀士團在官渡之戰以前形成，許多人不識曹操真面目，想要依靠曹操興復漢室，荀彧就是一個典型代表。官渡之戰以後，隨著曹操事業的發展，智囊團不斷擴大，成為一支龐大的隊伍，他們直接報效曹操，心中已無漢室，成為曹氏代漢的政治基礎。因此，瞭解曹操的智囊團，很有意義。西元二一三年，曹操晉爵魏公，建立魏國，更是大規模地廣植掾屬，網羅人才。曹操智囊團，魏國建立以前三十五人，魏國建立以後擴大到九十三人。

曹操用很多方法聚集人才，主要有五個方面：

其一，徵辟。這是兩漢選舉的正常途徑。袁渙、張範、涼茂、國淵、田疇、邴原、毛玠、徐奕、何夔、邢顒、鮑勳、華歆、王朗、程昱、劉曄、蔣濟，皆徵辟署職。

其二，投效。天下紛亂，「智能之士思得明君」，主動投效曹操的都是識高一籌的天下奇才。在官渡之戰以前，曹操寡弱之時，荀彧、郭嘉、桓階、賈詡等人投效，具有典型意義。荀彧、郭嘉為天下奇才，都是從鼎盛的袁紹營壘中出來，更有典型意義。桓階說服長沙太守張羨反對劉表，賈詡說服張繡投靠曹操，都是在官渡之戰相持不下之時。他們的深邃洞察力，遠遠高於時人之上。曹操得到這些智士的效力，怎麼可能不興旺？

其三，推薦。荀彧知人，對曹操智囊團的形成有重要作用。荀彧前後所薦，多命世大才，有荀攸、鍾繇、陳群、司馬懿、郗慮、華歆、王朗、荀悅、杜襲、辛毗、趙儼、戲志才、郭嘉、杜畿，皆一代風流，終為卿相者以十數。

其四，納降。許攸，袁紹謀士，貪財，袁紹不能滿足，審配收治其妻子。官渡之戰正在難解難分之時，許攸投降曹操，帶來袁紹的部署機密，獻奇計襲破袁紹軍，使曹操贏得官渡之戰。陳琳，袁紹記室，官渡之戰為袁紹起草討曹操檄文，行文罵及曹操三代，詆辱父祖。曹操破鄴得陳琳，愛其才而辟為司空軍謀祭酒，軍國書檄多出自陳琳、阮瑀之手。牽招，袁紹從事，袁紹死從袁尚。袁尚兵敗，牽招投靠曹操，署軍謀掾，拜護烏桓校尉，督青徐州郡諸軍事，獨當一面。曹營中的許多武將，如張遼、徐晃、張郃、文聘均為招降所得，他們不屬於智囊團。

其五，強徵。曹操徵辟阮瑀，逃入山中。曹操派人燒山，得到阮瑀，辟為司空軍謀祭酒，與陳琳共管記室。曹操徵辟司馬懿，司馬懿不就徵，曹操再辟為文學掾，敕命使者，如果司馬懿推辭，就抓起來。強徵士人，是古代司空見慣的手法，不為曹操首創，這是迫不得已的下策。有些士人以故意拒徵來抬高身價，強徵也是半推半就，司馬懿、阮瑀屬於此等人。

上述五個方面的來源，以徵辟、投效、推薦為最主要形式。曹操少小機敏，有權術，文武雙全，有膽識才略，又挾天子號令諸侯，政治上佔據制高點，所以能廣招人才。曹操可以用天子名義挖對方的牆腳，例如華歆、王朗原本在孫策麾下，曹操以朝廷名義徵召，孫策不敢違抗。曹操還利用傀儡皇帝控制擁漢派的朝官和名士，例如孔融，在政治上反對曹操，但是手無寸柄，反為曹操所用。曹操利用孔融的聲望，徵為將作大匠，遷少府、太中大夫，以安定人心，曹操力量壯大以後，藉故誅殺。所以，張承說：「今曹公挾天子以令天下，雖敵百萬之眾可也。」

還有兩個重要因素。一是曹操用人「唯才是舉」。西元二一〇年，曹操頒布求賢令，明確提出天下未定，用人唯才，不必求廉。戲志才、郭嘉有不好的名聲，杜畿簡傲少文，曹操不拘一格任用，終各顯名。二是曹操軍事上取得一個又一個勝利，智囊團就像滾雪球一樣越來越大。曹操佔據地理優勢，中原文化發達，「汝、潁固多奇士」，荀彧、荀攸、郭嘉、戲志才、鍾繇、杜襲、陳群、趙儼、辛毗都是潁川智士。曹操在中原取得勝利，也贏得人才優勢。

曹操智囊團的功效：曹操智囊團在政治、經濟、軍事各個方面，產生參加決策作用。

政治作用。主要有兩大戰略決策，其一是勸曹操迎漢獻帝，挾天子以令諸侯；其二是廣收名士以臨州鎮。曹操，臨兗州，因為言議殺名士邊讓，激起陳宮、張邈的叛亂，險些使自己前功盡棄。曹操吸取教訓，為司空、丞相以後，以崔琰、毛玠、何夔、徐奕、邢顒、鮑勳、陳群等名士為東西曹掾，典選舉，網羅一大批清正廉潔的名士為掾屬。名士累世為地方望族，振臂一呼，士民影從。曹操派智囊名士出宰州郡，入為公卿，利用他們的聲望和才幹穩定紛亂的政治局勢。例如劉備在徐州反曹操，許多郡縣動搖。曹操用陳群為鄭縣令，用何夔為城父令，吏民平靜。何夔為樂安太守，到任數月，諸縣平定。鍾繇、衛覬出鎮關中，曹操無西顧之憂。曹操領冀州牧，州治鄴城，這是一個戰略要地，袁紹長期盤踞的地方，政治複雜。曹操先後用王朗、董昭、涼茂、國淵、徐奕、鮑勳、王修等重要掾屬為魏郡太守。鄴城在魏郡，名士為郡守，鄴城安定。曹操掾屬半數以上輪流到地方擔任州牧、太守、縣令、縣長、都尉等職，既考驗策士名流的政治才能，又鎮撫吏民，真是一箭雙鵰。

經濟方略。在經濟上，曹操智囊團提出修耕植、興屯田、儲軍資、深固根本的戰略決策，對曹操事業的成敗有重大意義。

軍事方略。曹操領兵三十餘年，身經數十戰，所向無敵，能戰善戰。曹操是一個傑出的軍事家，但是曹操的勝利，同時也是智囊團的傑作。智囊的作用，第一是制定戰略方針，第二是臨陣劃策。

荀彧畫像

智囊團為曹操順應形勢制定戰略方針，分為三個階段。第一階段，官渡之戰以前，荀彧與郭嘉定計，先南後北對抗袁紹。西元一九七年，袁紹與曹操書，「其辭悖漫」，曹操震怒，行動失常，恨不得立即與袁紹決戰。荀彧、郭嘉冷靜地為曹操分析形勢，認為四面皆強敵，若要攻克爭天下的袁紹，應該先壯大自己。荀彧提出遠交近攻、先弱後強、各個擊破、兼併群雄的戰略方針。荀彧推薦鍾繇鎮撫關中，是為遠交。攻滅近在咫尺的張繡、呂布，是近攻。張繡、呂布較弱，容易攻滅。郭嘉說：「若不首先滅掉呂布，等到袁紹來攻，呂布又為袁紹的盟友，這樣可是天大的禍害。」西元一九八年，曹操攻破張繡，東滅呂布。西元一九九年，又滅袁術。劉備起事徐州，郭嘉、程昱勸曹操迅速撲滅，然後專力對袁紹。官渡之戰以前，曹操四面臨敵，但是始終沒有陷入兩線作戰，而是逐次殲滅對手，顯示正確的戰略方針的威力。第二階段，官渡之戰以後，荀彧、郭嘉畫計，改變戰略，先掃河北而後南下，經過七年的征戰，平定河朔，擊敗烏桓，解除南下的後顧之憂。第三階段，赤壁之戰以後，曹操為避免兩線作戰而轉為戰略防禦，挑動孫、劉內訌，坐收漁翁之利。這一著很奏效，吳、蜀交惡，削弱力量，曹操擺脫困境，保持對吳、蜀的優勢，給曹丕帶來代漢的大好時機。

智囊團臨陣畫計，使曹操多次避免慘敗甚至覆滅的危險，最主要的有兩次。第一次，西元一九四年，荀彧、程昱臨陣應對陳宮、張邈的突然事變，為曹操保住鄄城、范縣、東阿三城。如果沒有荀彧、程昱的應變，曹操失去根本，將會遭到呂布、陶謙的夾擊，一定會全軍覆沒。然後，袁紹使人說服曹操遷家居鄴，使袁曹連和。所謂「連和」，只是「投靠」的外交語言。程昱勸諫曹操，豈可「臨事而懼」為「韓、彭之事」，打消曹操連和的念頭。第二次，西元二〇〇年，荀彧、荀攸、賈詡以及陣前投歸曹操的謀士許攸，共獻奇策，贏得官渡大捷。此外，西元一九八年，荀攸、郭嘉畫計引泗、沂灌城滅呂布的下邳之戰；西元二〇八年，荀彧畫計南下的荊州之戰；西元二一一年，賈詡畫計離間馬超、韓遂的渭水之戰；西元二一五年，劉曄畫計滅張魯的漢中之戰，都取得輝煌的勝利。

程昱畫像

曹操在兗州，兵微將寡，處四戰之地，後來迎獻帝都許昌，仍然處於四面強敵包圍之中。曹操如何以兗、豫二州之地，抗衡天下十之八九？戰略決策的正確與否，就是成敗的關鍵。曹操的智囊團皆是天下英傑，眾智會聚，所以有經遠之略。總結智囊團的戰略方針，要點有五：其一，奉天子以令不臣；其二，廣收名士以臨州鎮；其三，修耕植，蓄軍資，深固根本；其四，遠交近攻，先弱後強，各個擊破，兼併群雄；其五，廣儲掾屬，建魏基業。相比之下，袁紹和劉表雖然軍隊強大，人口眾多，但是缺乏長遠的戰略考慮，不是曹操的對手。袁紹的謀士沮授、郭圖也提出挾天子以令諸侯的戰略，但是袁紹好謀而無斷，拱手讓給曹操。然而，曹操也曾經犯錯。西元一九八年，他不聽荀攸間敵之計，攻打張繡，推動劉表、張繡聯合；西元二一五年，不聽劉曄、司馬懿之言，從漢中乘勝取蜀，未能擴大戰果，終失漢中；尤其是西元二〇八年，不聽賈詡休整固守荊州之計，冒進赤壁，導致天下三分。從一正一反兩個方面，曹操深知智囊團的重要。他在西元二〇七年頒布的《封功臣令》中，充分肯定智囊及武將的功績。令文說：「吾起義兵，誅暴亂，於今十九年，所征必克，豈吾功哉？乃賢士大夫之力也。」曹操評價荀彧：「荀文若謀略高，功勞大，我趕不上他，可以說是我的張子房。」評價荀攸：「軍師荀攸，輔佐我東征西討，前前後後的勝仗，都是荀攸出的計謀。」又對曹丕說：「荀公達（荀攸字）人之師表也，你要十分敬重他。」曹操對程昱、郭嘉都有極高的評價。知人善任，以盡其才，這是曹操的不凡之處。

曹操對智囊團的駕馭：挾天子以令諸侯，說起來容易，做起來困難。董卓、李傕挾天子而敗亡，袁紹心有餘而力不足，不敢挾天子以令諸侯。因為天子之名，萬眾所仰，不是輕易能挾制的。但是曹操成功地挾制天子，關鍵是他成功地駕馭智囊團，使天下英傑不為朝廷出力，而成為曹氏家奴。曹操的駕馭之術，也可以總結為五點：

賈詡畫像

其一，用人之長。袁紹能聚人而不能用人，只是為了名譽，把人才做擺設，「故士之寡能好問者多歸之」；曹操聚人是要用人之長，「故天下忠正效實之士咸願為用」。曹操明確提出，「治平尚德行，有事賞功能」，不拘一格用人才，並且可以相容並蓄。陳群持正，郭嘉不治行檢，曹操對兩人都喜歡。

其二，誘以官祿。建安十二年（西元二〇七年），曹操大封功臣二十餘人為列侯，同時又下分租令與諸將掾屬及死事之孤，用以酬答眾人之勞。西元二〇八年，曹操南下荊州，論荊州服從之功，對投靠者封侯十五人。功勳卓著的智囊，受封以後還不斷增邑。荀彧，西元二〇三年封萬歲亭侯，二〇七年增邑千戶，合二千戶；荀攸，西元二〇二年封陵樹亭侯，二〇七年增邑四百戶，合七百戶；郭嘉，西元二〇五年封洧陽亭侯，二〇七年增邑八百戶，合一千戶。增邑之外，還不斷下令表彰。但是曹操不濫賞，史稱曹操賞罰分明。

其三，籠以權術。曹操具有雄略之主的氣質，既有忍人之量，又有殘賊之行。魏種在呂布襲擊兗州之變中有背叛行為，投靠袁紹，後來被曹操活捉，曹操惜其才，委任為河內太守。曹操宥釋陳琳，寬待張繡，焚燒士大夫與袁紹交通的密信，表現自己容人的政治家風度。曹操待人接物不拘小節，「每與人談論，戲弄言誦，盡無所隱」。許攸來降，曹操光著腳出迎。用今天的話來說，就是平易近人，沒有架子，但這都是表面現象。曹操的哲學是「寧我負人，毋人負我」，陳壽評論他「矯情任算」，即裝作友善，工於心計。他想要殺的人，必定想辦法懲治。《趙儼傳》裴注引《魏略》記載，曹操派人搜查袁紹的秘書房，發現陽安令李通沒有與袁紹交接，並且斷定這是趙儼勸說李通的結果。這個記載說明曹操在當眾燒書以前，已經記下黑名單。崔琰之死，毛玠之嘆，都有人告密，說明曹操組織有特務網，暗中監視百僚。曹操又用聯姻的方式籠絡智士，如以女兒安陽公主嫁給荀彧之子荀惲。荀彧立下大功，又是兒女親家，只表示對曹操稱魏公的不滿，曹操立即逼迫其自殺，毫不手軟。

其四，辟為掾屬。此謀出於郭嘉。《郭嘉傳》裴注引《傅子》曰：「河北既平，太祖多辟召青、冀、幽、并知名之士，漸臣使之，以為省事掾屬，皆嘉之謀也。」郭嘉未進言之前，曹操已經役使人才為掾屬，郭嘉進言以後，加快這個過程。智囊既為曹操掾屬，就有主僕之分，他們不知有國家，只知有曹操。掾屬無定員，曹操無限加以擴大，所以組織龐大。曹操掾屬有四個系統：第一，曹操為司空、丞相，開府治事，也就是機關行政掾屬。丞相府有長史、司直、主簿、東西曹掾、倉曹掾。第二，曹操征伐四方，建立龐大的軍謀掾、參軍事。第三，文學掾、記室，相當於秘書處。第四，曹丕為五官中郎將，魏國既建，立有太子，也開府置掾屬，可稱為太子系統。此外，曹操領冀州牧，又有州牧系統的從吏。曹操的掾屬是留給太子的政治遺產，所以父子掾屬系統有很大的重疊。例如司馬懿，曹操辟為丞相文學掾，轉主簿，令與太子游處為舍人，以便「漸臣使之」。《三國志》及裴注各傳記載曹操可考的掾屬系統包括：行政掾屬四十四人，軍事掾屬三十四人，文學書記掾屬八人，太子系統掾屬五人，其他掾屬二人，總計九十三人。這只是史籍記載可考者的數目，但不是全部，史籍未載的掾屬不在少數。曹操智囊團之中，只有兩人為漢官，一是荀彧，二是田疇。荀彧為侍中，守尚書令，因為聲望高，曹操沒有迫使其為掾屬；田疇誓死辭封，實際不願為曹操掾屬，拜議郎。

曹操掾屬主僕既分，曹操認為可靠的，或外放宰州郡，或召入為公卿，把持漢朝政權，置漢獻帝為傀儡。西元二一三年，魏國既建，曹操許多掾屬名正言順轉為魏國百官：相國鍾繇，御史大夫陳群，相國長史蔣濟，衛尉程昱，郎中令袁渙，中尉楊俊，將作大匠董昭，吏部郎盧毓，虎賁郎桓階，黃門郎劉廙，尚書令荀攸，尚書僕射涼茂，尚書崔琰、毛玠、常林、徐奕、何夔、張既、徐邈，侍中劉曄、辛毗、王粲、杜襲、衛覬、和洽，太子舍人劉邵、司馬懿。

曹操透過廣辟掾屬和稱公稱王的手段，把丞相府和魏王府組建成魏國的模擬機構，並且把它凌駕在宮廷和百官之上。曹操稱魏王以後，出入警蹕用天子禮。曹丕代漢，順理成章，條件已經具備。

其五，威以刑殺。孔融以言論罪被滅族，這是殺雞儆猴。曹操對掾屬更是威猛相加，崔琰以腹誹罪被賜死，毛玠以牢騷而下獄。曹操對掾屬動輒加杖，何夔「常蓄毒藥，誓死無辱」，倖免於杖。

整體來說，曹操駕馭智囊團的手段，用今天的話來說，就是胡蘿蔔加大棒。集聚於曹魏的天下英才皆為曹氏家奴，表現個人意志的人就會遭到殺戮。他們建言的軍國大計，曹操需要的才可以說，不想聽的不敢說。像程昱這樣的老臣，也是戰戰兢兢，閉門謝客。滿朝智士，都是綿羊，所以曹丕順利地取代漢朝，這是曹操的成功之處。但是智士為奴，聰明才智就不能充分發揮，他們不敢諫諍。例如劉曄原本有奇謀善計，還要察言觀色提出，曹操、曹丕不採納，他也不堅持。曹操智囊潛在的能量，受到很大的抑制。不願為奴的命世大才，如諸葛亮、法正、張松、周瑜、魯肅，不北走曹，而南奔蜀、吳，於是漢末人才三分，而成鼎立之形。曹操文武兼備而不能完成統一大業，在這個意義上，又是他的悲劇。

曹操的功過是非

建安二十五年（西元二二〇年），曹操病逝，享年六十六歲。當年，曹丕篡漢，建立魏國。

如何評價曹操的功過是非，歷來頗有爭議。二十世紀五〇年代中期，由於郭沫若、翦伯贊兩位重量級人物的發動，學術界掀起一場為曹操翻案的運動。曹操是奸雄，還是英雄？曹操在戲劇舞台上應該是花臉，還是紅臉，總是要理出頭緒。這裡提出作者的看法，以供評說。

兩重性人物：歷史上有許多建立豐功偉業的人物都具有兩重性。秦始皇統一六國，暴虐無比。曹操統一北方，奸偽無比。曹操的兩重性，正面，一代人傑；反面，一代奸雄。

如何評價歷史人物，論定他的功過是非，按照習慣的思維定式，是評說功大於過，還是過大於功？在人物評價的實踐中，說功大於過，過沒了；說過大於功，功沒了。現在暫且採用一種簡便方法，可以進行縱橫比較。橫的比較，是看他的時代性，他在自身所處的時代裡，是否做出他人做不到的事情；縱的比較，是看他的創造性，他取得的功業，是否承先啟後，在哪些方面超越前人，流風餘韻是否馨及後世。由此在歷史函數的座標上，對每個人的長短高下、功過是非，就有一個清晰的脈絡。以這個方法來評價曹操，我們應該充分肯定他統一北方的功績，比同時代的孫權和劉備成績更大。同時，我們應該譴責他的奸險詐偽和殘忍好殺。曹操正是由於他的奸險詐偽和殘忍好殺，未能贏得天下歸心，是漢末政治成為三分之局的因素之一，所以不能和漢高祖、光武帝相提並論。縱橫比較，功是功，過是過，都說清楚，以及功和過是如何產生，這樣才是科學而公正的方法，也有利於吸取歷史經驗和教訓。

曹操之功：毋庸置疑，曹操是三國時代第一號英雄人物。具體而言，他的政治生涯可以分為青年、中年、晚年三個階段。

西元一七五年至一八九年，曹操二十至三十五歲的十五年為第一階段。此時，是曹操建立功名、欲作漢室忠臣、拼命廁身於世家大族行列的青年時期。

西元一九〇年至二〇九年，曹操三十六至五十五歲的二十年為第二階段。這是曹操大有作為的中年時期，在軍閥混戰中統一北方，對歷史做出重大貢獻。

西元二一〇年至二二〇年，曹操五十六至六十六歲最後十年為第三階段。曹操赤壁敗還，眼見統一無望，於是逐步逼向帝宮，步入自己的晚年。

曹操的一生，是軍事家、政治家、文學家的一生。曹操文武兼備，比所有的對手還要謀勝一籌，是三國時代最頂尖的英雄人物。

曹操生於戰亂之世，一生主要在戰場上度過。他親自參加近五十次大小戰役，征戰足跡遍及大半個中國。他很會用兵打仗，「行軍用師，大較依孫、吳之法，而因事設奇，譎敵制勝，變化如神」。在戰爭中，他不僅充分發揮自己的軍事才華，還善於採納眾人之謀，正確分析敵我形勢，制定戰略戰術，變被動為主動，以弱勝強，取得官渡之戰、柳城之戰、渭南之戰等戰役的勝利，不愧為中國歷史上的傑出軍事家。

曹操注重研究古代兵法，學習古人的戰爭經驗，整理注釋《孫子》十三篇。他寫了大量軍事著作，「自作兵書十餘萬言」，對古代軍事理論做出貢獻，可惜他的兵書亡佚殆盡。

在從政和征戰過程中，曹操抑制豪強、移風易俗、澄清吏治、革除弊政，推行許多有益於社會的措施，不失為中國封建社會一位傑出的政治家。特別是在用人上，他大膽革新，一反東漢重名節的原則，主張「唯才是舉」。他三次下令求賢，提出「舉賢勿拘品行」，「取士勿廢偏短」，即使是「不仁」、「不孝」，但是有治國用兵之術的人，都應該加以起用。有些人出身微賤，或是「負汙辱之名，見笑之行」，但是只要有才，就予以提拔用其所長。曹操「拔于禁、樂進於行陣之間，取張遼、徐晃於亡虜之內，皆佐命立功，列為名將；其餘拔出細微，登為牧守者，不可勝數」，因而吸引許多智士猛將，成就統一北方的大業。

曹操「外定武功，內興文學」（《三國志‧荀彧傳》注引《荀彧別傳》）。他「登高必賦」，開一代詩風，是中國歷史上著名的詩人。

作為寒族豪強地主的曹操，有一般世族地主所不及的長處。他不信天命，具有革新的思想。他知人善任，使得許多謀臣武將歸附於他。曹操以刑殺為威，又誘之以官祿，不惜重賞，「故天下忠正效實之士咸願為用」。曹操手下謀臣如雨，猛將如雲。世族地主多謀士，寒族地主多武將，曹操兼收並用。曹操善於察納雅言，不斷改正自己的過失。曹操採納荀彧之計，迎獻帝都許昌，又採納棗祇、韓浩的建議，始興屯田，著手恢復經濟。曹操平河北，先後發布減收田租令、整齊風俗令、大封功臣令，對於鞏固和穩定北方的社會秩序具有積極的意義。

概略地說，曹操的成功之路，即他的過人之處，有以下幾個方面：其一，審時度勢，謀勝一籌；其二，知人善任，人才雲集；其三，賞罰分明，人樂為用；其四，察納雅言，從善如流；其五，迎獻帝都許昌，號令天下；其六，屯田積糧，恢復經濟。

曹操之過：曹操既是英雄，又是權奸。作為英雄，曹操文武兼備，統一北方，奠定魏國的基業，對歷史做出貢獻。作為權奸，曹操抓住政權不放，殘忍暴虐，濫殺無辜，犯下許多錯誤。曹操用兵，屠滅許多城邑，他頒布「圍而後降者殺無赦」，就是一條反動軍令，使許多無辜士民死於非命。曹操東征陶謙，最為殘暴，也遭到現世報，差一點成為呂布的刀下之鬼。

曹操「挾天子以令諸侯」，把皇帝當作傀儡，遭到劉氏皇室勢力的反抗，但是每次反抗都被他毫不留情地鎮壓。國舅董承等人受獻帝衣帶詔，誅殺曹操。曹操發現以後，殺董承等人，並且「夷三族」。董承之女為皇妃，有身孕，獻帝再三請求免死，結果也遭到殘殺。伏皇后「與父完書，言曹操殘逼（董妃）之狀，令密圖之」（《資治通鑑》卷六十七），後來事情敗露，伏皇后及所生二皇子均被處死，並且累及兄弟宗族一百多人被殺。

曹操不聽謀臣勸諫，冒險發動赤壁之戰，葬送統一天下的大好形勢，這是曹操所犯過失中的最大過錯。曹操冒進赤壁，想要一鼓作氣下江南，建立蓋世之功，實現自己的帝王夢，正是這個不可告人的私心，鎖住英雄的腳步。曹操晚年，儘管仍然鞍馬征勞，但是已經失去吞天下的銳氣。他西併關隴尚可稱述以外，其他征戰無功績可言。曹操得漢中而不敢入蜀，多次南征，只是臨江而止。秦嶺和長江鎖住曹操的腳步，使得英雄無所用其武。一方面，孫權和劉備已經壯大，地形地利也產生作用，這是客觀條件。另一方面，曹操主要精力放在逼宮上，無暇顧及統一天下，只好限於統一北方而全力完成篡漢的準備，含恨而做周文王，扮演權奸的角色，這是主觀因素。於是，曹操正如時人所評，以「治世之能臣，亂世之奸雄」而垂名汗青。

反面教材，自我寫就：歷史選擇曹操做反面教材，是曹操自己書寫的歷史，作為一代奸雄的曹操，奸險詐偽之術登峰造極。曹操之「奸」，是指他「挾天子以令諸侯」，史稱他「託名漢相，其實漢賊」。曹操之「險」，是指他心性險惡，翻臉不認人，如殺呂伯奢一家，逼死荀彧之類。曹操之「詐」，是指他巧設機關，害人之命，飾己之偽，如割髮代首，借糧官人頭，棒殺寵姬。曹操之「偽」，是指他說得是一套，做得是另一套，如頒布《述志令》試探並且掩其代漢之奸心。曹操的奸險詐偽，獨步當時，空前絕後，所以民間傳說和戲劇小說選中曹操做反面教材，是由他自己寫定，怨不得人。曹操奸險詐偽的典型事例，略述幾件，以供評說。荀彧為曹操出謀獻策，共事二十餘年，親密無間。荀彧為智囊團領袖，經常與曹操談論治亂之道。荀彧不僅在曹操微弱時期投歸，竭誠相輔，屢出奇計度過危難，而且為曹操引薦許多人才。鍾繇比荀彧為顏淵，司馬懿推重荀彧是幾百年才會出現的奇才。曹操十分倚重荀彧，兩人結為兒女親家。如此特殊關係，只是因為荀彧對曹操的篡漢行為表示不滿，曹操就毫不遲疑地逼死荀彧。

關於荀彧之死，由於事情隱秘，所以史料記載有許多歧異。《三國志》荀彧本傳記載：西元二一二年，曹操諷喻董昭等人建言應該給曹操晉爵為魏公，加九錫。荀彧表示不同意見，對董昭說：「曹公原本起兵的目的，是為了輔助朝廷、安定國家，對朝廷懷有忠貞不貳的誠心。君子愛人以德，我們不應該這麼做。」表示荀彧的擁漢觀點，只是一種思想傾向，並無反對的行動，曹操

「由是心不能平」，遂起殺心。第二年，曹操藉出征孫權之機，讓荀彧參丞相軍事，上表請他出都勞軍，實際把荀彧置於下屬。以往曹操出征，荀彧留守許都，這次意外使荀彧懷著不安的心情出都。荀彧到了壽春，曹操不讓他到前線濡須勞軍。荀彧恐慌，不知所措，憂鬱而死。裴注引《魏氏春秋》記載：曹操贈送點心給荀彧，打開一看是空的，示意一場空，荀彧吞藥自殺。裴注引《獻帝春秋》曾經記載當時的民間傳說：伏皇后與其父伏完書信中，指責曹操殺董承，要伏完除掉曹操。荀彧知情不舉，後來事情敗露，曹操深恨之，命荀彧殺伏皇后，不從，於是自殺。這些說法有一個共同點，就是荀彧死得突然，內情隱秘。荀彧死年五十歲，正是年富力強之時，怎麼會突然死去？無論是憂鬱而死，還是吞藥自殺，荀彧被曹操逼死是事實，這算是曹操比較客氣的殺人方法。

曹操「挾天子以令諸侯」長達二十四年，獻帝「自都許以來，守位而已，左右侍衛莫非曹氏之人」。董承等人受獻帝衣帶詔，誅殺曹操，事情敗露，曹操殺董承等人，「夷滅三族」，尚可理解。董承之女為皇妃，有身孕，獻帝再三求情，曹操仍然逼索誅殺，實為殘忍。伏皇后目不忍睹，寫信給父親屯騎校尉伏完，揭露曹操「奸逼之狀，令密圖之」。事情過了十多年，伏完也死了，曹操竟然誅殺伏完宗族數百人，派華歆入宮從夾牆中搜出伏皇后誅殺。董妃、伏皇后即使有錯，廢黜而已，殺之已屬過分，而罪及宗族數百人，如此暴虐，除了董卓以外，非曹操莫能為也。

西元二一〇年十二月，曹操頒布《述志令》，是奸偽藝術的絕妙表現。《述志令》字面上表明心跡，忠於漢室，實際上是以一紙試探逼宮又掩其奸心的宣言。「設使國家無有孤，不知當幾人稱帝，幾人稱王」，非人臣所宜言。曹操言此，已無人臣之心。用通俗語言說，這叫火力偵察。曹操自稱《述志令》是仿效周公《金縢》之作，但是周公《金縢》是誓諸鬼神，曹操卻要宣示天下，「此地無銀三百兩」。曹操讓還三縣，條件是授三子為侯。曹操不僅不「委捐所典兵眾」，還要擴大外援為萬全之計。《述志令》頒布不久，就在西元二一一年正月以世子曹丕為五官中郎將，置官屬為副丞相，然後又封諸子為侯。西元二一二年冬，使董昭建言尊立自己為「魏公」，並且割據冀州為王國封邑。西元二一六年，曹操晉爵魏王，車輿服飾用天子排場。對待漢獻帝，用重兵監守，各種粗暴態度，無所不用其極。這一切，都暴露曹操的「不遜之志」。

曹操酷虐變詐，「寧我負人，毋人負我」的哲學，不僅表現在殺呂伯奢之事上。《曹瞞傳》記載：一次，曹操行軍，行經麥田，下令「士卒不要踐踏麥田，犯者死罪」。騎兵逐次下馬，小心地走過麥田，曹操故意把自己的馬騰入麥田，並且讓軍法官治罪。軍法官說：「按照《春秋》大義，主帥不能治罪。」

無錫三國城風景一角

曹操說：「我制定的法令而自己卻犯令，怎麼可以統率部下？但是我為全軍主帥又不能死，請求自我責罰。」曹操割下自己的頭髮代替砍頭。如果這是為了嚴肅軍令而巧為設計的良苦用心，借糧官人頭就算是殘虐。有一次戰鬥，糧食告乏，曹操找來糧官，要他想辦法。糧官說用小斗量米，曹操稱讚說好。軍士不滿，發出怨言，曹操又找來糧官：「借你的人頭一用，不然眾心不服。」曹操殺了糧官，發出布告：「糧官偷糧，用小斗量米，現在正法。」這樣的事例，不只一端。

曹操睡午覺，害怕有人暗算他，他叫來寵姬，對她說：「等一下叫醒我。」寵姬見曹操睡得安詳，沒有叫他。曹操醒來，把寵姬活活打死，用以樹立威嚴。

曹操為了一些小事，記恨心頭，殺人族家，殺袁忠、桓邵就是例證。袁忠為沛相，曹操犯法，袁忠打算治罪。桓邵看不起曹操，後來曹操發跡，袁忠、桓邵遠逃交州，曹操派使者透過吳國太守士燮引渡，族滅兩家。桓邵當眾求饒，叩頭請罪，曹操奚落他：「叩頭能替死嗎？」性殘如此。

作為創業者的曹操，不能以個人品性的奸險詐偽否定他的歷史功績，也不能以功掩過。曹操是一個兩重性人物，文藝再現，以其所需，可以各取一面。歷史評價是將其功過是非及其原因說清楚，不存在翻案問題。曹操奸險詐偽，獨步當時，因而給後世留下罵名，註定他是一個反面教材，原本是不得翻案的。

曹操檔案

姓名：曹操
屬相：羊
享年：六十六歲
廟號：太祖
父親：曹嵩
初婚：元配丁夫人
子女：二十五子，六女
最得意：挾天子以令諸侯
最不幸：父親曹嵩遭到賊殺
最擅長：權奸

出生：漢桓帝永壽元年（西元一五五年）
卒年：漢獻帝建安二十五年（西元二二〇年）
謚號：武王
陵寢：高陵
母親：歷史失載
配偶：十三人，皇后卞氏，文帝母
繼位人：曹丕
最失意：恨曹植不武，未能繼位
最痛心：赤壁戰敗

第四章

魏文帝曹丕

魏文帝曹丕，字子桓，是武帝曹操的太子，漢靈帝中平四年（西元一八七年）冬，生於譙縣。漢獻帝建安十六年（西元二一一年），被任命為五官中郎將，為丞相曹操的副手。建安二十二年（西元二一七年），被立為魏王太子。建安二十五年（西元二二〇年），太祖曹操去世，曹丕繼位為丞相、魏王，改建安二十五年為延康元年。曹丕受禪稱帝以後，改元為黃初元年。

爭位太子

曹操有二十五個兒子，長子曹昂，字子脩，劉夫人所生。曹昂二十歲舉孝廉，跟隨曹操四方爭伐。建安二年，西元一九二年正月，曹操南征張繡，曹昂死於軍中。次子曹丕，卞夫人所生。曹昂死後，曹丕成為長子。卞夫人雖然出身倡家，生性儉約，不尚華麗，慈愛善良，得到曹操寵愛。劉夫人早死，丁夫人撫養曹昂。曹昂死後，丁夫人痛哭無節，回到娘家。卞夫人被曹操納為正室，曹丕成為嫡長子。曹丕稱帝以後，追尊曹操為武帝，尊母親卞氏為皇太后。

卞太后，生養四個兒子，長子曹丕、次子曹彰、三子曹植、四子曹熊，曹植與曹丕為同胞兄弟。曹操文武兼備，是著名的詩人。曹丕、曹植也擅長文學，與其父曹操並稱「三曹」，是指父子三人在文學上齊名，是建安時期的代表作家。曹植思維敏捷，他的詩文最為有名，為三曹之冠，也是建安時期最負盛名的作家，《詩品》稱他為「建安之傑」，因此曹操非常喜愛他。

曹植喜歡讀書，十多歲的時候就誦讀詩歌、論文、辭賦幾十萬字，而且下筆成文，寫得很好。曹操感到驚訝，懷疑曹植請人代筆，不相信他十幾歲就寫出好文章。曹植對曹操說：「我能口占成文，請當面考試。」當時，鄴城銅爵台剛落成，

曹丕畫像

曹操把兒子們召集到台上參觀，命他們各自作賦。曹植提筆，一氣呵成，非常漂亮，曹操稱奇，從此更加寵愛。

曹操立嗣，曹丕是太子，按照宗法是當然的嗣子。建安十六年，西元二一一年，曹丕為五官中郎將，副丞相，嗣子之位已經確立。這時，曹植名聲大起，二十歲，封平原侯，曹操寵愛有加，論私情，曹操更喜歡曹植，於是曹植產生奪嫡的野心。兄弟二人，暗中鬥爭，各自樹黨。丁儀、丁廙、楊修等人為曹植羽翼。楊修出任丞相主簿，在曹操身邊，與曹植暗通消息，出謀劃策。曹丕結納吳質、賈詡等人為謀主。賈詡說服張繡投靠曹操，深得曹操尊重，表請賈詡為執金吾，留參司空軍事，也是身邊的謀士。曹丕、曹植兩黨勢均力敵。楊修、賈詡都是智能之士，曹丕、曹植都是優秀的兒子，傷了哪一個，曹操都會捨不得，猶疑不決，無法下定決心。

曹植恃才傲物，少有心計，憑藉個性做事，不會韜晦，加上喜歡飲酒的缺點，被曹丕利用。曹植曾經乘車開司馬門出，行走在專供皇帝行走的馳道中，這是犯禁行為。曹操大怒，殺了公車令，並且由這個事件引發頒布嚴厲的科禁，開始疏遠曹植。建安二十四年，西元二一九年，曹仁在襄樊被關羽圍困。曹操任命曹植為南中郎將，代理征虜將軍，領兵救援曹仁。這是給曹植立功的一個信號，曹操特地囑託曹植，曹植沒有放在心上。曹丕聽聞消息，特地向曹植送行勸酒，把曹植灌醉，不省人事，無法與軍隊一起行動，曹操只好親自帶兵出征。這件事情讓曹操傷透了心，認為曹植不堪任囑大事，於是不廢太子曹丕。

與曹植行事相反，曹丕很有心計，注重儀表，善於偽裝謙虛和善，不僅在父母面前表現謙恭，而且對待宮女奴僕很有禮貌，宮中的人都說曹丕好話。曹丕向賈詡請教自保之術，賈詡說：「每天勤懇認真處理政務，有時間就讀書，約束自己，孝順父母，當一個好兒子，這樣就夠了。」曹丕心領神會，認真實行，逐漸給曹操留下持重的印象。

曹操立嫡之事，曾經徵求賈詡的意見，賈詡故意不回答，做出沉思的樣子。曹操問了幾次，賈詡裝作沒有聽見。曹操著急地說：「我對你說話不回答，為什麼？」賈詡說：「我正在想事情，考慮怎麼回答你，所以沒有回答。」曹操說：「你在想什麼事情，這麼專注？」賈詡說：「我在想袁紹和劉表，不知道為什麼他們那樣疼愛小兒子。」曹操明白賈詡的意思，哈哈大笑說：「我拿定主意了。」袁紹和劉表偏愛小兒子，廢嫡立庶，亡滅身家，前車之鑑就在眼前，豈可重蹈覆轍，於是再也不提廢太子之事。

曹植謀士楊修與賈詡處事不同，他賣弄聰明與曹操爭高低。建安二十四年，曹操進兵漢中與劉備相爭，吃了敗仗，傳下軍令「雞肋」，眾人不解，楊修立即打點行裝，準備啟程。他對眾人說，「雞肋」的意思是「食之無益，棄之有味」，就是要撤離漢中的意思。話音未落，曹操傳下撤離的命令。事後，楊修的話傳到曹操耳中，曹操很不高興。這樣的事情，楊修多次猜中，並且洩露出去，於是曹操動了殺機。

曹操經常出一些問題考核曹丕和曹植，看看哪個能幹。楊修透露題目，又備下多種答案給曹植，曹植回答得天衣無縫，引起曹操的懷疑。曹操出一個問題來考驗兩個兒子，也考驗楊修。曹操叫曹丕和曹植從不同的洛陽城門出城，暗中事先告誡守門人阻擋兩人出門，觀察兩人做事的權宜能力。曹丕受到阻攔，沒有出城而回宮。曹植聽了楊修的建議，殺了阻擋的守門人出城。曹操認為曹植沒有這樣的決斷能力，知道是楊修所教。曹操擔心自己死後兩子爭位，楊修難以控制，於是找藉口殺了楊修，讓曹植回到自己的封邑。

曹丕即位，懷恨曹植，立即誅殺丁儀、丁廙，又指使別人誣告曹植酒醉，辱罵使者，蔑視朝廷。當時，曹植出任臨淄侯，曹丕宣召曹植入京治罪。曹植害怕，把隨從留在後面，只帶了兩三個貼身警衛，穿便衣先行入朝，託姐姐清河公主向曹丕求情。皇太后得知，對著曹丕當面哭泣，不允許曹丕殺害曹植。這時，曹植效法梁孝王向漢景帝請罪的故事，光著頭、赤著腳，背上刑具到宮門請罪，給曹丕一個台階下，皇太后和曹丕很高興。但是曹丕見到曹植仍然面無表情，非常嚴肅，叫曹植戴上帽子。曹植伏地哭求，皇太后很不高興。曹丕赦免曹植的罪過，要他在七步之內寫出一首詩，寫不出仍然要治罪。曹植出口成章，作詩云：「煮豆持作羹，漉菽以為汁。萁在釜下燃，豆在釜中泣。本自同根生，相煎何太急？」這就是歷史上流傳的七步詩。曹丕有所感悟，為了皇太后，赦免曹植的死罪，貶爵為安鄉侯，並且頒布詔書：「曹植是我的同母弟弟，我對天下蒼生都可以寬容，更何況親弟弟！至親骨肉，赦免死罪，降爵臨淄侯改封為安鄉侯。」至此，曹丕與曹植的太子之爭畫上句號。事後，曹植多次上書皇帝痛陳過失，曹丕嘉獎，兄弟和好。曹丕多次改封曹植，最後封為陳王。曹植死後，諡號思王，史稱陳思王。

受禪建魏

延康元年，西元二二〇年，二月十六日壬戌，魏王曹丕任命太中大夫賈詡為魏國太尉，御史大夫華歆為魏國相國，大理王朗為魏國御史大夫，又在魏國設置散騎常侍、散騎侍郎各四人。曹丕的這次人事調整，為自己禪代漢朝預設新朝政府打下基礎。

漢靈帝熹平五年，西元一七六年，在曹丕的出生地譙縣出現黃龍。光祿大夫橋玄問太史令單颺：「這是什麼徵兆？」單颺回答：「這個地方以後會有帝王興起。不到五十年，黃龍將會在譙縣再次出現。」內黃人殷登默默記住單颺的話。過了四十五年，殷登仍然健在。延康元年三月，黃龍果真再次在譙縣出現，殷登說：

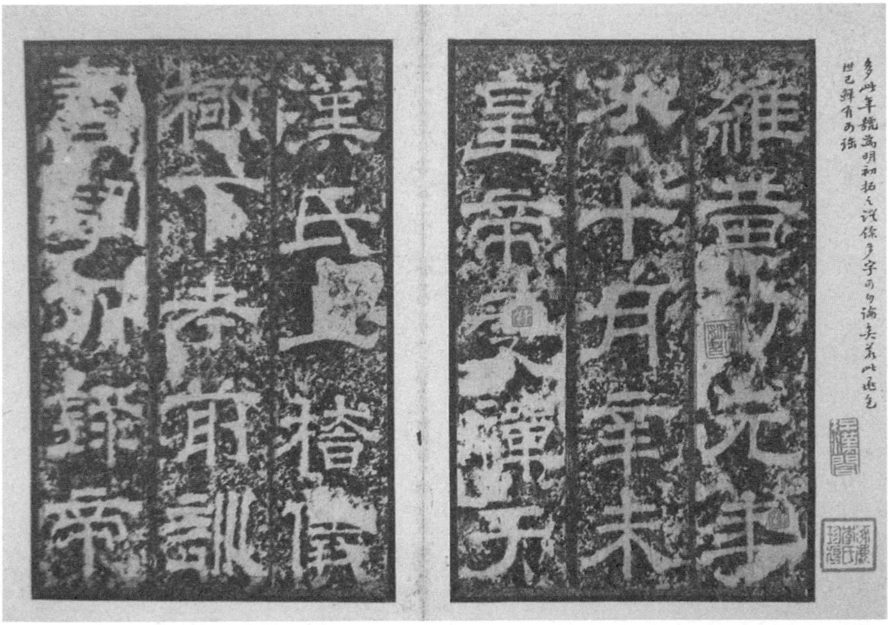

三國魏《受禪表碑》

「單颺的話，大概要應驗了。」曹丕代漢的形勢十分明顯，因此各種流言四起。

六月七日辛亥，魏王曹丕藉口南征孫權，在鄴城東郊集結軍隊。二十六日庚午，曹丕率領大軍南征。七月六日庚辰，曹丕在行軍途中下達指令，要求各級官員廣泛提出改善政治的建議，並且給他的過失提出規諫，要求將領提出嚴肅軍紀的法規，朝廷士大夫要闡明政治制度，州牧郡守要報告行政事務，議論政事的顧問要依據儒家六經考求治國之道。曹丕表示會廣泛聽取意見，閱讀奏章，展現一副開明的姿態。

七月二十日甲午，曹丕率領大軍到達出生地譙縣，駐屯在縣城東面，大擺宴席犒勞軍隊和父老鄉親。八月，石邑縣報告有鳳凰飛來聚集。

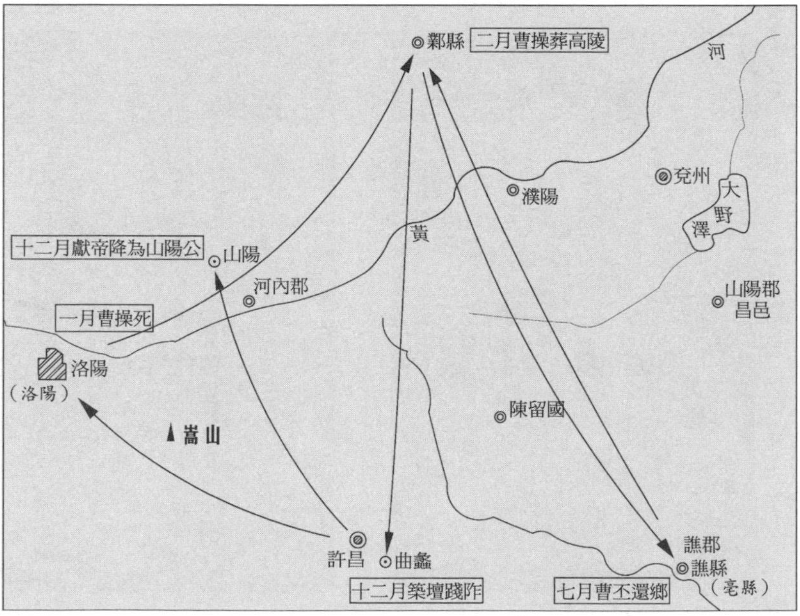

曹丕受禪與獻帝徙封山陽公

十月四日丙午，曹丕率領大軍到達許都東南的曲蠡。漢獻帝看到大軍壓境，滿朝文武心歸魏

曹丕受禪台

漢獻帝墓遺址

王，立刻召集公卿百官到高祖的神廟祭祀，報告自己決定禪位給魏王，然後派遣御史大夫張音，持節把皇帝玉璽呈送給魏王，並且下達禪讓詔書，稱讚曹氏父子的功業，宣稱漢祚已盡，將會效法唐堯、虞舜，禪位給魏王。於是，曹丕建築一座舉行受禪儀式的土壇。十月二十八日庚午，魏王曹丕登壇就皇帝位，百官在旁邊陪同。儀式的各個事項結束之後，皇帝下壇，觀看燎祭的火焰，完成最後的儀禮回宮，宣布改年號為黃初，大赦天下。

黃初元年十一月初一癸酉，以河內郡山陽縣一萬戶供養漢獻帝，稱為山陽公。魏國優禮山陽公，可以依舊使用漢朝的曆法，也可以使用天子的禮儀舉行郊祭，向皇帝上書不必稱臣，還可以參加京城的宗廟祭祀活動，山陽公的四個兒子封為列侯。青龍二年

（西元二三四年），山陽公薨，得以善終。

黃初元年十二月，魏文帝下令營建洛陽宮。十二月十七日戊午，魏文帝巡幸洛陽宮，從許昌遷都洛陽。

兵臨大江

曹丕受禪建魏，得益於吳蜀同盟破裂，曹氏漁翁得利。建安二十四年（西元二一九年），關羽北伐威震荊襄，孫權在合肥受挫，感到西強東弱，與曹操聯手，偷襲荊州，殺了關羽，吳蜀交惡，曹丕趁此篡漢稱帝。孫權破壞同盟，心驚膽顫，為了抵禦劉備復仇，避免兩線作戰，向曹魏稱臣。

蜀漢章武元年，西元二二一年，劉備稱帝傾巢伐吳，既在意料之中，又在意料之外。孫權一方在意料之中，君臣上下一心備戰，孫權卑辭厚禮向曹魏稱臣。曹魏一方，以曹丕為首在意料之外，沒有做好應變準備，錯失聯蜀滅吳的時機。

劉備稱帝以後，魏文帝曹丕召集群臣討論當前形勢，分析劉備會不會東征。眾人都說：「蜀漢國小力弱，名將只有關羽，關羽敗亡，全國震恐，沒有力量再戰。」只有侍中劉曄持相反意見，他說：「蜀國雖然弱小，但是劉備是在關羽死後稱帝，他要顯示武力，表示還有力量，一定會東征。關羽與劉備，名義為君臣，恩愛比父子更親，關羽死亡如果不興兵報仇，等於是劉備對結義兄弟有始無終，面子也過不去。」劉曄說話有分寸，實際意思是說：劉備稱帝，表明正統所在，必然要討伐叛逆，以表示有統一天下的力量。伐魏，力量不足；討吳，自謂可勝，加之為關羽報仇，可以激揚士氣。因之，蜀伐吳之戰，即夷陵之戰，不可避免。

黃初二年（西元二二一年）七月，劉備東出。八月，孫權遣使稱臣於曹魏，卑辭奉表章，並且送于禁等人還魏。群臣向魏文帝稱賀，又是劉曄獨發異論：「孫權無故求降，一定是內部有急事。他襲殺關羽，劉備一定發兵討伐，外有強敵，眾心不安，又害怕大魏趁機打擊，所以割地求降。一是阻擋大魏出兵；二是想借大魏做聲援，恐嚇敵人。現在天下三分，大魏佔有十分之八，吳蜀各保一州，阻山依水，有急相救，這是小國的利益。現在他們自相攻伐，是自取滅亡。大魏應該發動大軍渡江攻吳，蜀國攻擊外部，我們攻擊腹心，吳國十天半月就要滅亡。吳亡，蜀國就會孤立，即使割吳國一半土地給蜀國，蜀國也不能久存，何況蜀國只得一點邊角，我們得其腹心要地。」劉曄的建議是：趁吳蜀相攻，戰於荊州，魏國從淮南出擊，直取建業，聯蜀滅吳。由於曹丕事前沒有心理準備，他只是一個中庸之才，滿足於登基稱帝，未採納劉曄的謀劃。

劉曄斷定，劉備一定會大舉伐吳，這在他意料之中，所以對全局有洞若觀火的明晰，他的謀劃極為卓越，可以說是抓住最後一次統一的時機。曹操雖然為蓋世之雄，由於吳蜀兩國聯合，有急相救，無法統一天下。現在吳蜀相殘，可以先滅其一，再滅其二，各個擊破，曹丕按兵不動，大出劉備之意外。劉備東出，要分兵防魏，進而削弱力量。

曹丕接受孫權稱臣，坐觀吳蜀相爭，封孫權為吳王，同時向孫權施加壓力，求索貢物，要孫權送質子。孫權接受吳王封號，以殊禮接待魏國使者邢貞。曹丕求索雀頭香、大貝、明珠、象牙、犀角、玳瑁、孔雀、翡翠、鬥鴨、長鳴雞，孫權一一進奉。東吳大臣深以為恥，徐盛等人涕淚橫流，認為曹丕求索過甚，孫權不應該受封。孫權耐心說服大臣們，以從前沛公接受項羽封漢王，終於滅項羽建立漢朝為比喻，勸導群臣要審時度勢，彎一下腰，有什麼損害？又說，曹丕索要的貢品，「我把它看作是一堆瓦石，可以安定國家，有什麼可惜？」

曹丕派浩周使吳，向孫權徵質子。曹丕封孫權長子孫登為萬戶侯，要孫登到洛陽為質。答應徵質，孫權就要受制於人；拒絕徵質，又擔心曹魏來攻，真是進退維谷。但是孫權自有妙策，在浩周面前假意感動得「流涕沾襟」，臨別的時候又「指天為誓」，託浩周在文帝面前說好話，推說孫登年幼，不懂禮節，上書辭封，等孫登長大以後再送，還要宗室孫邵伴送，派大臣張昭為傅。孫權還託浩周做月下老人，為孫登在曹魏宗室中找一個媳婦，孫曹兩家要再次結為姻親。孫權惟妙惟肖的表演，使得浩周信以為真，回到洛陽向文帝以滿門百餘口性命為

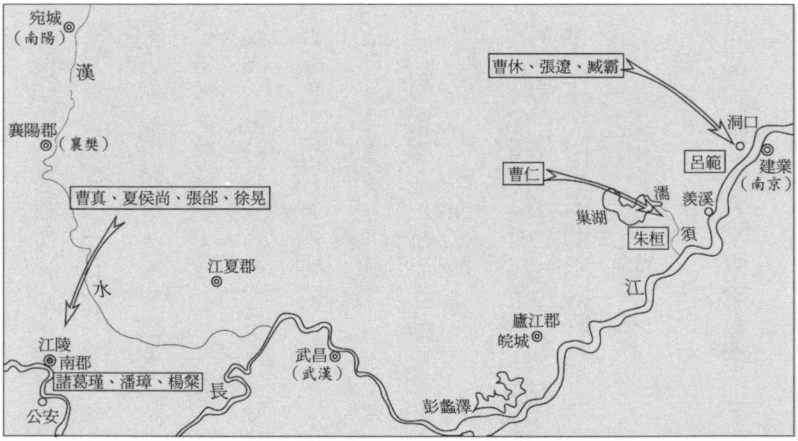

西元222年，曹丕興兵三路伐吳

孫權擔保，宣稱孫權真心歸服曹魏。曹丕接二連三派使徵質，孫權用各種理由拖延時間。黃初三年（西元二二二年）九月，曹丕遣侍中辛毗、尚書桓階使吳徵質。這一次，曹丕遣使做先導，隨後派出大軍征吳。這時，夷陵之戰已經結束，孫權採納陸遜建議，沒有追擊劉備，及時收兵還吳，臨江拒守，抵抗曹軍。十月，孫權上書曹丕，要求給一個改過的機會。曹丕回書：「孫登早上到了洛陽，當天晚上召還魏軍。」孫權沒有送質子，決定武力抵抗。

曹丕誤認為因為吳蜀交戰，吳軍已經疲憊，打算再次坐收漁翁之利，興起三路大軍伐吳，欲一舉渡過長江，踏平吳國。征東大將軍曹休督張遼、臧霸出洞口，大將軍曹仁出濡須，大將軍曹真督張郃、徐晃圍南郡。孫權也分兵三路迎敵，呂範率領徐盛、全琮拒曹休，朱桓坐鎮濡須迎戰曹仁，諸葛瑾、潘璋、楊粲救南郡。曹休一路是曹軍主力，曹丕親征坐鎮廣陵。

呂範迎戰曹休，率領水軍渡江，欲扼守江北陣地。渡江中恰遭大風，許多舟船被吹翻，張遼乘勢掩殺，吳軍不利，損失許多將士，徐盛收拾餘兵退到南岸。曹休上表要乘勝渡過長江，曹丕派驛馬傳令禁止。十二月，曹丕退兵，無功而返。另兩路魏軍，不僅被吳軍逼退，而且曹真、徐晃進犯江陵，被潘璋打敗，損失慘重。

曹丕南伐之前曾經問計賈詡：「我要討伐不聽命的人並且一統天下，吳蜀兩國何者為先？」賈詡回答：「致力於攻城掠地的人重視武力，致力於建設根本的人崇尚道德教化。現在吳蜀兩國雖然力弱，但是蜀國地勢險要，諸葛亮又善於治國，很難攻取；吳國孫權瞭解政治，陸遜瞭解軍事，又有長江之險，現在攻取還不是時候。我認為當前的要務是休兵息民，恢復經濟，與吳蜀相持，等到國家教化施行，實力增強，再找機會討伐二虜也不遲。」曹丕臨江眼見實際，終於體會賈詡建言先文後武的意義，認識到統一的條件還沒有成熟。黃初五年（西元二二四年）八月，曹丕第二次耀兵長江，巡幸廣陵；黃初六年（西元二二五年）十月，曹丕第三次大舉南伐，率領十萬之眾，三至廣陵，臨江觀兵，賦詩記行，亦是知難而退。原來在曹丕進兵之前，徐盛向孫權建言在江南從建業沿長江修築防護牆，用草木紮成高籬柵，在防護牆上造假樓，長江中心遊弋水軍。孫吳眾將領認為沿江岸造防護牆，勞民傷財，沒有實用。徐盛為廬江太守，下流長江是他的統轄區，他不聽眾將的勸阻，堅持沿江岸建造綿延幾百里的假牆。曹丕臨江，看到浩浩的長江，瞭望江岸宏偉的江防城牆，不禁愕然，長聲嘆息說：「江南有人才，不可輕視。」這時，長江水漲，波濤洶湧，曹丕又說：「魏雖有武騎千群，無所用也。」儘管徐盛建造的防護牆是假的，但是它的恢宏氣勢足以震懾北方軍士，表示江南有準備。從此，曹丕專力於內政，對

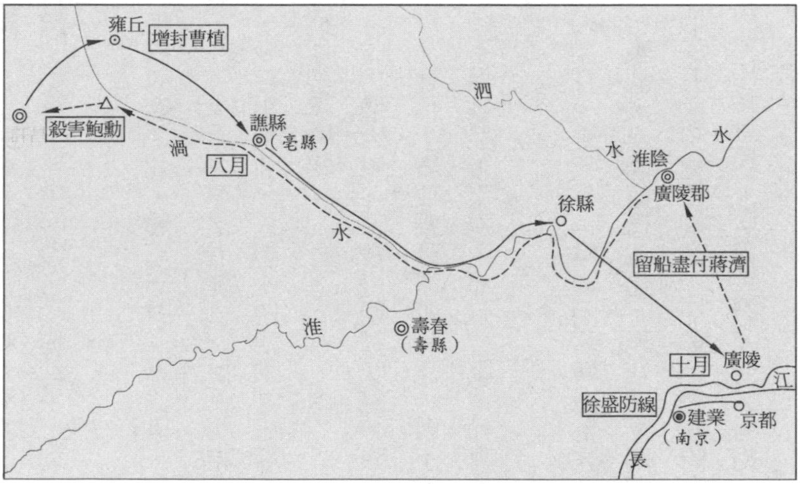

魏文帝第三次征吳

吳蜀採取守勢，不主動興兵，採用防禦疲敵的戰略，消耗吳蜀，比拼國力恢復。因此，終在文帝之世，南北對峙，沒有發生大戰。

擅長文學

曹丕愛好文學，政務之餘，專力從事著述，認為文章是經國之大事。他親手編定的作品有一百多篇，現今流傳下來的詩作有四十餘篇，四言、五言、六言、七言、雜言都有。曹丕最著名的文學創作，是他的文論散文集《典論》一書，有二十餘篇，可惜大多失傳，留下來的只有《自敘》和《論文》兩篇。

《論文》評論建安文學七子的成就，簡明中肯，為不刊之論。

黃初七年（西元二二六年），文帝巡幸許都，三月十七日丁巳，卒於皇宮嘉福殿，享年四十歲。

漢魏洛陽城出土瓦當

曹丕檔案

姓名：曹丕
屬相：兔
享年：四十歲
廟號：高祖
父親：曹操
初婚：甄后
子女：九子
最得意：保住嗣子地位
最不幸：英年早逝
最擅長：文學

出生：漢靈帝中平四年（西元一八七年）
卒年：魏文帝黃初七年（西元二二六年）
謚號：文帝
陵寢：首陽陵
母親：卞皇后
配偶：十四人，皇后甄氏，明帝之母
繼位人：曹叡
最失意：兵臨大江，無功而返
最痛心：兄弟爭位

第五章
魏明帝曹叡

魏明帝曹叡，字元仲，是文帝曹丕的太子。明帝天資聰穎，從小受到太祖曹操的寵愛，經常帶在身邊陪伴自己。西元二二六年到二三九年，明帝在位。這個時期是三國鼎立三方爭戰最活躍的時期，魏蜀吳三國都處在最鼎盛的階段，吳蜀交好，聯手北伐，曹魏陷入兩線作戰之中。魏明帝西守東攻，瓦解吳蜀的進攻，消耗吳蜀的國力，為三分一統奠定基礎，不失為一代明主。可惜明帝在位日淺，只有十三年，由於英年早逝，無法做出更大的貢獻。

母親受讒，險失太子之位

明帝的母親是文帝曹丕的甄皇后，中山郡無極縣（今屬河北）人，生於漢靈帝光和五年（西元一八二年）。建安初期，袁紹次子袁熙娶甄后為妻。建安九年（西元二〇四年）二月，曹操攻破冀州鄴城，曹丕入袁氏後宮，見甄后長得非常漂亮，愛慕不已，曹操讓曹丕娶她為妻。當時，甄后二十三歲，長曹丕五歲。少府孔融看不慣曹操父子的行為，寫信給曹操：「周武王伐紂，把妲己賞賜給周公。」妲己是紂王的寵妃，武王伐紂，紂王自焚，妲己上吊自殺，武王取了妲己的人頭示眾。史書是這樣記載，沒有聽過周武王把妲己賞賜給周公。由於孔融學識淵博，曹操沒有意識到孔融寫信是諷刺他們父子，以為孔融讀書多，有自己的根據。

有一天，曹操問孔融這個典故在什麼書上。孔融回答：「我是用當今發生的事情來推測古代的事情，想當然的杜撰。」曹操遭到這番嘲諷，懷恨孔融。建安十三年（西元二〇八年），曹操南下荊州，擔心孔融擾亂後方，找藉口把孔融殺了。

曹丕是一個風流人物，年少娶嬌妻，志得意滿，十分寵愛甄后。甄后是一個非常善良和孝順的人，在家做小姑的時候，她的二哥死了，二嫂帶著一個孤兒守寡。甄后的母親對待兒媳非常嚴

魏明帝畫像

厲，甄后勸母親：「二嫂孤單一人撫育孤兒，很不容易，希望母親把她當作親生女兒一樣。」母親非常感動，讓甄后與二嫂做伴，兩人情同姐妹。甄后對曹丕的母親卞皇后非常孝順，卞皇后身體不適，甄后茶飯不思，悲傷流涕。卞皇后康復，甄后高興請安，得到卞皇后的誇獎：「真是一個好媳婦。」甄后對待曹丕的嬪妃們很有禮儀，得到寵愛的人，甄后勸她們好好珍惜；受到冷落的人，甄后鼓勵她們示好曹丕，自己不嫉妒，經常為嬪妃們說好話。曹丕稱帝，留住許昌，已經是姬妾成群。漢獻帝把兩個女兒獻給曹丕做妃子，得到寵愛。還有郭貴人、李貴人、陰貴人也受到寵愛。曹丕和父親曹操一樣，也是一個好色之徒，喜新厭舊。甄后留在鄴城，兩地懸隔，曹丕有了新歡，忘了舊人，沒有按照約期派人到鄴城迎接甄后，甄后難免有怨言。於是，密告的人添油加醋，說了許多甄后的壞話。加上郭貴人從中挑撥，曹丕大怒，黃初二年（西元二二一年）六月，派人賜死甄后，立郭貴人為皇后。甄后死後，安葬在鄴城。曹叡即位以後，追諡為文昭皇后。

曹魏鄴城遺址

甄后生曹叡和東鄉公主，甄后死時，曹叡已經十九歲。曹丕命曹叡認郭皇后為養母，曹叡很不高興，不聽父命。曹丕也動怒，打算立徐姬生的曹禮為太子。可是曹叡聰慧，又是太祖曹操中意的孫子，曹丕無法下定決心，遲遲不立太子。

好漢不吃眼前虧，曹叡見自己的地位不保，只好認郭皇后為養母。郭皇后不生育，為了自己的地位，也把曹叡當作自己的親生兒子。曹叡早晚問安，時間久了，也建立母子感情。曹丕還要考驗，仍然遲遲不立太子。黃初七年五月，曹丕病重，臨死之前正式冊立曹叡為太子，當月曹丕病逝，曹叡即位。

三國對峙各方戰略

三國對峙，最激烈的戰鬥發生在魏明帝時期，蜀國有諸葛亮的六出祁山，吳國有孫權的三征合肥。三國對峙，各方戰略為了本國的利益而形成一套成熟的基本策略，演出生動的歷史劇。吳蜀聯手進攻，曹魏在兩線作戰中爭取主動。魏明帝曹叡、蜀相諸葛亮、吳主孫權是這個時期的歷史主角。

曹魏的防禦戰略：曹魏謀臣賈詡建言文帝曹丕，統一三分的首要條件是恢復經濟，等待時機，基本國策是先文後武，建立相持戰略的防禦體系，以靜制動，在相持中競賽綜合國力，競賽經濟恢復，拖垮吳蜀。防禦戰略的方針，就是在與吳蜀接鄰的前線地區，構築縱深防線，點、線、面相結合，軍力部署與經濟恢復相結合。曹魏在防禦中有進攻，基本方針是西守東攻，所以防禦重點在東線，具體部署如下：

前線重鎮，進可攻，退可守，駐重兵防守，這是點的部署，有三大重鎮，即南鎮襄陽，西固祁山，東守合肥。祁山防蜀，襄陽、合肥兩鎮防吳。由於合肥直衝吳國心腹建業上游，又是重點中的重點，歷來鎮守為曹魏名將。

點、線、面的防禦密切相連。曹魏把荊、揚、徐、豫四州劃為一個聯防的作戰區，與吳國對抗。東西第一道防線，由西向東重鎮為襄陽、江夏郡治安陸、西陽、合肥、居巢、廣陵。襄陽南下攻吳江陵，安陸對吳夏口，合肥對吳皖城。西陽東西接應，居巢與合肥為犄角，直下吳國濡須口。夏口，即今湖北武漢，是吳國江防之咽喉，濡須口在今安徽無為縣南，是吳國江防之核心。曹魏第二道防線為南陽、豫州治所安城、揚州治所壽春。第二道防線與第一道防線構成三條南北縱深防線，由西向東，第一條為襄陽，向南陽、許昌縱深；第二條為江夏郡治安陸與豫州治所安城縱深；第三條為合肥與壽春縱深，徐州為後援。防區大，兵力厚，點線縱深，主次明確，名將守險，成為堅不可摧的防線。

吳國戰略，構築江防體系：鑑於曹魏之強，吳國戰略也是立足於防禦，伺機進攻。所以，吳魏相持時期的雙方攻戰，多數戰役都是在長江防線上進行拉鋸戰，少數幾次的深入作戰，就像足球場上的反擊戰術一樣，抓住機會向前突進，機會喪失縮回固守。曹魏固守襄陽與合肥，吳國固守長江。

長江，古稱江水，三國時期兩名並稱，中國古代的南北對峙，就是依靠長江作為屏障。中國古代的軍事家，在長江巨流上或攻或守，演出許多威武雄壯的戰爭劇，但是成功地建構江防體系，取得最大成功的人，就是孫權。三國鼎立，南北對峙半個多世紀，吳國的長江防禦體系產生巨大的作用。

吳蜀通好以後，吳國無西顧之憂，孫權稱帝，從武昌移都建業，把防禦重點放在下游。長江從鄱陽湖折而向北，然後東向入海，在下游形成江東、江西的地界。建業在江東，淮南合肥在江西。曹魏佔有淮南，以合肥為重鎮，如同刺向孫吳腹心的尖刀。孫權想要固有腹心，必須在江西建立一條護衛長江的江北防線。赤壁之戰以後，孫權全力經營江北防線。奪回荊州以後，向西延伸到夷陵，形成整體長江防線。

吳國的長江防線，西起三峽，東到長江口，東西綿延兩千餘里，有戰船數千艘，水軍和陸軍近二十萬。上游荊州督從三峽到夏口一段，常備兵七八萬。夏口以東、建業以西的中游地段，以江北防線為前線護固長江，常備兵十萬以上。建業以東，以京口為重鎮。

吳國的江防體系是積極的防禦，戰略上以長江為依託，對曹魏的進攻採取守勢，立足於固防；戰術上主動出擊，在江北建立前線陣地，伺機進攻。布防上也是點、線、面密切配合，形成進可攻、退可守的堅固防線。

點，是指沿江的軍事重鎮。由西向東，在兩千餘里的長江兩岸，大的軍事重鎮有十九座。江北七座：建平（今四川巫山縣）、夷陵（湖北宜昌）、江陵（湖北江陵）、蘄春（在今湖北蘄春西南長江北岸）、皖口（今安徽安慶）、皖城（今安徽潛山）、濡須口（今安徽無為東南）。江南十二座：夷道（今湖北宜都）、樂鄉（湖北松枝東北）、公安（湖北公安西北）、巴丘（今湖南岳陽）、陸口（湖北蒲圻）、夏口（湖北武漢）、武昌（湖北鄂縣）、柴桑（今江西九江）、蕪湖、牛渚（今安徽當塗北）、建業（江蘇南京）、京口（江蘇鎮江）。沿江重鎮三分之二在江南，這是自然的情勢。最主要的重鎮，江北為江陵，護長江中游，濡須口，護長江下游；江南為夏口、建業、京口。重兵設防的是江陵和濡須口，這也是曹魏南下進攻的兩大目標。反之，是孫權北進的江北前線基地。

皖口西北的皖城，既是孫權江北防線的陸上重鎮，也是吳國北伐曹魏的前線基地，盧江郡治所設此。皖城，西有蘄春，東有濡須，三點一線，是吳國防禦曹魏淮南之敵的江北防線，與江南的武昌、柴桑、鄱陽、蕪湖形成縱深。江防體系的縱深，江北基地具有舉足輕重的戰略地位。西起江陵，東到濡須，孫吳在江北推進，數十里乃至幾百里，沿江形成一道護江的陸上軍事帶。這個縱深，有力地增強江防系統的穩定性。曹魏南下，吳國首先在江北地面接戰，容易洞察敵人意圖，便於江上運動，有利則進，無利則退。也就是說，吳國的江防體系，江北陸戰為第一線，江上水軍為第二線。江南腹地，只是後勤支援。如果長江被突破，江南就無法戰守。

為了協調千里防線，把許多點連接起來成為整體防線，孫權在重點設防的基礎上，分段聯防。負責某一段的將領，有權節制段內各點守備將士，或協調支援，或集中禦敵。大致上，夷陵督負責三峽段，為江陵督左翼。江陵督負責夷陵以東至蒲圻，蒲圻督負責蒲圻至武昌，濡須督負責江北防線，蕪湖督負責建業以西至皖口，丹陽督負責建業以東至海口。西元二一六年，賀齊拜安東將軍，出鎮江上，督扶州（建業西）以上至皖。西元二一九年，呂範拜建威將軍，領丹陽太守，治建業，督扶州以下至海。這種分段防務，隨著時間與戰局變化，不斷調整。陸遜死後，諸葛恪代陸遜督荊州，孫權分武昌為兩部，以呂岱督右部，自武昌上至蒲圻。

孫權建立的江防體系，擋住曹魏南下江南，鎖住魏文帝的臨江腳步，有力地維護三國鼎立的局面，使孫吳政權屹立江南，促進江南的開發。

蜀國戰略，蠶食雍涼：諸葛亮出師的漢中基地，是一個地形險要的盆地。這裡物產豐富，交通四達，進可「蠶食雍涼，廣拓境土」，退可「固守要害，為持久之計」，是蜀漢的北方要點。漢中在關中正南，中間橫著一道秦嶺。從漢中北出秦嶺，兵下秦川可以奪取關中，這是漢高祖成就帝業的出兵方向。從漢中西出經過武興（陝西略陽），向西北迂迴祁山可斷隴右。從漢中東出可以直向宛、洛，或循漢水南下攻襄陽，或迂迴武關取長安。但是從漢中東出，被廣袤的豫鄂山地所阻，道路險遠，必須佔領西城（陝西安康）、上庸（湖北竹山）、房陵（湖北房縣）等漢水中上游的名城重鎮作為前進的基地。蜀國失去荊州，又失去上庸，東出漢中的通道被阻塞，北伐取勝就成為空談。

從漢中北入關中，跨越秦嶺，主要有三條谷道，由西向東為褒斜道、儻駱道、子午道。東道子午道最險遠，有六百六十里的高山險谷。這條通道，南段叫午谷，北段叫子谷，子谷谷口在長安之南，所以子午道雖然險遠，但是可以出其不意，直插長安。中道儻駱道最近，谷長四百二十里。蜀軍出中道，可以陳兵武功，對長安的威脅也很大。西道褒斜道較為寬坦，有四百七十里的山谷，南段叫褒谷，谷起褒城，在漢中郡治南鄭北面；北段叫斜谷，谷口在陝西眉縣西南三十里。褒斜道中段有一條西出折而向北的支道叫箕谷，往北經過散關即達陳倉。蜀軍出褒斜道，前據雍眉，可以屏斷隴右。從整體地理形勢來看，關中有八百里秦川，陳倉在川原之西，長安在川原之東，東西距離五百餘里，迴旋餘地大。漢中只是一個狹小的盆地，三條通道如車輻之聚於車轂，因此由北向南攻，可以諸道並出，居高臨下會聚漢中，任何一條通道都無被截斷之虞，曹魏的幾次攻蜀都是諸道並進。反之，由漢中北伐，三條通道呈輻射狀，諸道並進，出谷以後因為分散在秦川東西川原上不易集中，而且諸葛亮北伐的東道全線在魏境，因此諸葛亮北出秦嶺只能走中道或西道。西元二二八年正月，諸葛亮在漢中誓師，發動第一次北伐。出征之前，諸葛亮召開軍事會議，討論進兵策略。當時的漢中督、先鋒大將魏延建議，自己領兵萬人由子午谷直抵長安；諸葛亮率大軍出斜谷，趨長安會師。這樣一來，可以一舉平定長安以西。魏延的依據是：曹魏長安守將夏

秦嶺谷道交通圖

侯楙是魏明帝之婿，膽怯而無謀。自己率精兵五千、負糧兵五千，循子午谷十日可達長安，突然進攻，夏侯楙必然棄城而逃。曹魏發兵來爭要二十天時間，諸葛亮大軍也可以趕到。但是諸葛亮認為這樣做有危險，決定穩紮穩打出隴右，先取涼州，次取關中。於是，諸葛亮聲東擊西，揚言由斜谷取眉，實際西出祁山，想要一舉奪取隴右。諸葛亮只派趙雲、鄧芝率領少量人馬據守褒斜道中段的岔口箕谷，作為掩護大軍的側翼。此役由於馬謖失街亭，蜀軍敗還。

諸葛亮不用魏延之策，顯示蜀國戰略以弱抗強，不敢深入，而是蠶食雍涼，在邊地打消耗戰。蜀國失去僅有一次出奇制勝的機會，此後的北伐勞而無功，蜀國疲困，加速滅亡。

三方戰略的得失：三國對峙，吳蜀夾攻曹魏。吳軍爭奪淮南，兵指合肥；蜀軍蠶食雍涼，兵指祁山，東西懸隔數千里，無法產生急迫的呼應作用。吳國控制荊州，不北出襄陽，蜀軍不直入關中，兩國不靠攏作戰，名為聯盟，貌合神離，自私打算，戰略失策，形成弱國與強國打消耗戰，蜀國最弱，疲困最甚。

古棧道

曹魏的防禦戰略，始於文帝，收效於明帝。曹魏在沿邊以逸待勞，消耗吳蜀，取得極大的成功。曹魏在相持時期的幾次南征，都是在顯示武力，試探進攻，或見好就收，或知難而退。西元二二二年，魏文帝曹丕怒孫權不入質子，發動三路大軍征吳。西元二二四年、二二五年，曹丕兩次南征，坐鎮廣陵，實際是巡視江淮防線，耀武長江。西元二三〇年，大司馬曹真建言征蜀，九月，四路並出，眾三十萬。司馬懿沿漢水向西城，張郃出子午谷，曹真出斜谷，郭淮出建威，時逢大雨綿延三十餘日不止，魏明帝下詔退軍，這也是一次揚威的行動。

曹魏的防禦戰略，不是消極應戰，而是積極備戰。曹魏在廣大防區之內大開屯田，廣儲資糧，訓練士馬。江淮防區第一線淮南置有重兵，因此在淮河兩岸推廣軍屯。江淮防區第二線，以許昌、汝南一帶為重點，推廣民屯。在與蜀國接鄰的關中槐里、陳倉，以及涼州的上邽等地，也廣置屯田。曹魏的軍事防禦區，農業和水利都有較快的恢復。隨著時間的推移，曹魏優勢日益明顯。三國後期，曹魏常備兵員有五十萬，吳蜀兩國合併軍力僅及曹魏之半，北方統一南方的形勢不可逆轉。

吳魏爭淮南

三國對峙，主戰場在東線，即魏吳對峙是三國鼎立的主線，魏吳對峙的主戰場在淮南。淮南爭奪，戰役都是圍繞合肥而展開。孫權赤壁之戰以後在江淮抗曹，六次攻合肥不下，前三次是孫權與曹操的對抗，後三次是孫權在對峙時期的北進，儘管孫權拼盡全力，合肥仍然牢牢地掌握在曹魏手中。孫權死後，諸葛恪輔政，傾全國之力發動淮南大戰，仍然無法得手，由此可見合肥在魏吳對峙中的戰略地位。

這裡只評說魏明帝時期孫權在西元二三〇年、二三三年、二三四年的三圍合肥。明帝時期，曹魏的合肥守將是滿寵。滿寵是曹操在戰陣中提拔的戰將，是繼張遼之後揚威淮南的名將，孫吳將士聞之喪膽。

滿寵（西元一七四年—二四二年），字伯寧，山陽郡昌邑縣（今山東金鄉縣西北）人。十八歲，出任高平縣代理縣長。高平縣豪強張苞任郡督郵，貪汙受賄，枉法亂政，滿寵拍案而起，收審張苞，當天將其斬首，然後辭官離任。滿寵在青年時期做出這等大事，表現他的非凡才能。

明帝太和四年（西元二三〇年），滿寵出任征東將軍，鎮守合肥。滿寵巡視合肥舊城，

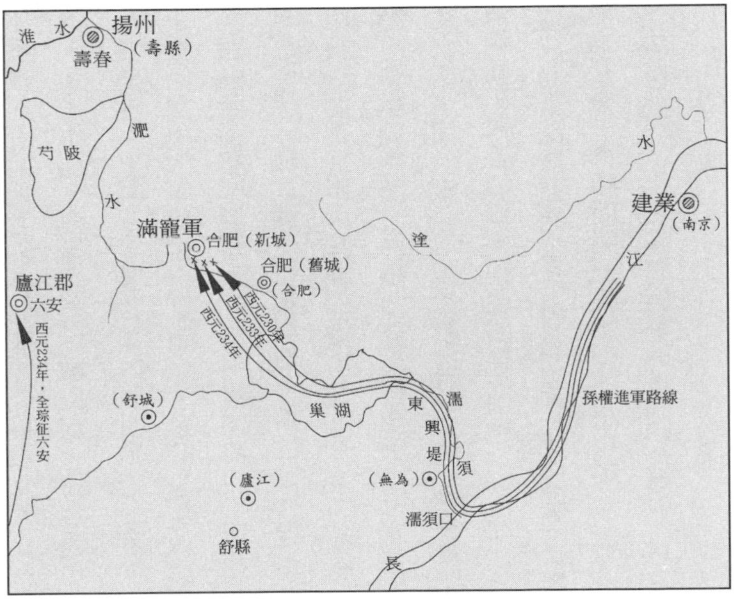

滿寵守合肥，孫權三攻不下

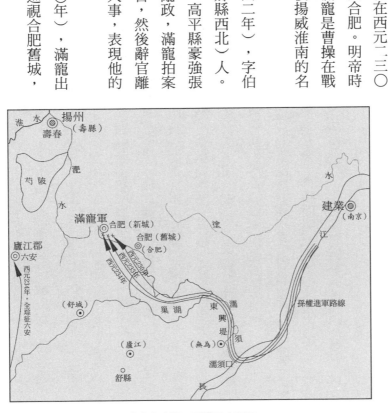

見南臨江湖，北遠壽春，利於吳軍進攻，不利魏軍解圍，在合肥舊城西三十里的險要地勢上另築新城。護軍將軍蔣濟不同意，認為這是魏軍無敵自退，示人以弱。滿寵認為示敵以弱，使敵驕墮，符合孫子兵法，並且請示魏明帝，獲得批准。同年，孫權來攻新城，不克而還。西元二三三年，孫權派將軍全琮征六安牽制魏軍，並且屏斷豫州之敵東援，自率大軍再攻合肥新城。這時，新城已經堅固，又離水較遠，孫權停留二十多天不敢下船。滿寵料定孫權要撤軍，在撤退以前將「上岸耀兵，以示有餘」，暗中埋伏步騎六千襲擊吳軍。孫權果然上岸，遭到滿寵伏兵突襲，傷亡數百退走。

西元二三四年，吳蜀聯合大舉攻魏，諸葛亮由斜谷北進關中，孫權在東邊北上，東西相應。吳軍三路北進：西路陸遜、諸葛瑾向襄陽；東路孫韶、張承向廣陵、淮陽；孫權自率中路軍為主力，三圍合肥新城。滿寵招募壯士數十人，以松樹枝為火把，灌上麻油，趁夜順風點火燒了孫權的攻城器械，又射殺孫權的侄兒孫泰。這時，魏明帝曹叡親征，未至壽春，孫權已經退走。

西元二三五年八月，麥熟收割，滿寵料定孫權江北軍屯據點的士兵出營割麥，可以乘虛偷襲。滿寵派長史率領三軍，摧破吳軍江北屯田據點，焚燒麥場，得勝而還，魏明帝下詔嘉獎。

西元二三八年，滿寵年老，征還朝廷為太尉。西元二四二年，滿寵病卒，諡曰景侯。

魏明帝果斷應變，西守東攻

太和二年（西元二二八年），蜀相諸葛亮率軍大舉北伐，關中震響，南安、天水、安定三郡叛魏歸服諸葛亮。魏明帝果決地做出有力的反應，派大將曹真為關右各軍總指揮，迅速集中優勢兵力入關，左將軍張郃率領騎兵為先鋒快速推進。張郃在街亭打敗蜀將先鋒馬謖，諸葛亮全軍敗退，南安三郡全部收復。魏明帝隨軍入關，坐鎮長安，魏軍士氣大增。魏明帝快速果斷的應變，大出諸葛亮的意外。曹魏孟達反叛，諸葛亮救援孟達落在司馬懿的後頭，失去一支策應自己的友軍。諸葛亮過於謹慎，見事遲疑，這是一個例證。魏明帝決策入關中，當時只有二十五歲。

青龍二年（西元二三四年），吳蜀聯合大舉攻魏，諸葛亮進兵關中，孫權親統大軍三路北伐。曹魏合肥守將滿寵上書，要求從合肥撤退到壽春，以避吳軍鋒芒。魏明帝致信滿寵，要滿寵堅守合肥，他會親征孫權，只怕大軍未到，孫權就會撤走。魏明帝命司馬懿抵禦諸葛亮，派特使辛毗監軍，嚴令司馬懿堅壁不戰，只是牽制蜀軍。魏明帝特地頒下詔書：「只要依據堅固的壁壘進行防守以挫敵軍銳氣，使敵軍無法前進，也無法和我軍決戰。敵軍停宿久了，耗盡軍糧，只能撤走。趁其撤退，發動追擊，以逸待勞，這是大獲全勝的策略。」對於東線卻不是這樣。魏明帝集中優勢兵力東出，御駕親征。孫權聞訊，膽顫心驚，果如魏明帝所料，不戰退走。魏明帝打破吳蜀的聯合進攻，高屋建瓴的決策，對全局形勢的把握與發展的分析，超過在第一線作戰的名將，事實生動表現他果斷執行西守東攻戰略所顯示的威力。孫權退走，諸葛亮孤立無援，病逝於五丈原而罷兵。從此以後，吳蜀沒有大規模的聯合行動。

西守東攻，打破吳蜀的聯合進攻：

所謂西守東攻，是指曹魏主力用於防吳，採取進攻姿態，用次要力量防禦蜀國進攻，不進行主力決戰。在統一步驟上，先滅吳，後滅蜀。蜀國小弱，無法構成對曹魏的最大威脅，又偏於西陲，地形險阻，易守難攻。吳國較為強大，與魏國正面相持，戰線最長，吳國北進會傷及魏國腹心，所以曹魏的防禦戰略，西守東攻，先滅吳，後滅蜀，是必然之勢。三國統一，實際過程先滅蜀，後滅吳，那是形勢變化、順勢制宜的結果。

西守東攻的戰略，始於魏武帝曹操漢中敗還，經過文帝、明帝兩代逐漸完善，成為一項防禦戰略的基本國策。西元二二〇年，吳蜀發生夷陵之戰，侍中劉曄向魏文帝曹丕建言與蜀並力滅吳，明確顯示曹魏謀臣先吳後蜀的戰略步驟。魏明帝曹叡即位以後，仍然是重點防吳。西

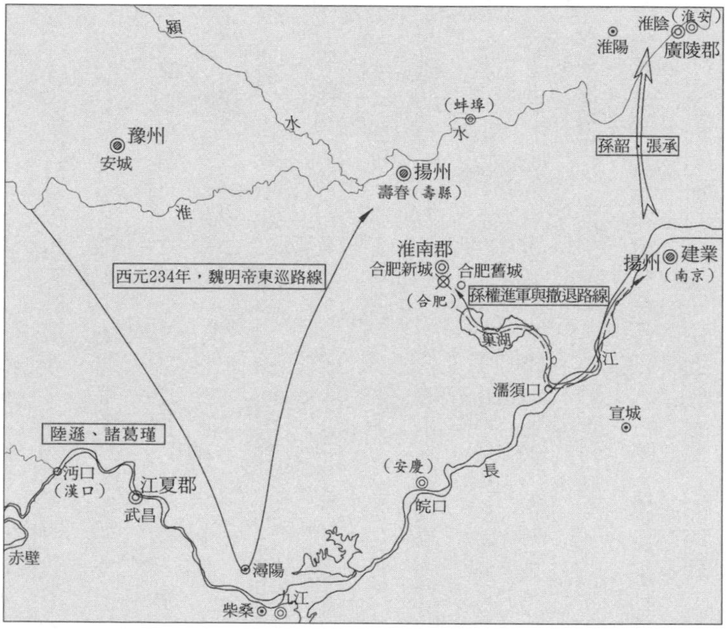

西元234年明帝東巡，孫權退走

元二二九年，在諸葛亮興師北伐的情況下，曹叡問司馬懿：「二虜宜討，何者為先？」司馬懿明確回答用水陸兩路大舉伐吳。曹叡完全贊同司馬懿的意見，把司馬懿從防蜀的前線關中東調屯於宛以禦吳。西元二三四年，吳蜀聯兵攻魏，魏明帝御駕親征吳國，敕令司馬懿在關中不與蜀軍接戰，堅壁相持。這個戰略符合當時形勢，吳強蜀弱，吳近蜀遠，吳國雖然有長江之險，不如蜀國崇山之固，所以攻擊戰略是先吳後蜀，防禦重點在東線。

西元二二七年，魏明帝新立，蜀相諸葛亮駐屯漢中，魏國群臣紛紛上言要求發兵征討。魏明帝問中書令孫資，孫資說：「先前武皇帝兵爭漢中，救出夏侯淵殘部，多次說『南鄭是一座天牢，去天牢途經五百里長的斜谷，這簡直是一條石洞』，是指蜀道艱險。武皇帝用兵如神，也是知難而退。我們現在討伐諸葛亮，

三國魏 磚畫《牧馬圖》

要用十五萬人，加上後勤轉運，東方四州的防守，必定還要徵發更多的人，造成天下動亂，耗費太多，這是要認真考慮的。進攻與防守，所需人力物力相差三倍。當今最好的戰略就是分命大將，鎮守險要，將士安睡，百姓無事，幾年以後，國中力量日益增強，吳蜀兩國必然衰敗。」魏明帝深深讚許。西元二三〇年，曹魏大將曹真固請伐蜀，魏明帝大舉伐蜀，兵分四路，東路司馬懿從宛城指向西城，西路雍州魏軍指向漢中陽平關，關中主力兩路：東路張郃從子午谷進軍，西路曹真從褒斜道進軍。諸葛亮坐鎮城固禦敵，魏軍遇雨退回。此次伐蜀失利，魏明帝繼續推行休兵息民的防禦戰略，養蓄國力。不久，吳國鄱陽郡豪帥彭綺暴動，有眾數萬，請求曹魏接應。魏明帝再次問孫資，孫資說：「彭綺舉義江南，表面響應的人很多，實際上眾弱寡謀，無法成為氣候，我們還是以靜觀變。」魏明帝按兵不動，江南彭綺不久敗亡。

魏明帝對吳蜀兩國心態的準確把握，果決地使用西守東攻的策略，打破吳蜀的聯合進攻。諸葛亮與孫權兩位英雄，對這個青年後生無可奈何！

一代明主，英年早逝

魏明帝外禦吳蜀，內修政治，發展和鞏固北方勢力，並且優禮已廢君主漢獻帝。青龍二年，山陽公薨，魏明帝素服舉哀，遣特使持節典護喪事。他約法省禁，減輕肉刑，下詔主管部門修改法律，減少死罪的條目。

魏明帝不是完人，生活奢侈、愛好華麗、大修宮殿、妨礙農時，但是寬待諫臣，不妄誅一人。因此，他的過失可以得到及時的改正。

魏明帝曹叡即位，時年二十五歲，是一個涉世不深的青年。他的兩位對手，一是蜀相諸葛亮，四十一歲；二是吳主孫權，四十歲。諸葛亮和孫權，起於亂世，身經百戰，又是三國時代最頂尖的政治家，還是曹叡的前輩，閱歷豐富。他們聯手攻魏，攜手北進，給曹叡很大的壓力。由於曹叡把握魏國的優勢，堅持「防禦拒敵，西守東攻」的正確戰略，加上個人的英明果決，挫敗吳蜀的進攻，說他是一代明主，一點也不為過。

曹叡檔案

姓名：曹叡　　出生：漢獻帝建安九年（西元二〇四年）

屬相：猴　　卒年：景初三年（西元二三九年）

享年：三十六歲　　諡號：明帝

廟號：烈祖　　陵寢：高平陵

父親：曹丕　　母親：甄后

初婚：虞貴妃

子女：二子（養子）

最得意：親征孫權，不戰勝敵

最不幸：英年早逝

配偶：三人，虞貴妃、毛皇后、郭皇后

繼位人：曹芳

最失意：託孤不得其人，導致大魏顛覆

最痛心：母親被賜死

第六章

曹魏三少帝

魏明帝死後，政權落入司馬氏集團之手，曹魏政權風雨飄搖地存在二十六年。二十六年之間，走馬燈似的換了三個皇帝。曹芳，九歲即位，二十三歲被廢為齊王。曹髦，十四歲入繼大統，二十歲被弒，死後廢為庶人，史稱原有爵位為高貴鄉公。曹奐，十六歲入繼大統，二十歲禪讓退位，封為陳留王。三位皇帝都是少年天子，史稱三少帝。

齊王曹芳

明帝託孤：曹芳，字蘭卿，生於明帝太和六年（西元二三二年）。魏明帝曹叡沒有兒子，齊王曹芳和秦王曹詢都是曹叡的養子，不知道親生父母是誰。《魏氏春秋》記載，齊王曹芳是任城王曹楷的兒子。曹楷是任城王曹彰的兒子，曹彰與曹丕是同母所生的兄弟，所以曹楷的兒子過繼曹叡是至親骨肉。

景初三年正月初一丁亥，曹叡病危，宣布立曹芳為太子，當天即皇帝位，大赦天下，尊皇后郭氏為皇太后，由大將軍曹爽和太尉司馬懿共同輔政。

曹叡最初選定的輔政首席大臣是燕王曹宇，曹宇是曹操的第九子，環夫人所生，曹叡的叔父，曹叡少時與曹宇很要好。曹宇，文帝封為下邳王，明帝改封燕王，王府建在鄴城，受到明帝的特別禮遇。青龍三年（西元二三五年），曹宇被徵召入朝，直到景初元年（西元二三七年）還鄴。第二年，景初二年夏，曹宇再次被徵召入朝。十二月，明帝病重，拜曹宇為大將軍，囑以後事。曹宇不受命，堅決辭讓，到了第四天，明帝改變主意，於是免去曹宇的大將軍職務。景元三年（西元二六二年），曹宇回到封國，他的兒子

曹芳畫像

曹奐後來入繼大統，是三少帝之一。

曹爽是曹氏宗人邵陵侯大將軍曹真的兒子。曹真的父親曹邵，追隨曹操起兵，被州郡長官殺害，曹操收養曹真，待之如親子。曹真與文帝曹丕非常友善，也是文帝遺命明帝的輔政大臣之一。曹爽年少持重，從小與曹叡要好，曹叡為太子時期，曹爽就是座上賓。曹叡即位，特別重用曹爽，所以曹叡病重，召曹爽入臥內，拜為大將軍，假節鉞，都督中外諸軍事，錄尚書事，為首席輔政大臣，太尉司馬懿與曹爽同受明帝遺詔為次席輔政大臣。齊王即位，加官曹爽侍中，改封武安侯，邑一萬二千戶，賜劍履上殿，入朝不趨，贊拜不叫曹爽的名字，地位無人可比。

可是曹爽外強中乾，遇事遲疑不決，不是司馬懿的對手。魏明帝選擇曹爽輔政，曹爽無法承擔這個重任，敗在司馬懿手中，丟了曹氏天下。魏明帝選錯人，為曹氏政權的覆敗留下禍根。

司馬懿發動正始政變，誅除曹爽：司馬懿輔政齊王曹芳是資望最老的重臣，也是歷仕武帝曹操、文帝曹丕、明帝曹叡的三朝元老，輔政齊王是第四朝。曹爽是後生晚輩，才智平庸，無論資望和玩弄權術，與司馬懿比較，不是相同等級的人物。然而，曹爽是皇族近親，在政治上比司馬懿優越，所以司馬懿在鬥爭中採取後發制人的策略。

司馬懿與曹爽同輔齊王曹芳，共掌朝政，各統軍三千。曹爽最初「引身卑下」，對司馬懿表示尊敬，辦事不敢專斷；司馬懿以曹爽為皇族，每事謙讓。但這些都是表面文章，雙方暗地裡圖謀吃掉對方，發展勢力，培植死黨。

玄學家何晏與曹爽交結，他喜歡像女人一樣塗脂抹粉，走路都要看著自己的影子，是一個典型的紈褲子弟。鄧颺、李勝、畢軌、丁謐與何晏互相標榜，被稱為「浮華派」，他們投靠曹爽，結成死黨，何晏、鄧颺、丁謐都是尚書。何晏主管選舉，畢軌出任司隸校尉，李勝出任河南尹。曹爽安排自己的弟弟曹羲出任中領軍，掌握中央禁衛軍，曹訓出任武衛將軍，曹彥出任散騎常侍，也控制一部分軍隊。這時，曹爽認為自己羽翼豐滿，開始專斷朝政。他讓其弟出面奏請轉任司馬懿為太傅，明升暗降，削弱司馬懿的兵權。不久，又免去盧毓的吏部尚書，劉放、孫資、傅嘏、何曾、孫禮等司馬懿集團的主要力量均被罷免。

司馬懿對曹爽的專擅非常不滿，但是無力清除，只好暫時退讓。在輔政的第八年，即西元二四七年，司馬懿上書曹芳，聲稱自己年近七十，年老多病，要求退職閒居，得到批准。司馬懿老謀深算，暗中聯絡心腹，策劃一舉撲滅曹爽集團。

司馬懿在朝廷經營多年，朝中勢力雄厚。郭太后是司馬懿在宮中的代理人，中書監劉放、中書令孫資、吏部尚書盧毓、太尉蔣濟都是司馬懿的死黨。曹爽逼退司馬懿以後，又奏請郭太后移居永寧宮，表面上取得全勝，其實是司馬懿先讓一著，表示退避，麻痺曹爽。他安排自己兒子司馬師出任中護軍，掌握一部分禁軍，又陰養死士三千人，伺機而動。

曹爽當然也沒有放鬆，對退職的司馬懿仍然放心不下。他任命李勝為荊州刺史，以告別為名去看望司馬懿，實際觀察動靜。司馬懿知道李勝來意，故意裝糊塗，臥病在床，與李勝對話，裝聾作啞，神志不清，言語錯亂，表演得非常逼真，使李勝信以為真。他回去向曹爽報告：「司馬懿形神分離，只剩一口氣，不足為慮。」曹爽聽了很高興，不再戒備司馬懿。這段期間，司馬懿緊鑼密鼓進行政變準備。

西元二四九年正月，曹爽與曹羲、曹訓、曹彥、皇帝曹芳一起出城，祭掃曹叡的陵墓。司馬懿趁機發動政變控制洛陽，令司徒高柔行大將軍事，佔據曹爽軍營；令太僕王觀行中領軍事，佔據曹羲軍營，解除曹爽兄弟掌握的武裝；以郭太后名義關閉洛陽城門，佔領武器庫，派兵截斷洛水浮橋，阻擋曹爽等人入城。然後，司馬懿上書皇帝曹芳，請求處斬曹爽一夥，指責曹爽等人背棄先帝遺命，敗亂國家法制，排斥舊臣，引用親信小人，有「無君之心」，因此迫不得已採用兵諫，為國除害。為了牽制曹爽兄弟，司馬懿派人對曹爽說：「只要交出兵權，就可以回歸府第，保留封爵。」太尉蔣濟也致書曹爽，保證他的人身安全。

大司農桓範逃出洛陽會見曹爽，勸他立即與皇帝南下許昌，調動外地軍隊與司馬懿作戰。曹爽說：「司馬懿只是要我的權力，我回歸府第，不失為一個富家翁。」決定投降。

曹爽等人放下武器，投降司馬懿，結果被夷滅三族。司馬懿重新執政，大權獨攬。隨後，司馬懿傾全力剪滅曹爽集團殘餘勢力，打擊皇族和擁曹派官員。西元二五一年，太尉王凌在揚州發難，陰謀擁立楚王曹彪為帝，對抗司馬懿。由於事機不密，被司馬懿察覺，先發制人，突然帶兵南征，逮捕王凌，夷滅參與者的三族，完全控制曹魏政權。就在這一年，司馬懿病死，其子司馬師以撫軍大將軍輔政，第二年遷大將軍、都督中外諸軍事、錄尚書事。司馬師注意籠絡曹魏舊臣，維持曹操、曹丕、曹叡三祖所定舊制，安定朝野人心，鞏固司馬氏集團的地位。

曹芳被廢為齊王：嘉平六年，西元二五四年，中書令李豐和皇后的父親張緝密謀除掉司馬師，以夏侯玄代替司馬師掌政。夏侯玄是曹爽的表兄弟，也是擁曹派中堅人士。由於走漏消息，司馬師誅除李豐、夏侯玄等人，趁機廢除齊王曹芳，另立十四歲的高貴鄉公曹髦為帝。

曹芳九歲即位，在位十五年，二十三歲被廢為齊王，建王府於河內郡重門，在今河南輝縣西北。西晉建立，貶爵齊王曹芳為邵陵縣公。西晉泰始十年（西元二七四年），曹芳去世，享年四十三歲。

高貴鄉公曹髦

曹髦，字彥士，魏文帝曹丕的孫子，東海王曹霖的次子。曹霖是曹叡的四弟，曹髦是曹叡的侄兒。

曹髦入繼大統：司馬師已經下定決心廢除齊王曹芳，派郭芝進宮向郭太后報告。郭太后與齊王曹芳正好對座敘話，郭芝毫無避諱，當面對皇帝說：「大將軍要廢除陛下，立彭城王曹據為帝。」曹芳起身離去，郭太后很不高興。郭芝對郭太后說：「你沒有把兒子教好，現在大將軍主意已定，宮門外面布置軍隊，只能聽從，沒有商量的餘地。」郭太后說：「我要面

曹髦畫像

見大將軍。」郭芝說：「大將軍不見，趕快拿出皇帝玉璽吧！」郭太后無可奈何，叫侍御取來皇帝玉璽放在座位旁邊。郭芝出宮向司馬師報告，司馬師非常高興。然後，司馬師派人向曹芳授給齊王印，催促立即出宮。齊王接受命令，向郭太后告別，垂泣上了王車，出了太極南門，有幾十個群臣來送別，太尉司馬孚十分悲傷，許多大臣都哭了。

齊王出宮以後，司馬師再次派人入宮取皇帝玉璽。郭太后說：「彭城王曹據是我的叔父，立他為帝，我的位置怎麼辦？再說，明皇帝曹叡要斷絕後嗣嗎？我認為，高貴鄉公曹髦是文皇帝曹丕的長孫，明皇帝曹叡的侄兒。按照禮制，弟弟的兒子有義務過繼給無嗣的大宗，請大將軍認真考慮。」曹據是曹操的兒子，曹丕的弟弟，曹叡的叔父。郭太后的說法很有道理，司馬師無法駁回，於是召集群臣傳達太后旨意，一致贊成立高貴鄉公曹髦為帝，於是派太常到溫縣迎請曹髦。事情定妥，司馬師又向郭太后索取皇帝玉璽。郭太后說：「我認識高貴鄉公，小時候抱過他。明天高貴鄉公來到殿堂以後，我要把皇帝玉璽親手交給他。」

嘉平六年（西元二五四年）九月二十日丁丑，頒布太后詔書：「東海王曹霖是高祖文皇帝的兒子。曹霖的兒子是皇室的至親骨肉，高貴鄉公曹髦可以成為大器，現在決定由他來充當明皇帝的繼嗣。」

十月五日庚寅，曹髦進入洛陽，在群臣的陪同下進宮拜見皇太后，當天即皇帝位，改元為正元。

正元元年（西元二五四年）十月七日壬辰，曹髦即位的第三天，皇帝派出侍中為使者，持節分別到四方郡縣，觀察風俗，慰勞軍民，調查受到冤枉的百姓和失職的官員。八日癸巳，授給大將軍司馬師黃鉞，特許他進殿不必小步快跑，向皇帝奏報不必通報姓名，上朝堂可以帶劍穿鞋。十九日甲辰，皇帝對廢立有功的大臣，按照功勞大小增進爵位，增加封邑，提升官位，並且給予不同的物質獎勵。

曹髦問難經師：曹髦聰明過人，很有悟性。他愛好學習，勤於思考。曹髦繼位，改年號為甘露元年（西元二五六年）。正月初十，曹髦臨幸太學聽講，向各位儒學經師博士提出問題，《易》學、《尚書》學、《禮記》學的經師被問得張口結舌，無法回答。這一年，曹髦只有十六歲。

首先，曹髦問《易》學的問題：「聖人伏羲氏得到神人的幫助做出八卦，神農氏推演為六十四卦，夏朝叫《連山》，商朝叫《歸藏》，周朝叫《周易》，為什麼有這麼多的文本和名稱？」《易》學博士淳于俊回答：「伏羲氏根據燧人氏畫的神秘圖形做出八卦，神農氏推演為六十四卦，到了夏商周三代，質樸或是具有文采，順應時代的變化而有眾多的文本。各種名稱的意義，《易》是變易的意思，《連山》是比喻內容就像高山發出和吸入的雲氣，可以連接天地。《歸藏》的意思是說，世間悠悠萬事，莫不歸藏隱沒在這本書中。」曹髦又問：「如果是伏羲氏根據燧人氏畫的神秘圖形做出八卦，孔子在《易・繫辭》為什麼不說是燧人氏死後由伏羲氏創作？」淳于俊無法回答。曹髦又問：「孔子解說《周易》寫出《彖辭》和《象辭》是與正文分開，獨立成篇；鄭玄注解《周易》，為什麼要把《彖辭》和《象辭》打散，附在被解釋的正文下面？」淳于俊回答：「鄭玄這樣做，是給學習的人提供方便，使人們查閱的時候一目瞭然。」曹髦又問：「孔子為什麼不這樣給人們提供方便？」淳于俊回答：「孔子擔心把自己的解說分散在周文王寫的正文下面會產生混淆，同時也表示自己的謙虛。」曹髦又問：「如果孔子的做法是表示謙虛，鄭玄的做法是不謙虛嗎？」淳于俊又無法回答，只好說：「古書知識廣博，陛下提問深奧，不是臣子可以回答的。」

曹髦聽完《易》學，然後聽講《尚書》學，也提出問題。曹髦問：「《尚書》第一句『曰若稽古帝堯』，鄭玄解釋『稽古』一詞的含義，就是考求同於上天，是說唐堯可以效法上天，王肅的解釋卻是『唐堯可以考察古代的正道』。這兩種解釋，哪一個更正確？」《尚書》學博士庾峻回答：「先賢儒家學者的解釋，有些分歧和不同，臣子才疏學淺，不足以評斷是非。按照《尚書・洪範》的占卜原則，三占從二，少數服從多數，賈逵和馬融兩家的解釋與王肅差不多，如此看來，王肅的解釋更好。」曹髦又問：「《論語・泰伯》記載孔子的說法，孔子說：『唯有上天最偉大，可以效法上天行事的人，只有唐堯。』說明效法上天最偉大，考求古代正道是其次。按照王肅的解釋，《尚書》的第一句是捨大

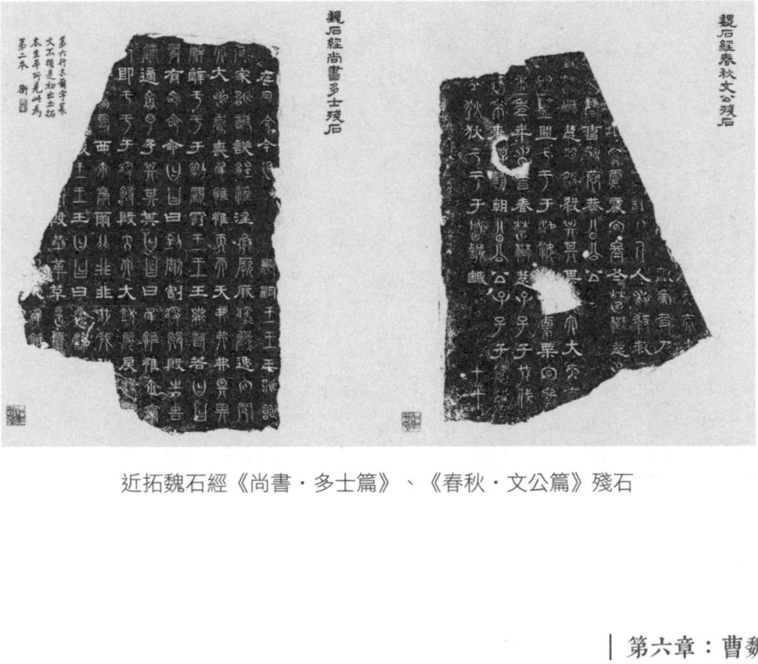

近拓魏石經《尚書・多士篇》、《春秋・文公篇》殘石

求小，作者的真正含義是什麼？」庾峻回答：「臣子只是按照老師的說法傳道，沒有明白書中的深刻含義，到底誰的解釋更正確，請陛下自己裁斷。」曹髦又提出一些問題，例如唐堯用鯀治水失敗，聖明在哪裡？庾峻更是無法回答，只好說：「臣子愚笨，陛下的提問，我無法圓滿地解釋。」

曹髦又對講解《禮記》學的馬照提出問題：「《禮記・曲禮》記載：『三皇五帝的上古時代，社會注重道德，樂於奉獻而不求回報。其後的夏商周，人們講求施與，也注重回報。實施政治，為什麼會造成社會的道德風氣不同？應該採取什麼措施，才可以使社會注重道德，只講求施與而不注重回報？』馬照回答：「上古時代，社會注重道德，是因為三皇五帝用道德教化百姓；夏商周三代君主用禮儀治理社會，講求有來有往，所以人們講求施與也注重回報。」曹髦又問：「這兩種教化形成的道德風氣有淡薄與淳厚的不同，究竟是君主有優劣，還是時代發展造成不同？」馬照回答：「確實是時代發展不同，有樸素和修飾的區別，所以產生道德風氣有淡薄和淳厚的差別。」

曹髦提問，難住各個學科的經師，表現其讀書善於思考，切近現實，有憂世治國之志，是一個有天才的少年天子。

曹髦之死：地方擁護魏國的封疆大吏，不滿司馬氏專政，興師討伐，但是都失敗了，司馬氏在朝中的勢力不可撼動。

正元二年（西元二五五年），鎮東將軍毌丘儉與揚州刺史文欽聯兵在壽春起事，發檄於各州郡討伐司馬師，有眾六七萬。當時，司馬師剛割掉一隻眼睛，不顧病痛，率領十餘萬大軍東征，打敗毌丘儉和文欽，毌丘儉被殺，文欽逃奔吳國。司馬師班師，回到半途病死許昌，他的弟弟司馬昭接掌曹魏大權。

甘露二年（西元二五七年），鎮守壽春的征東將軍諸葛誕再次起兵反對司馬昭，並且東聯吳國，據守揚州，有眾十餘萬，聲勢浩大。司馬昭親自督率二十六萬大軍征討，經過幾個月的征戰，次年二月攻破壽春，殺死諸葛誕，接掌軍政大權。西元二六〇年，曹髦二十歲，不甘心做傀儡，招來侍中王沈、尚書王經、散騎常侍王業，對他們說：「司馬昭之心，路人皆知！我不能坐等被廢除，請你們和我一起討伐司馬昭。」王經說：「如今大權在司馬昭手裡，朝廷官員都為他效力。我們掌握的兵甲太少，沒有力量對付他，這樣做太危險。」曹髦不聽，率領左右侍從二百餘人進攻司馬昭府第。這時，王沈和王業已經飛報司馬昭，曹髦的進攻如飛蛾撲火，自取滅亡。但是曹髦拍案而起，寧為玉碎，不為瓦全，一個二十歲的青年，做出驚天地泣鬼神的事業。曹髦雖死，重於泰山。

正始二年（西元二四一年），曹髦出生。正始五年（西元二四四年），曹髦四歲，封為郯縣高貴鄉公，十四歲入繼大統，二十歲率領左右宮人討伐司馬昭，被司馬昭部屬成濟殺害，死後廢為庶人，史稱原官爵高貴鄉公，加恩以王禮葬於洛陽。

陳留王曹奐

曹髦死後，司馬昭又立十六歲的陳留王曹奐為帝。曹奐，字景明，是武帝曹操的孫子，燕王曹宇的兒子。甘露三年（西元二五八年），曹奐十四歲，封為安次縣常道鄉公。曹髦死後，公卿議立曹奐為帝。六月二日甲寅，曹奐到達洛陽，拜見皇太后，當天在太極殿前殿即皇帝位，布告天下改元景元，大赦。

景元元年（西元二六〇年）六月四日丙辰，晉升大將軍司馬昭為相國，封晉公，增加兩郡的封地，加上原先的封邑總共十個郡，賜以九錫的殊禮。司馬昭堅決推辭，暫時擱置。

景元二年（西元二六一年）五月初一，發生日食。七月，樂浪郡邊外的韓國和濊貊國遣使來朝賀。九月十日甲寅，皇帝再次下詔，晉爵大將軍司馬昭為晉公，升任相國，賜以九錫，與先前下達的詔書內容一樣，司馬昭又堅決推辭，事情再次擱置。

景元三年（西元二六二年）二月，青龍出現在軹縣井中。

景元四年（西元二六三年）二月，皇帝第三次下詔給大將軍司馬昭加官晉爵為晉公、相國，賜以九錫，與前兩次下達的詔書內容一樣，司馬昭還是堅決推辭。

五月，皇帝下詔，魏軍伐蜀。八月，正式出師，兵分三路，鎮西將軍鍾會率領主力軍隊由駱谷征伐蜀國，指向漢中；征西將

曹奐畫像

軍鄧艾率領所屬各部奔襲甘松和沓中，包圍沓中的蜀軍統帥姜維；雍州刺史諸葛緒統領所屬各部直奔武街和橋頭，想要切斷姜維的退路，殲滅蜀軍主力於沓中。

十月二十二日甲寅，皇帝第四次下詔給大將軍司馬昭加官晉爵，重申前幾次詔書的內容。

十月，鄧艾從陰平穿行無人之地七百里，繞過姜維守禦的劍閣，直達江油。蜀將馬邈不戰而降，鄧艾長驅直入成都。十一月，蜀主劉禪投降，蜀國滅亡。

十一月二十四日乙卯，皇太后郭氏去世。蜀國滅亡，功歸司馬昭，進一步提高司馬氏家族的地位。景元五年（西元二六四年）三月十九日己卯，晉爵晉公司馬昭為晉王，增加封地十郡，連同先前的封邑總共二十郡。五月十五日甲戌，改元咸熙。九月初一戊午，任命中撫軍司馬炎為撫軍大將軍。

司馬炎是晉王司馬昭的嗣子，十月二十日丙午，正式宣布撫軍大將軍、新昌鄉侯司馬炎為晉王司馬昭的世子。

咸熙二年（西元二六五年）五月，皇帝下詔褒揚司馬昭的功勳，光輝照耀四海，讓司馬昭戴上有十二根珠串的禮帽，懸掛皇帝的旌旗，出入稱警蹕，乘用皇帝專用的金銀車，用六匹馬拉車，配上五輛副車，設置皇帝的儀仗，吹奏使用八佾舞隊，演奏音樂按照皇帝的規格。司馬昭的王妃稱王后，世子稱太子，其餘的王子、王女、王孫用爵號稱呼，按照過去的禮儀辦理。

司馬昭完成禪代的一切準備，但是來不及登上龍椅稱帝，八月九日去世。八月十日壬辰，晉王太子司馬炎繼承父親的官職爵位，總領百官。

咸熙二年十二月十三日壬戌，皇帝下詔禪位給司馬炎，要求相關部門準備禪位儀式。十五日甲子，皇帝正式派使者向司馬炎送去禪讓帝位的詔書。隨後，曹奐搬出皇宮，暫住在金墉城。晉武帝司馬炎封曹奐為陳留王，終身居住在鄴城。這一年，曹奐二十歲。

曹奐的氣識才情不及曹髦，司馬昭有前車之鑑，加強對皇宮的控制，曹奐完全是一個傀儡皇帝。曹奐為帝，只是充當魏晉禪代的道具。可喜的是，曹奐終得善終，二十八年以後，於西晉太安元年（西元三〇二年）去世，享年五十八歲，諡號元皇帝。

曹芳、曹髦、曹奐檔案

姓名：曹芳、曹髦、曹奐

出生：西元二三二年（曹芳）、西元二四一年（曹髦）、西元二四六年（曹奐）

屬相：鼠（曹芳）、雞（曹髦）、牛（曹奐）

卒年：西元二七四年（曹芳）、西元二六〇年（曹髦）、西元三〇二年（曹奐）

享年：四十三歲（曹芳）、二十歲（曹髦）、五十七歲（曹奐）

諡號：厲公（曹芳）、元皇帝（曹奐）

廟號：三廢帝，均未入廟

葬地：邵陵（曹芳）、洛陽（曹髦）、陳留（曹奐）
父親：曹楷（曹芳）、曹霖（曹髦）、曹宇（曹奐）
母親、子女、配偶等項略
最得意：三人意外得繼大位
最失意：三人均繼位不終
最不幸：曹髦為逆賊所弒
最痛心：曹奐禪讓失國

第七章

蜀先主劉備

劉備是蜀漢政權的建立者，史稱先主。東漢末年，群雄割據，四分五裂，天下生靈，肝腦塗地。劉備以一個匹夫之身，憂天下蒼生之不幸，發願「興復漢室」，救民於倒懸。雖然他的理想半途夭折，無法實現統一的大志，但是他充分發揮自己的智慧和才能，幾經危難，堅忍不拔，終於建立蜀漢政權，為結束東漢末年的軍閥混戰做出重要的貢獻。

兵敗長坂

西元二〇七年，諸葛亮在「隆中對」提出劉備東聯孫吳、北抗曹操的戰略路線。但是此時孫權盤據長江，對抗曹操，兩家戰略路線衝突，聯盟條件尚未成熟。西元二〇八年，曹操南下荊州，發動赤壁之戰，推動劉孫結盟，這是他始料未及的。

曹操南下荊州：西元二〇七年，曹操遠征三郡烏桓，消滅袁氏殘餘勢力，形成獨佔中原的局面，佔有天下三分之二，處於絕對優勢。當時，還有六大軍事集團環繞中原。北方三大集團：遼東公孫康，雍涼馬騰、韓遂，漢中張魯。南方三大集團：長江上游益州劉璋，中游荊州劉表，下游江東孫權。在六大軍事集團中，只有江東孫權有遠略，但是地處偏遠，其餘五人都是割據自守的庸主，沒有人可以與曹操抗衡。天下一統的形勢，再次顯露出端倪。長江中游荊州具有重要的戰略地位，伐滅劉表，控制荊襄，是曹操多年以來夢寐以求的事情。曹操統一北方以後，矛頭直指荊襄，希望突破長江中游，順流東下，一鼓作氣蕩平東南，其他幾個軍事集團

蜀主劉備

只有望風歸降。曹操按照這個構想，進行大規模的戰爭準備。

西元二〇八年正月，南方孫權移營柴桑，發動討伐黃祖的戰爭，發出爭奪荊州的信號。此時，曹操無法立即南下，因為他遠征烏桓回來，需要休整，尚未做好政治上和軍事上的準備。

奪取荊州，迫在眉睫，曹操、孫權、劉備都在和時間賽跑。孫權雖然搶先，但是以他的力量無法吞下荊州；劉表尚存，劉備奪取荊州的條件不成熟；曹操力量正盛，機會更多的還是在他手中，於是曹操全面地行動。

西元二〇八年正月，曹操下令在鄴城玄武苑內開鑿玄武池，訓練水軍。同時，又命張遼、于禁、樂進各統一軍，加緊操練步騎。為了消除側翼的西顧之憂，曹操派張既到關中招撫馬騰，以天子名義徵召馬騰入朝做衛尉，授馬騰長子馬超為偏將軍。當時，張既為議郎，曾經跟隨鍾繇在關中參議軍事，與地方官員很熟悉，又有智謀。他大肆聲張，召涼州二千石以上高官迎請馬騰入朝。馬騰只好帶家屬入鄴面君，曹操把他安置在鄴城，控制馬騰。

為了加強對朝廷的控制，六月，曹操上表漢獻帝，罷黜三公，即太尉、司徒、司空，重新設置丞相、御史大夫，曹操出任丞相，總攬朝政。為了箝制輿論、排除異己、消除後患，曹操在朝廷上層整齊風俗，以破浮華狡獪之徒的名義，進行一場以誅殺孔融為目標的政治運動，進一步樹立自己的專斷權威，以穩固後方。

曹操六月殺孔融，七月宣布正式南征。

劉琮出降：這次曹操南征，不同於以往出兵，想要藉由統一北方的聲威，大舉南伐，一鼓作氣蕩平江南，在政治上和軍事上做出充分動員。曹操調集三十萬大軍，用於一個方向，成為曹操用兵史上的高峰，終三國之世，這是最多的一次用兵。出兵三十萬，加上後勤支援，在當時北方殘破的情況下，已經是全國動員，顯示曹操的權威，也表現曹操的驕矜。如此大規模的用兵，一定會引起朝野震動，產生許多爭論。曹操殺孔融，用暴力鎮壓反對派，把不同意見壓制下去。

劉表有兩個兒子，長子劉琦，次子劉琮。按照宗法慣例，劉琦為世子，應該為繼承人。起初，劉琦甚得劉表喜愛，其外貌和舉止都像劉表，儒雅敦厚，與劉備和諸葛亮非常親近。次子劉琮，結納劉表繼室蔡氏，娶蔡氏之侄女為妻。劉表寵愛蔡氏，蔡氏經常說劉琦壞話，劉表日益疏遠劉琦。蔡氏之弟蔡瑁掌握行政實權，與劉表的外甥張允勾結，擁護劉琮，張允掌握荊州水軍。在這種情況下，劉琦深感自身危險，求教於諸葛亮，諸葛亮多次迴避不答。有一天，劉琦在樓上設宴款待諸葛亮，讓人扛走樓梯。劉琦對諸葛亮說：「今天我們在樓上，上不著天，下不著地，話從你的口中出來，進入我的耳朵，這樣可以出主意吧！」諸葛亮見劉琦誠心請教，於是說：「君不見申生在內而危，重耳居外而安嗎？」（《三國志・諸葛亮傳》）申生是春秋時期晉獻公的太子，晉獻公寵愛驪姬，驪姬讒毀申生，申生被迫自殺。重耳是申生之弟，見機出逃在外，周遊列國。晉獻公死後，他回國奪取王位，是為晉文公，成為春秋五霸之一。諸葛亮以歷史故事為例，暗示劉琦早日離開是非之地，到外面佔據一塊地盤，圖謀發展。這時，江夏太守黃祖被孫權討滅，劉琦要求出鎮江夏，離開襄陽來到夏口，諸葛亮的主意也是為劉備聯絡劉琦。荊州諸將，大部投靠劉琮。

曹操南征之前，問計於荀彧。荀彧說：「現在中原地區已經平定，劉表知道自己的處境而加強戒備。可以將部隊公開向宛城和葉縣一帶行進，暗中從小道派出一支輕裝精兵，快速推進，就可以打得劉表措手不及。」曹操依計而行，自己率領輕裝奇襲荊州。

劉表喜歡劉琮，又不忍割捨劉琦，優柔寡斷，家庭糾紛使他焦頭爛額。現在又面臨孫權與曹操的夾攻，憂心成疾。曹操正式出兵南下，劉表受驚惶恐，八月病死。臨終的時候，劉琦回來探視，被蔡瑁和張允拒之門外，只能流淚離去。劉表死後，諸將奉劉琮繼任荊州牧，蔡氏掌握實權。

這時，曹操已經兵臨新野，謀士蒯越、韓嵩、東曹掾傅巽勸劉琮歸順曹操。傅巽說：「曹公以天子名義征討，抵抗就是叛逆。公子剛繼位，內部又不穩，也無力抵抗。即使重用劉備，也未必可以對抗曹操。如果劉備打退曹操，就會成為荊州的主人。兩相權衡，還是投效曹操，歸命朝廷為上策。」劉琮和蔡氏沒有其他辦法，就同意投降，而且對劉備封鎖消息，怕他反對。劉表臨終，曾經託孤劉備輔佐。劉備從新野移屯樊城，與襄陽只有一水之隔。由於消息不通，曹操大軍到了宛城，不見劉琮召開軍事會議，覺得奇怪，特派親信去襄陽問訊情況。劉琮不敢隱瞞，派宋忠向劉備說明情況，荊州已經決定歸順朝廷。劉備聽了十分氣憤，對宋忠說：「你們做事太荒唐，等到大禍臨頭才告訴我，不是太過分了嗎？」說罷，抽出刀來要砍宋忠，又覺得不值，喝令宋忠：「砍了你的頭，也不解我心頭之恨，不要汙穢我的寶刀，趕快給我滾吧！」

劉備兵敗長坂：諸葛亮勸劉備奪取襄陽，阻擊曹操。劉備覺得自己的力量擋不住曹操，又怕落下乘人之危奪取同宗的不義名聲，所以他路過襄陽，派人要劉琮答話，劉琮不敢見面。劉備拜掃劉表之墓，涕泣離去。劉備這樣做，是用信義號召荊州士民歸服自己。劉琮左右及荊州士民，果然紛紛追隨劉備，義陽人魏延率部曲數百人效命馬前。行到當陽，追隨劉備的民眾有十餘萬，輜重幾千輛，一天只能走十幾里路。有人向劉備建議：「主公應該快速去保江陵，現在眾人慢行，如果曹軍追到，拿什麼來對敵？」劉備說：「成就大事以人為根本，如今在危險之中，眾人希望我保護，只能同甘苦共命運，怎麼可以拋棄？」東晉習鑿齒寫三國歷史，對劉備愛護民眾的舉動極為嘆賞。他說：「劉備越是在艱難的時刻，信義越是鮮明，即使冒險也不願背棄道義，最後他成就大業，不是應該的嗎？」

曹操聽說劉備逃向江陵，那裡是荊州的水軍基地和軍資基地，害怕被劉備佔據。他親自率領精騎五千，日夜兼程追擊，一天奔

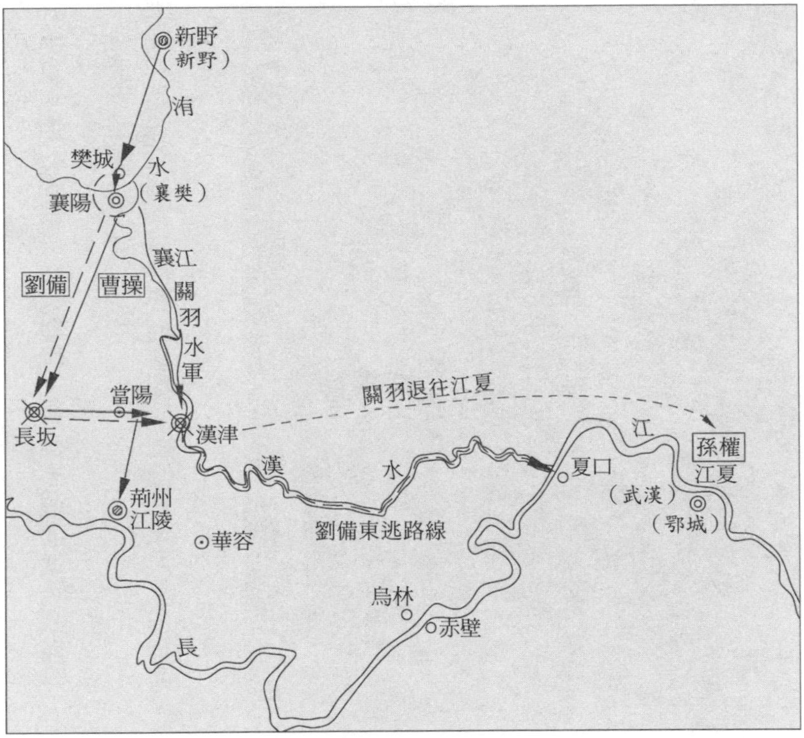

劉備兵敗長坂

馳三百里。在當陽長坂，曹操追上劉備，劉備倉促應戰，又要保護民眾，顧頭無法顧尾，一戰全軍覆沒。劉備之妻與子都失散了，只與諸葛亮等人數十騎脫身逃走。張飛斷後，拆斷長坂橋，自己立馬橫矛在橋頭，兩眼瞪圓，對追來的曹軍大喝：「我就是張益德，哪個不怕死的敢來與我決一死戰！」曹軍聽說張飛勇猛無比，又不知虛實，擔心張飛身後有埋伏，遲疑不敢前進，劉備等人順利逃脫。

長坂之戰，劉備丟失全部輜重和本部兵馬，兩個女兒被曹純活捉。劉備甘夫人及子劉禪，在趙雲奮力保護下得以脫險。

劉備沒有兵馬，只好放棄逃向江陵，折向東南往漢水方向撤退，與從水道南下的關羽水軍會合，渡過漢水，趕往夏口與劉琦會合。二劉會合，保留荊州殘部，有眾兩萬。

劉備東走，曹操沒有追擊，按照預定計畫南進江陵。佔領江陵以後，

長坂坡遺址

下令荊州吏民，與之更始。然後，特派深孚眾望的零陵人劉巴持天子節鉞，渡過長江招納長沙、零陵、桂陽三郡。又委派京兆人金旋為武陵太守。這樣一來，荊州七郡有六郡落入曹操手中，只有接鄰江東的江夏郡在劉琦手中，尚未佔有。

曹操論功行賞，封蒯越、韓嵩等十五人為列侯。蒯越，字異度，劉表主要謀士。韓嵩，字德高，荊州名士。官渡之戰時期，兩人曾經勸劉表投靠曹操。曹操相見恨晚，當即任命蒯越為光祿勳，韓嵩為大鴻臚。曹操又請韓嵩品評荊州士人，凡是韓嵩推薦的人一律任用。傅巽勸說劉琮歸降有功，賜爵關內侯。

如何安排劉琮，曹操耍了一個花招。他任命劉琮為青州刺史，劉琮請求留在荊州，表示謙讓。曹操順勢改授劉琮為諫議大夫，下令褒揚，稱讚劉琮效法竇融歸順。就這樣，劉琮敗壞家業，以一州之地換了一頂毫無實權的烏紗帽。

曹操南下荊州，旬日之間，兵不血刃取得一州之地，收攬本州以及外地避難荊州的人才，大大增強實力。這一仗打得非常漂亮，曹操的用兵方略，可以概括為四個方面：其一，穩定後方，進行政治動員。曹操罷三公，恢復丞相建制，並且親領丞相，總攬朝政，殺孔融，整肅內部，徵辟馬騰入侍，拜衛尉。這些舉措，都是大舉南下的政治動員。其二，軍事上進行全國動員，出兵三十萬，佔有絕對優勢。其三，戰前誇張宣傳，先聲奪人，從心理上瓦解敵方鬥志，劉表被嚇死，荊州內部分崩離析。其四，戰略部署周密，間行輕進，曹操自為先鋒，攻敵不備。此外，從荊州方面看，無能的劉琮和荊州統治集團的內部衝突幫了曹操大忙。劉琦、劉琮兄弟不協，劉備遭忌，成為三股勢力。劉琮手下的蒯越、韓嵩、傅巽等人，各為自己打算，犧牲劉琮牟取私利，這一切就是曹操兵不血刃下荊州的有利條件。

孫劉結盟

曹操不費氣力佔有荊州，使形勢急轉，發生巨變。曹操威震天下，達到自己事業的頂點。益州牧劉璋，主動歸順，派來使者，表示歸命朝廷，接受徵兵，交納賦稅。另一方面，劉備又陷入絕境，無立錐之地，江東孫權也深切感到生存的威脅。物極必反，為生存而戰的劉備和孫權，在曹操乘勝東進的凱歌中，被逼上梁山，攜手聯合，一舉打破曹操統一江南的美夢，反而給隆中路線帶來曙光。

曹操東進：劉琮出降、劉備兵敗、孫權孤軍受敵，面對這個新形勢，曹操如何決策，內部展開一場辯論。

曹操的隨軍主要謀士賈詡、程昱擔心孫劉結盟。賈詡提出建議，在政治上發展荊州戰役的聲威，阻止孫劉結盟，徐圖進取，恢復荊州經濟，成為前進基地，幾年之後可以統一江東。賈詡說：「明公先前破滅袁氏，現在又取得荊州，威名大振，士馬精強，如果利用荊州的物資，供應軍隊，安撫百姓，不用打仗，江東就會歸服。」程昱更明確地提出警告：「孫權在位不久，威名不顯著。

曹公無敵於天下，又取得荊州，江東震動，孫權有智有謀，但是無法獨立抵抗曹公。劉備有英名，又有關羽和張飛這種萬人之敵的猛將，孫權一定會支援劉備共同對付我們。如果出現這種情況，孫劉結盟，就會難解難分，勝負難料。」

但是，曹操已經沉浸在勝利中不能自拔，聽不進賈詡、程昱的逆耳之言。諸將寡謀，更看不起敗軍的劉備。曹操與諸將認為孫權不敢對抗，一定會殺了劉備來投降，如同公孫康取袁熙、袁尚首級一樣。曹操決心已定，下令水陸俱進，造成浩蕩的進軍聲勢，並且給孫權一道誇張聲勢的戰書：「近者奉辭伐罪，旄麾南指，劉琮束手，今治水軍八十萬眾，方與將軍會獵於吳。」曹操的意思是說：自己奉天子之命討伐叛逆，大軍南下，劉琮已經投降，你何去何從，早做選擇，是否要與我統帶的八十萬大軍進行較量？曹操先聲奪人，志驕意得之氣溢於言表。這是在向孫權逼降，用現代外交辭令說，曹操的這封信，是給孫權的最後通牒。楚漢相爭時期，韓信攻下趙國，用李左車之計，寫一封恐嚇信給燕王臧荼，臧荼就投降了。曹操南下荊州，也是以一紙戰書，嚇死劉表，逼降劉琮。既有歷史在前，又有碩果在今，於是曹操志驕意滿，如法炮製，想要不戰而下江東。臧荼，匹夫之勇；劉表和劉琮怯懦庸才，怎麼可以與虎視天下的孫權相比？由於「孫權新在位，未為海內所憚」，所以曹操不看在眼裡，認為天下大勢已定，不顧將士疲乏，不顧後勤短缺，冒進赤壁，在不知對手深淺的情況下，打了一場必敗的錯誤戰爭。表面看是孫劉聯軍打敗曹操，實際是曹操發動赤壁之戰推動孫劉結盟，為諸葛亮的隆中路線創造條件，這是曹操沒有想到的。

魯肅過江，聯劉抗曹：江東柴桑行營，孫氏集團又是如何反應？孫氏集團的既定方針是據長江之險與曹操抗衡。早在西元二〇〇年，魯肅過江，建議孫權：「進伐劉表，竟長江所極，據而有之，然後建號帝王，以圖天下。」甘寧投吳，亦有此說：「南荊之地，至尊當早規之，不可後操圖之。」又說：「西據楚關，大勢彌廣，即可漸規巴蜀。」周瑜更是主張「據襄陽以蹙操，北方可圖也」。諸葛亮發表的「隆中對」，提出東聯孫吳、北拒曹操的三分策略，與孫權集團的戰略方針大相徑庭。加上劉表與孫權有不共戴天之仇，所以孫權要吞併荊州，而不是聯合荊州。劉備寄人籬下，無立錐之地，沒有聯吳本錢。在赤壁之戰以前，隆中路線只是劉備集團的「一廂情願」，沒有出現孫劉結盟的政治氣候。曹操的緊逼，使這個形勢發生改變，第一個敏感的就是江東的魯肅。

西元二〇八年八月，曹操大軍南下，劉表病死，魯肅對孫權說：「荊州與我們接壤，江山險固，沃野萬里，是建立帝王之業的本錢。現在曹操南下，劉表已死，二子不和，軍中諸將各懷異心。劉備是天下英雄，與曹操對立，依附於劉表。請主公允許我以弔喪為名，到荊州打探虛實。如果劉備與劉表部眾同心協力，上下一致，我們

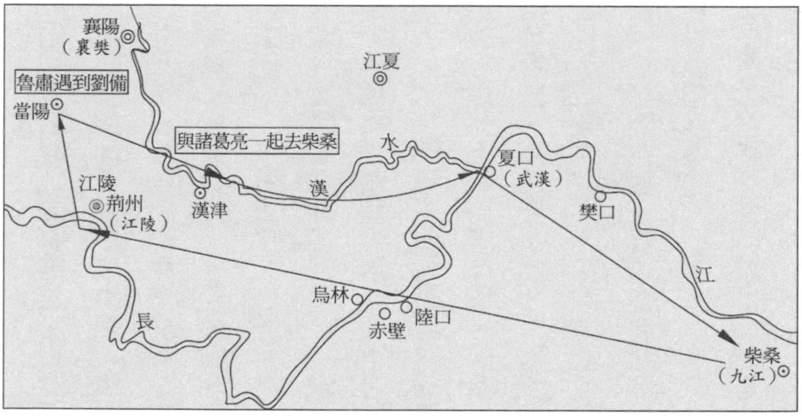

魯肅弔喪使荊州，聯劉抗曹

就和荊州結為同盟，共同抗拒曹操。如果荊州內部離心離德，我們可以相機圖滅。」魯肅的建議，表示修正孫氏集團的立國路線，調整戰略，從進攻荊州轉向為聯合荊州以適應新形勢。孫權採納魯肅建議，派他去荊州。魯肅到了夏口，聽到劉琮投降的消息，他估計劉備一定向江陵撤退，於是日夜兼程，在當陽長坂相遇，劉備已經全軍覆沒。魯肅問劉備：「現在打算去哪裡？」劉備回答：「蒼梧太守吳巨是我的老朋友，打算去投靠他。」魯肅說：「吳巨是一個凡夫俗子，又地處偏遠，自身難保，怎麼可以依靠他？孫權將軍聰明仁惠，敬賢禮士，江東英雄都歸附他，現在據有六郡之地，兵精糧足，可以成大事。我為劉將軍考慮，最好與孫權將軍聯合，共圖大業。」魯肅又對諸葛亮說：「我和尊兄諸葛瑾是好朋友。」諸葛瑾，字子瑜，是諸葛亮的胞兄，此時在孫權身邊出任長史。魯肅之意，請諸葛亮為劉備使者，過江與孫權結盟。魯肅的建議，與劉備和諸葛亮的「隆中對」吻合，孫劉結盟，共抗曹操。劉備十分高興，與關羽水軍會合，撤向夏口，並且進駐樊口，向孫權靠攏。

諸葛亮出使江東，劉孫結盟：劉備派諸葛亮隨魯

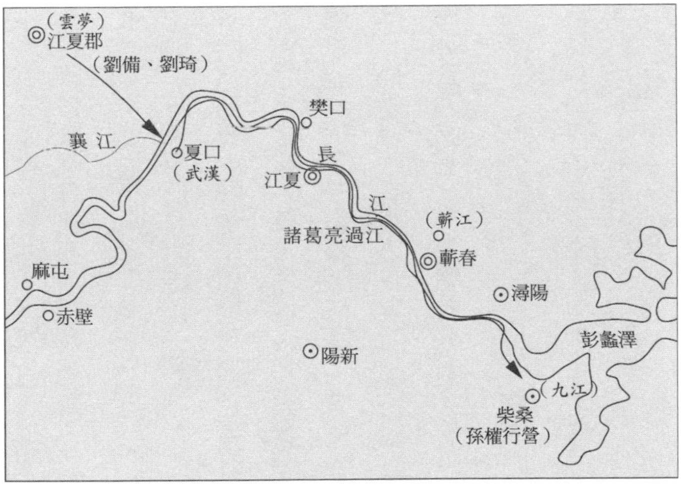

諸葛亮出使江東

肅過江，到柴桑見孫權。諸葛亮到了柴桑，孫權眾臣以張昭、秦松為首，一片主和聲，只有魯肅主戰。孫權徘徊猶豫，拿不定主意。諸葛亮欲擒故縱，勸孫權投降以刺激其決心。諸葛亮說：「曹操已破荊州，威震四海，眼看就要兵臨江東。將軍估量自己的能力，如果可以抵抗曹操，早下決心，一刀兩斷；如果不能抵抗，也要趁早投降，否則大禍就要臨頭。」孫權反唇相譏：「劉豫州（劉備官拜豫州刺史，此為對劉備的尊稱）為什麼不投降曹操？」諸葛亮說：「楚漢相爭時期，田橫只是齊國的一個壯士，尚且寧死不肯向漢高祖稱臣。劉豫州是大漢宗室之後，英才蓋世，天下英雄十分敬仰他，雖然事業不成功，這是天意，力量不夠所致，怎麼可能拜伏在曹操腳下稱臣？」這時，孫權年僅二十六歲，血氣方剛，聽了諸葛亮的話，勃然大怒：「你不要小看我！我豈能拿全吳之地，十萬之眾，拱手送給別人，低頭稱臣？我決心已定，與劉豫州聯合抗曹。只是劉豫州打了敗仗，還有力量嗎？」諸葛亮針對孫權的疑慮，分析雙方強弱形勢：

劉豫州雖然在長坂戰敗，但是還有關羽、劉琦兩部水陸精銳部隊兩萬多人。曹軍遠來疲憊，已經成為強弩之末，就連一層薄綢也穿不透。而且北方士眾不習水戰，荊州軍民迫於兵勢，沒有真心歸服。如果將軍可以派猛將統兵數萬，與劉豫州同心協力，一定可以大破曹軍。

孫權聽了諸葛亮的分析，十分高興，決定召開軍事會議，以達成共識。

諸葛亮又對孫權說：「曹操打了敗仗，一定退守北方，到了那時，我們的勢力增強，鼎足而立的局面就會形成。成敗的機會，就在今天啊！」

諸葛亮「受任於敗軍之際，奉命於危難之間」，在劉備已無立身之地的情況下，還要說服孫權全力抗曹，用江東之眾打敗曹操，但是荊州要歸劉備。諸葛亮的話十分明白，他以荊州使者身分與孫權談判，要孫權承認劉備是荊州的主人，這樣才可以形成鼎足之勢，這個任務是十分艱鉅的。諸葛亮抓住曹操東進、孫權不肯投降這個大好時機，用激將法煽起孫權的抗曹決心，完成鼎足三分的雙邊同盟的任務，表現自己的大智大勇。《三國演義》第四十三回描寫諸葛亮舌戰群儒，就是依據這個史實演義，成功再現諸葛亮的風采。

緊接著，孫權召開軍事會議，以達成共識。魯肅勸孫權召回周瑜共商大計，當時周瑜奉使在鄱陽。以長史張昭為首的文臣，被曹操虛張聲勢的戰書嚇破膽，紛紛主張投降。張昭說：「曹操像豺狼猛虎一樣，挾天子以令四方，直接對抗，事更不順。將軍依靠長江天險，現在曹操佔有荊州，水陸俱下，我們失去依憑天險的優勢，在力量眾寡懸殊的情況下，只有投降才是上策。」孫權又動搖了。魯肅對孫權說：「眾人所論，全為自己打算。為什麼這樣說？我可以投降曹操，照樣可以當官食俸祿，但是將軍不可以投降，如果將軍投降，曹操怎麼安置你？希望將軍早日定下大計，不要聽眾人之議。」孫權感慨地對魯肅說：「你的話說到我的心坎上，莫非是上天把你派來幫助我嗎？」周瑜到來，更是堅決主戰。周瑜詳細分析敵情，對孫權說：

曹操南下，後方不穩，馬騰、韓遂是他的後患；曹操用北方的騎兵到江南，在水上與我們較量，是捨長就短；現在是十月寒冬，曹軍供應不足，不能持久；北方士兵不服水土，一定會生病。這幾個忌諱，曹操都犯了。想要打敗曹操，就在今天啊！

孫權聽了統兵大將周瑜這個有理有據的分析，堅定抗曹的信心，非常激動，當即拔出寶劍，砍去奏案的一角，厲聲說：

曹操老賊早就想要篡漢自立，只是害怕袁紹、袁術、呂布、劉表和我。現在二袁等人被消滅，只有我還在。今天，我與老賊勢不兩立，文武官員誰還敢再說投降的話，就和這個奏案一樣。

當天晚上，周瑜又去找孫權密談，主動請纓抗擊曹操，分析曹操的軍情，對孫權說：

主張投降的人，只看到曹操書信上說有水陸軍八十萬就嚇破膽，不調查虛實，他們的主張不值得討論。根據我的實際考察，曹操從北方帶來的軍隊，只有十五萬人，而且已經疲憊不堪；所得劉表的部眾，充其量八萬人，尚且還有疑懼心理。曹操帶著疲勞的軍隊，裹脅三心二意的降卒，數量雖然超過我軍，但是沒有什麼可怕的。給我精兵五萬，就可以打敗曹操，請主公放心。

周瑜請戰，要求領兵五萬破敵，他對曹操軍情的分析是可信的。曹操所帶北方之兵三十萬，留守荊州約佔半數，所以是十五萬，加上荊州新附之眾八萬，曹操用於第一線的兵力二十餘萬。加上後勤支援，即北軍三十萬與十餘萬荊州之眾，總計四十餘萬。

孫權對周瑜說：「你的分析與我的意見相合。張昭、秦松等人貪生怕死，只顧自己。只有你與魯肅主戰，合我的心意，真是上天派你們來輔助我。五萬精兵一下子難以調集，兵貴神速，現在有三萬精兵待命，船糧齊備，你率領為前鋒，我隨後率大軍做後盾。」任命周瑜為左都督，全軍統帥；程普為右都督，全軍副帥；魯肅為參軍，助劃方略。呂蒙、黃蓋、周泰、甘寧、凌統、呂範，各統本部，皆隸周瑜調遣。

駐軍樊口的劉備，得知曹操大軍順流而東，心中非常焦急，每天派人在江邊巡邏，盼望孫權援軍西上。一日，周瑜戰船溯江而來，巡兵飛報劉備。劉備喜出望外，立即派人慰勞，邀請周瑜上岸會談。周瑜說：「軍務在身，不可離開崗位。劉豫州若能屈駕到船上，非常歡迎。」劉備對關羽和張飛說：「周瑜擺架子，現在是我們求救於江東，為了同盟，我就走一趟吧！」

劉備乘坐一艘小船去拜見周瑜，向周瑜表示敬意。劉備說：「孫劉聯盟抗曹，是最好的策略。將軍帶了多少兵馬？」周瑜說：「三萬人。」劉備說：「可惜少了一點。」周瑜說：「這樣已經足夠了，請劉豫州聽我的捷報吧！」劉備敬服周瑜的膽氣，但是還有疑慮，不相信三萬人可以打敗曹操。他讓關羽和張飛帶兩千人協同周瑜作戰，兩萬荊州兵掌握在自己手裡。周瑜也不想讓劉備分功，並不在意。

赤壁之戰以後，孫權率領十萬大軍攻合肥，但是他只給周瑜三萬精兵。當時，東吳諸將所領本部兵馬，一般數百人，多者兩千人，周瑜本部兵馬只有兩千。臨陣卻敵，委任大督，諸將聽其節制。夷陵之戰，陸遜統兵五萬，這是比較多的。孫權自統大軍，以防尾大不掉。所以，聯軍方面的總兵力，江東之眾十餘萬，劉備荊州之兵兩萬，共計十五萬，約為曹操兵力之半。聯軍第一線為周瑜，劉備在樊口為第二線，孫權在柴桑為第三線，聯軍布置縱深防線。就這樣，孫劉結盟打破曹操不戰而下江東的美夢，一場決定歷史命運的南北會戰拉開序幕。

東借荊州

赤壁之戰的過程，在本書第七章「吳大帝孫權」詳述，這裡評說赤壁之戰以後，劉備借荊州的故事。

赤壁之戰，在軍事上是孫曹決戰，在政治上是曹劉決戰。曹孫劉三方的史料記載，對於這次戰役的主客形勢基本一致。魏國史料，《三國志・武帝紀》記載：「公（曹操）至赤壁，與備戰，不利。備遂有荊州江南諸郡。」蜀國史料，《先主傳》記載：「先主（劉備）遣諸葛亮自結於孫權，權遣周瑜、程普等水軍數萬，與先主並力，與曹公戰於赤壁。」吳國史料，《吳主傳》記載：「瑜（周瑜）、普（程普）為左右督，各領萬人，與備俱進，遇於赤壁，大破曹公軍。」陳壽寫三國史，並稱為《三國志》，說明他把曹孫劉三方史料綜合以後，按照國別史的寫法以存真，因此有「與備戰」、「並力」、「與備俱進」的不同說法，正是這些不同的記載，更明確反映赤壁之戰的主客形勢，三方皆承認曹劉之戰。因為諸葛亮渡江與孫權談判，是以鼎足之形為先決條件。也就是說，要孫權承認劉備是荊州的主人，打敗曹操，荊州歸劉備。劉備是向孫權同盟借兵抗拒曹操，而且赤壁也在荊州境內，所以說「與備戰」，孫劉結盟，則稱「並力」、「俱進」。鼎立之形，也是魯肅的主張，孫權採納了。魯肅從全局態勢出發，認為江東之眾無法獨立對抗曹操，極力主張孫劉結盟。周瑜不這樣認為，他夢寐以求的是全據長江，不承認劉備是荊州的主人，認為江東之眾可以獨立對抗曹操。所以赤壁之戰，周瑜不讓劉備全力參戰，劉備也樂得保存實力，只派關羽和張飛帶領兩千人協助周瑜作戰。赤壁之戰以後，周瑜獨立西上爭江陵，讓劉備去收拾江南四郡。周瑜攻下南郡，不交給劉備，要作為西進巴蜀的基地，同時隔斷劉備與曹操的接觸，以便控制劉備，只讓他當一個配角。劉備只佔有荊州江南四郡：武陵、零陵、長沙、桂陽，周瑜允許劉備駐屯公安。

荊州七郡，江北有南陽、南郡、江夏三郡。赤壁之戰時期，江夏在劉備控制的劉琦手中，周瑜西進，劉備把它讓出來。江夏郡的北部被曹操佔領，南陽、南郡在曹軍手中。曹操北還，留曹仁、徐晃鎮守江陵，周瑜乘戰勝之威，率兵數萬攻打江陵，與曹仁展開決戰。江陵城池堅固，糧食充足，曹仁英勇善戰，周瑜幾次攻堅均未破城。有一次，周瑜到前線視察，被流矢射傷右脅，伏鞍還營。曹仁趁勢叫陣，多次向吳軍挑戰。周瑜忍著傷痛，巡視各營，激勵將士，穩定軍心。曹仁見周瑜防衛森嚴，領兵退入城中，閉門

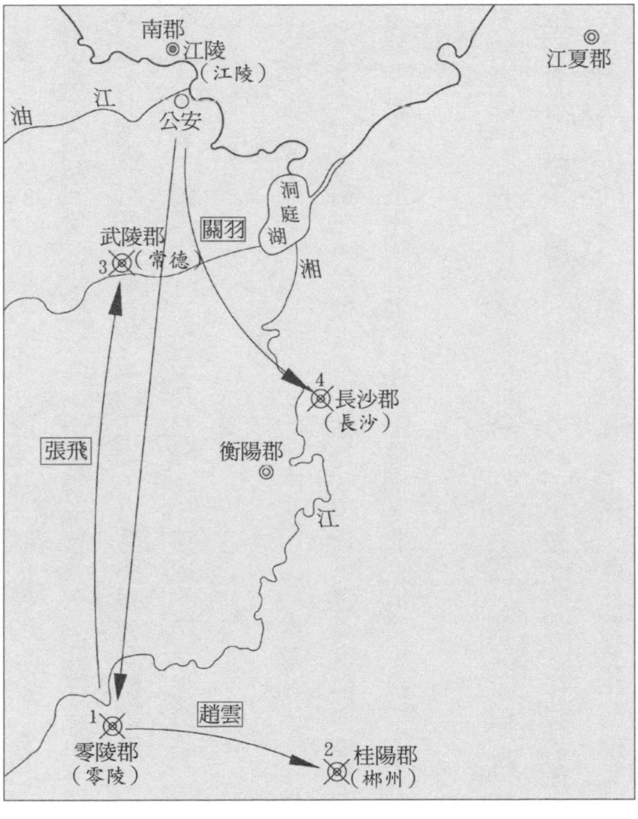

劉備征荊州四郡

堅守。周瑜無力正面突破，採納甘寧的計策，西上攻取夷陵，江陵成為一座孤懸的城池，曹仁堅守一年多，不得不放棄北撤，把戰略重鎮收縮到襄樊。這樣一來，南郡為孫曹共有，北部重鎮襄樊被曹操佔領，南部重鎮江陵被周瑜佔領。吳軍經過如此艱苦得來的江陵，自然不肯輕易給劉備。孫權署周瑜為南郡太守，程普為江夏太守，呂範為彭澤太守，呂蒙為當陽令。江東的精兵強將駐屯在沿江中游一帶，隨時待命。

劉備攻佔江南四郡以後，表舉劉琦為荊州刺史，這是很高明的策略，可以收攬荊州人心，也使得孫權無話可說，真是一箭雙鵰。不久，劉琦病死，孫權表舉劉備為荊州牧，劉備表舉孫權為徐州牧，這是一種互相承認，同時暗示勢力劃分，荊州歸劉備，徐州歸孫權。北上抗曹，孫權的方向應該是徐州，但是周瑜不把江陵交給劉備。

劉備領荊州牧以後，以諸葛亮為軍師中郎將，使督零陵、桂陽、長沙三郡，調其賦稅，以充軍實。劉備有立足之地，荊州士眾依歸者日益增多。龐統、黃忠、馬良、馬謖、蔣琬、費禕、董允、陳震等人，先後投歸劉備，後來成為蜀漢政權的中堅人物。劉備聲名遠播，廬江雷緒率部曲數萬人歸服，給孫權很大震動。孫權為了加固同盟，把妹妹嫁給劉備。婚姻外交是孫權的慣用伎倆，為了政治大局，劉備同意這門親事。

西元二一一年初，劉備為了擺脫被周瑜鎖困的處境，以大無畏的勇敢精神，闖入虎穴，到京口向孫權借荊州。諸葛亮苦勸劉備不要東行，認為風險太大。劉備認為，孫權在合肥作戰，接連失利，孫吳要在長江北岸建立防線，必須借重自己牽制曹操，「故決意不疑」，料定東行有驚無險，以探親為名，前往東吳。

諸葛亮擔心，周瑜等人會設置陷阱。真是如此，周瑜上疏孫權：「劉備是一個英雄，又有關羽和張飛這樣的熊虎之將為輔，不會長久屈人之下，最好把他軟禁在東吳，給他高官和宮室，多置美女玩好，讓他無話可說，用這個方法把劉備與關羽和張飛分開，各處一方。這樣一來，我可以指揮關羽和張飛效命疆場，完成大業。如果割讓土地給劉備，讓他們三個人在一起，就像蛟龍得到雲雨一樣，不會安心在池中。」呂範也上書孫權，請他扣留劉備。孫權詢問魯肅意見，魯肅不同意，對孫權說：「周瑜和呂範的計謀不可行。將軍雖然英明武略，但是曹操力量太強大，應該把荊州借給劉備，多一個曹操的敵人，也是給自己多一個朋友，這樣才是上策。」孫權再三權衡，感到無法駕馭劉備，如果扣留劉備引起內戰，曹操南下如何抵敵？他採納魯肅的建議，厚待劉備，決定把荊州借給劉備，把禍水引向荊州。這個消息傳到北方，曹操正在寫字，大吃一驚，顏面變色，毛筆掉落於地。可見，借荊州給劉備，確實是一著妙棋，以至於政治經驗豐富的曹操也驚慌失措。

魯肅最早建言孫權奪取荊州，控制長江，這也是孫權集團堅定不移的戰略基點。由於形勢變化，魯肅勸孫權借出荊州，表面上是後退一步，實際上是前進一步。佔領荊州符合孫權集團的最大利益，但是在江東之眾無法獨立抗擊曹操的形勢下，借出荊州也是符合孫權集團的最大利益。曹劉水火不容，劉備又是一個英雄，借出荊州就會分散曹操的注意力，減輕東吳的壓力。這個全局戰略，曹操、劉備、孫權、魯肅、諸葛亮看得很清楚。周瑜、呂範等人不識大體，全局戰略遜人一等。由此可見，江東諸將都是周瑜一般的見識，所以劉備東行，仍然是走鋼索，不是萬全的計謀，也是出於無奈。數年以後，劉備與龐統談論此事，心有餘悸地說：「當時，我的處境艱難，為了生存和發展，只有硬著頭皮東行。」劉備也對左右的人說：「孫權身長腿短，一副凌人架勢，我再也不想見他。」看來劉備東行，是流了幾身冷汗。俗話說：「不入虎穴，焉得虎子。」劉備的冒險，帶來豐碩的成果，孫權答應將用江東健兒的生命和鮮血換來的江陵借給劉備。孫權兌現結盟的諾言，承認劉備為荊州的主人，鼎立形勢初見端倪，所以曹操大驚失色。

《三國演義》描寫劉備到江東，是接受孫權的假招親，喬國老作合，弄假成真。趙雲護送劉備，按照諸葛亮的錦囊妙計，劉備脫險回到荊州，周瑜賠了夫人又折兵，這些情節都是小說家的藝術虛構。孫尚香在西元二〇九年出嫁，劉備在西元二一〇年入吳。劉備以送夫人回娘家省親為由，向國舅孫權借荊州，諸葛亮認為是一著險棋，劉備冒難而行，顯示一個梟雄的氣概。

孫尚香才貌出眾，個性剛強，有男子氣概，尚武好兵，訓練一群女戰士，是三國時代的花木蘭。孫尚香到了公安，帶了一百多個女護衛，出入環侍左右。久經沙場的劉備，看見這個陣勢，十分敬畏夫人，害怕生變於肘腋之間，於是以趙雲為留營司馬，監視孫尚香。當時，孫尚香是一個二十來歲的

鎮江甘露寺山門

妙齡女子，劉備已經年過半百。兩人說不上有什麼恩愛，完全是一場政治聯姻。孫尚香為了孫劉聯盟，奉獻自己的青春。

孫劉聯姻兩年以後，西元二一一年，孫權討伐荊州，召回孫尚香。十三年以後，西元二二二年，吳蜀夷陵之戰，劉備兵敗，死在白帝城，傳說孫尚香在吳國聞訊，悲痛地在蕪湖投江而死。這位巾幗英雄，對國家盡忠，對丈夫盡節，是一個德義雙全的女子，她的婚姻卻是一場悲劇。京劇《龍鳳呈祥》慶賀劉備得人得地，孫尚香美女配英雄，是大吉大利的喜劇。民間富室堂會、節日喜慶，總是上演《龍鳳呈祥》助慶，以示圓滿之兆。原來，這個喜慶背後的故事，有多少辛酸淚。這對政治婚姻龍鳳配，對雙方都是一場悲劇。

但是周瑜不執行孫權對劉備的許諾，他生出一計，整頓軍馬西取益州，這樣一來，南郡作為後勤基地，暫時不給劉備，劉備也無話可說。好像天意在安排三分似的，周瑜不幸病逝巴丘，孫權的西征只好作罷。然後，魯肅接替周瑜為荊州都督，魯肅踐約，把南郡給劉備。所謂劉備借荊州，實際上是借南郡江陵。劉備打的旗號是北進襄陽，骨子裡卻是等待時機西取巴蜀。

劉備借得荊州，取得鼎足的權利，就希望繼續擴展勢力，實現隆中路線確定的目標，跨有荊、益，事業的開拓出現前所未有的轉機。然而，孫權是「借」荊州給劉備，還保留所有權，目的是實現全據長江，前據襄陽，爭衡中原。因此，荊州成為孫劉兩家聯合又爭奪的契機，彼此戰略無法相容，衝突在暗中潛伏。曹操也看出這一點，在赤壁嘗到孫劉聯盟的苦頭，於是轉而挑撥孫劉，企圖分化和瓦解這個聯盟。

西元二〇九年，也就是赤壁之戰以後的第二年，曹操派九江人蔣幹前往江陵，遊說周瑜北向。蔣幹，字子翼，能言善辯，是江淮之間的知名人士，與周瑜又是舊交。蔣幹拜訪，周瑜知道他的來意，搶先封住蔣幹的嘴，迎面對蔣幹說：「子翼，你遠來辛苦，大概是無事不登門，為曹操做說客吧？」蔣幹沒想到老朋友如此單刀直入，開不得口，只好說：「我們是同鄉，特來對你的赤壁大捷賀喜，怎麼還沒有進門就下逐客令？」周瑜哈哈大笑說：「我和你開個玩笑，你絕對不會為曹操做卑賤的說客。」於是敘說闊別，設宴賦詩，只談友情與家常，絕對不談軍國大事。周瑜隆重款待蔣幹三天，請他參觀軍械府庫，顯示自己的尊榮與江東的實力。周瑜對蔣幹說：「大丈夫處世，遇到知遇的明主，外托君臣之義，內結骨肉之恩，言聽計從，禍福與共。在這種情況下，即使蘇秦、張儀再生，酈食其復出，也不可能說得動我，哪裡是你可以辦得到的？」蔣幹聽了，無言以對，只好回去報告曹操，稱讚周瑜氣度不凡，識大體，不是功名利祿可以離間的。曹操聽了，只能默不作聲。

但是曹操不死心，又生一計，寫信給孫權，宣稱赤壁之戰，因為北軍有疾病，是他「燒船自退，讓周瑜獲得虛名」，用以貶低周瑜，挑撥江東的君臣關係。

西元二一一年，曹操命文章高手阮瑀寫信給孫權，信中敘舊，提到孫曹之間的姻親關係，應該加深感情。赤壁之戰，受人挑撥，彼此應該忘懷。曹操希望孫權內去張昭，外擊劉備，恢復友好關係，這樣就承認孫權擁有大江以南的全部土地。

與此同時，曹操又請阮瑀代筆寫信給劉備，「推心置腹」敘述交情，還送五斤丁香給諸葛亮。

曹操這樣做，目的只有一個，就是瓦解孫劉聯盟。由於形勢所逼，孫權需要鞏固長江北岸防務，進軍淮南；劉備要站穩腳步，取得生存空間，所以孫劉聯盟進入蜜月期。孫權借地給劉備，打破曹操挑撥離間的幻想。曹操雖然沒有達到瓦解聯盟的目的，但是他極為重視孫劉聯盟，不再重蹈赤壁之戰的覆轍，是非常明智的。

西取巴蜀

巴蜀，即巴郡、蜀郡，為今四川及雲貴地區，土地肥沃，物產豐富，有「天府之國」的稱譽。西元一八八年，漢朝宗室劉焉出任益州牧。劉焉見天下將亂，志在割據益州，所以帶了很多親戚故舊入蜀，又把由南陽和長安一帶進入益州的流民收編成軍隊，號稱「東州兵」，作為主要力量，用以對抗益州土著地主集團。劉焉為了建立自己的威信，找藉口殺了益州豪強王咸、李權等十餘人，激起犍為太守任岐和豪強土著賈龍的武裝反抗。結果，劉焉取得勝利，站穩腳步。但是客籍地主與益州土著地主之間，衝突仍然十分尖銳。

西元一九四年，劉焉病死，其子劉璋繼任益州牧。劉璋「性寬柔無威略」，豪強肆恣，小民怨憤。劉璋也不能用賢，別駕張松、軍議校尉法正等智慧之士，思得明君，投向劉備的懷抱。

西元二〇八年，曹操南下荊州，劉璋不斷派出使者向曹操表示歸附。張松是第三批使者，到荊州慶賀曹操的勝利。由於張松個子矮，貌不驚人，曹操沒有禮遇他。曹操丞相府主簿楊修是一個博學之士，聽說張松很有才學，想要一睹風采，於是接待他。楊修初見的時候，也有輕視之意。在談吐之間，張松不俗，楊修開始敬重他。他把曹操寫的《孫子兵法注》拿給張松看，張松在宴會上邊吃邊看，過目不忘，宴會席散，張松也看完兵書。他把書闔上，一字不差地背誦下來，使得楊修更是刮目相看。楊修向曹操讚譽張松的才學，曹操仍然不肯錄用。張松一氣之下去見劉備，受到熱情款待。張松回到益州，竭力勸劉璋拒絕曹操而結納劉備。曹操從赤壁敗還以後，劉璋正式斷絕與曹操的往來。不久，劉備阻攔孫權伐蜀，劉璋更為感激，張松趁勢勸劉璋延請劉備入蜀北伐張魯。劉璋問誰可以出使荊州，張松推薦密友法正、孟達兩人。兩人到荊州，與劉備一見如故，並且定下君臣之分。法正向劉備報告益州虛實、府庫錢糧、人馬兵器等情報，還畫出益州地圖獻給劉備。劉備讓法正回益州覆命，將孟達留下來。後來，劉備入蜀，委派孟達出任宜都太守。

法正回到成都，與張松傾心相結，密謀迎接劉備入蜀。西元二一一年，張松藉由曹操進兵關中的時機，勸劉璋派法正迎請劉備入蜀，鞏固益州防衛。劉璋採納張松的建議，派法正領兵四千迎請劉備。益州主簿黃權諫阻，認為劉備入蜀，將會造成益州累卵之危。劉璋不聽，把黃權貶出成都為廣漢縣長。益州從事王累直陳劉璋「引狼入室」，把自己倒吊在州府門口，以死諫諍，劉璋還是不聽。法正到了荊州，見劉備軍容整肅，勸說劉備趁機佔據益州，建立基業，龐統也勸劉備。劉備十分高興，以龐統為軍師，親自領兵數萬，向益州進發。荊州重鎮為後勤基地，留下諸葛亮主持政務，關羽、張飛、趙雲等大將也留守荊州待命。

劉備入蜀，劉璋帶兵迎接，兩人相會於涪城（今四川綿陽），龐統勸劉備在宴會時擒拿劉璋，可以不用爭戰交鋒，唾手得一州。劉備認為這樣太失道義，斷然拒絕。龐統又獻上中下三策：上策是出其不意輕進取成都；中策是詐稱還救孫權，向劉璋借兵借糧，劉璋不借，名正言順討伐；下策是退還白帝城，引荊州之援，徐圖進取。劉備取中策，等待時機。劉備與劉璋歡宴百餘日，帶兵北上攻張魯。劉璋給劉備荊州軍補充許多物資，又派大將楊懷、高沛統領白水軍隸屬劉備指揮。劉備到達葭萌關（在今廣元西南）停兵不前，在川北一帶「厚樹恩德，以結眾心」，培植根基。

西元二一二年十月，曹操進兵江北，與孫權戰濡須，劉備認為實施奪取益州的時機到來，於是寫信給劉璋，要求回師荊州。信中說：「曹操征吳，孫權危在旦夕。我與孫將軍唇齒相依。樂進與關羽相拒，荊州兵力微弱，如果不回師救援，一旦荊州失守，益州危害更大。漢中張魯只是自守之賊，不足擔憂。」信中向劉璋借兵一萬，以及相應軍資糧草。劉璋很不高興，但是無可奈何，只借兵四千，糧草軍資給半數。劉備藉此動員全軍，宣布劉璋不義，薄待同盟，決定進兵成都，十二月從葭萌關還軍攻劉璋。

這時，作為劉備內應的張松，不知劉備藉口東行是用計，寫信給劉備：「如今大事唾手可成，為何放過這個機會遠走？」信還沒有發，被張松的哥哥廣漢太守張肅發現，張肅向劉璋告密，劉璋誅殺張松，並且發下公文，敕令各關口加強戒備，不再聽命於劉備。劉備探知消息，搶先召見白水關楊懷、高沛二將，指責他們待客無禮，立即軍法處斬。就這樣，劉備不戰進入白水關，收編蜀軍，長驅南下，佔據涪城。

劉璋組織力量在綿竹一帶阻擊劉備，兩軍相持一年多。蜀軍吳懿、李嚴、費觀相繼率部投降，劉備軍勢更盛，但是一時無法勝利，蜀將劉璝、冷苞、張任、鄧賢進行頑強抵抗。西元二一四年五月，劉備攻圍雒城（今四川廣漢），軍師龐統不幸被流矢所中身亡，劉備失去一隻臂膀，然後兵圍成都。這時，諸葛亮與張飛、趙雲率荊州援軍趕到，兩軍會師成都，劉璋投降，劉備取得益州。西元二一四年六月，劉備攻打成都，許諾城破之日，府庫財物任由自取。劉備進入成都，錢糧寶物被士兵搶光，得到一座空城，十分憂心。劉備諮問劉巴，劉巴說：「趕快鑄造一枚值百錢的新幣，定出物價，令各官府部門收購物資。」劉備採納這個建議，數月之後，府庫重新充實。益州安定以後，許多人主張把成都城內外的土地房屋分配給諸將，趙雲提出反對意見。他認為，現在國賊禍亂漢室，不可追求安樂。等到天下安定，諸將再各回本土，安家立業。現在應該把土地房屋歸還給本土人民，讓他們安居樂業，然後徵調賦稅。這樣一來，既可以得民心，又可以滿足財政軍備的需要。趙雲這番話很有政治遠見，劉備採納了，把土地房屋歸還給益州土著士民，著手蜀漢政權的建設。

劉備取蜀，自稱益州牧。追隨劉備的文臣武將，以荊州人士為核心，他們反客為主，成為蜀漢政權的中堅。諸葛亮、關羽、張飛、趙雲、麋竺、簡雍、黃忠、魏延、馬良、馬謖都委以重任，諸葛亮為軍師。劉璋舊部董和、黃權、李嚴、吳懿、費觀，土著法正、張裔、彭羕均給以顯爵。這樣一來，劉備的荊州集團、劉璋的東州集團、蜀中土著豪強，三者取得相對的平衡，蜀漢初建形成欣欣向榮的氣象。用今天的話來說，劉備很重視統一戰線的建設。黃權曾經反對劉璋迎請劉備，又在廣漢堅守抗擊劉備，劉備不僅不追究，還任命黃權為偏將軍。劉巴，字子初，荊州零陵人，一直不與劉備合作。劉備征討荊州江南諸郡，劉巴為曹操招降長沙、零陵、桂陽三郡。諸葛亮寫信招撫他，他不聽從，輾轉流寓入蜀投效劉璋。劉備圍成都，特地下達一條軍令：「誰敢謀害劉巴，誅滅三族。」成都攻破，劉巴謝罪，劉備也委以重任。

劉備透過兼顧各方的人事安排，緩和主客之間的衝突，蜀漢政權初步穩定下來，只是劉備尚未稱王稱帝。

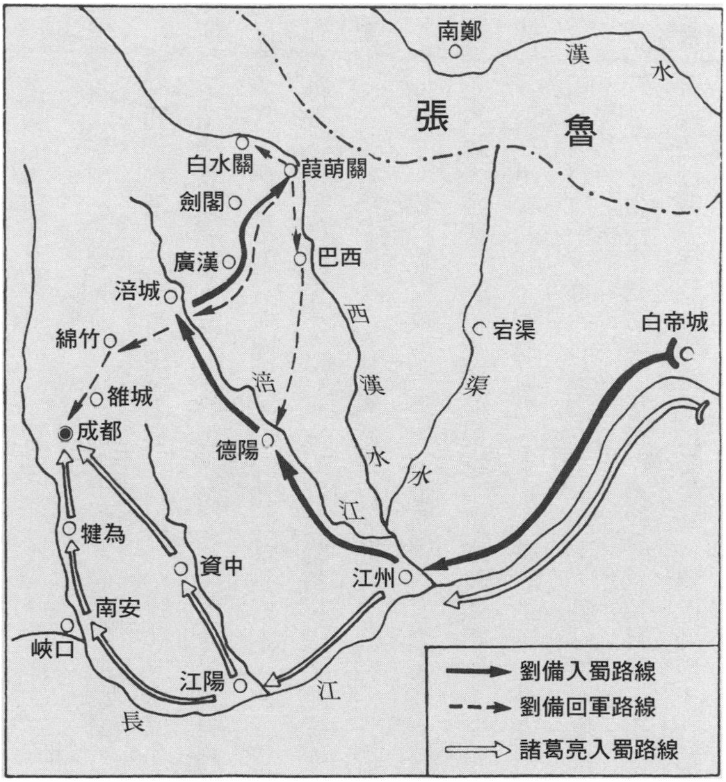

劉備取蜀

南爭江南

孫權得知劉備取得益州，氣憤地對左右說：「這個狡猾的強盜，欺詐到我的頭上。」這時，孫權攻克淮南皖城，曹操舉十萬之眾與孫權相爭，無功退回。孫權鞏固江北防線，決定西進，與劉備交涉荊州。

西元二一〇年，周瑜整頓眾兵想要西取益州，不幸病逝巴丘。魯肅主事，借南郡給劉備。孫權自認為有恩於劉備，於西元二一一年遣使通告劉備，欲聯合西取巴蜀，這是一個難題。劉備如果答應孫權的要求，自己將為前部，孫權必定順勢取回荊州，豈不是前功盡棄。荊州主簿殷觀給劉備出了一個好主意，解脫困境。那就是：劉備答應與孫權合兵取巴蜀，同時藉口荊州新定，內部不穩，時機還不成熟，孫權不敢越過荊州孤軍征蜀。但是孫權也不示弱，立即提上議事日程，派孫瑜率領大軍西進，駐屯到夏口。孫權致書劉備：「張魯稱王漢中，為曹操做耳目，圖謀奪取益州。劉璋不能自守，如果讓曹操取得蜀地，荊州就危險了。我打算先攻取劉璋，再進討張魯，讓長江一線首尾相連，即使有十個曹操也不怕。」劉備不答應，回答：「益州地險民富，劉璋雖然暗弱，還是有能力守衛。張魯兩面討好，不效忠於曹操。現在用兵蜀漢，轉運萬里，未必可以取勝。如果失利，曹操趁機南下，應該怎麼辦？我們同盟之間，不要自相攻打。」孫瑜率水軍西上，劉備不准過境，派關羽守江陵，張飛屯秭歸，諸葛亮守南郡公安，自己坐鎮孱陵。孫權不得已，召還孫瑜，這是西元二一一年正月發生的事件。同年八月，曹操西征關中馬超、韓遂，馬韓失敗，韓遂西走，馬超南奔張魯。劉璋聽說劉備阻擋孫權西進，十分感激，於是採納張松建議，請劉備入蜀。劉備援助同宗，北討張魯，孫權也無話可說。孫權心中不平，遣使迎接妹妹（劉備夫人）歸吳。孫夫人攜劉備之子劉禪還吳，企圖為人質。張飛、趙雲勒兵截江，奪回劉禪，孫劉衝突展開暗中爭鬥。三年以後，劉備用武力奪取益州，孫權怎能不憤怒。

西元二一五年五月，孫權派諸葛瑾向劉備索求荊州江南三郡，劉備不答應：「我正要進兵涼州，等到涼州平定以後，我把荊州全部還給江東。」孫權說：「這是賴帳，用空話拖延時間。」孫權先禮後兵，決定用武力奪取，為了師出有名，先派出江南三郡的地方行政長官。關羽不承認，全部驅趕出境。孫權隨後進兵，派呂蒙為都督，發兵兩萬奪取江南三郡。呂蒙致書三郡長官，陳說道理，分析利害，長沙、桂陽兩郡不戰投降，零陵郡太守郝普（字子太）堅守不降。這時，劉備親率五萬大軍出蜀，坐鎮公安，派關羽統兵南下益陽，與呂蒙爭江南三郡。孫權進駐陸口指揮，派魯肅領兵一萬抵抗關羽，並且急召呂蒙放棄零陵，還軍支援魯肅。呂蒙不肯放棄零陵，急中生智，要在一夜之間奪取。呂蒙不宣布撤軍，而是下達戰鬥動員令，令全軍做好攻城準備。同時，他找來郝普的好友鄧玄之入城勸降。呂蒙對鄧玄之說：「郝普想要做一個忠義之士，精神可嘉，但是他不識時務。現在左將軍劉備陷在漢中，關羽駐屯在南郡，我方至尊孫權親統大軍在後，我明日就要攻城，劉備和關羽無法救得零陵。你是郝普的好友，勸他不要固執，想想百歲老母的命運，不要城破之後，綁赴法場。」郝普信以為真，感到外救無望，開門出降。呂蒙立即發令攻城，軍隊開赴益陽。呂蒙把孫權給他的撤軍書信給郝普看，郝普才知劉備在公安，關羽在益陽，後悔得只想往地縫裡鑽。

魯肅在益陽與關羽對陣，他從同盟大局出發，寫信給關羽要求會談。關羽要魯肅前往，魯肅慨然允諾。東吳諸將恐生不測，阻止魯肅。魯肅說：「今天的事情，應該開導關羽和平解決。劉備對不起江東，是非鮮明，料想關羽不會亂來。」《三國演義》第六十六回描寫關羽單刀赴會，正好相反，用以刻畫關羽的勇武，把魯肅寫成一個懦夫。其實益陽會談，魯肅才是錚錚男子，挽救同盟。

魯肅責備關羽，江東借荊州給劉備，現在只是索討江南三郡也不給，於理為虧。關羽說：「烏林鏖戰，左將軍親臨戰陣，共同努力破敵，我們不是平白無故得到荊州，為何來討取？」魯肅說：「話不能這樣說。當時，劉豫州兵敗長坂，沒有剩下幾個人，走投無路，打算遠逃，哪裡想到有荊州？我主孫權同情劉備，借兵借地讓他有本錢，不料劉備損害道義，破壞交情。現在他得到西川，還想要佔住荊州，即使是一個平常人也不應該這樣做，何況是一個要做大事的人？我聽說，貪得無厭的人，一定會遭禍。關將軍身負重任，不用大義扶持劉備，反而用弱小軍力來爭鬥，無理又無力，後果不堪設想。」關羽無言以對。

鷸蚌相爭，漁翁得利。劉備五月率軍下公安，曹操七月兵進漢中，蜀中一日數十驚。劉備害怕益州有失，與孫權求和，魯肅力主和議。孫劉雙方以湘水為界中分荊州，長沙、桂陽、江夏三郡屬江東，南郡、零陵、武陵三郡屬劉備。孫權做出讓步，將零陵郡歸還劉備。

孫劉聯盟，為了共同抗禦強敵曹操，但是兩家的利益衝突不可調和。眼看就要打仗，由於曹操兵進漢中，又迫使兩家握手言和。曹操奪取漢中以後，分兵攻下益州巴郡，劉備又遠在公安，所以成都一日數十驚，紛紛傳言曹軍來了。諸葛亮鎮守成都，以造謠罪誅殺驚變的帶頭者，也無法制止人心浮動。曹操謀士司馬懿進言：「劉備用詐奪取劉璋的益州，蜀人尚未心服，他又遠在荊州。現在我們佔有漢中，益州震動，如果進兵，必定瓦解。」主簿劉曄也說：「現在乘勝進兵，一定可以取蜀。如果遲遲不動，等到蜀民安定，據險守要，就會很難攻打。」這時，曹操卻犯下遲疑的錯誤，他冒進赤壁戰敗，仍然心有餘悸，自我解嘲地說：「人心不足，得隴望蜀。」他拒絕謀士的建議，留夏侯淵與張郃守漢中，大軍撤回。曹操並非不想得蜀，他顧慮後方不穩，害怕進兵逼使孫劉結盟更緊密，劉備回西川，孫權犯淮南，與其孫劉結盟，不如挑動孫劉相攻，於是緩進益州，他的顧慮也是有道理。但是曹操仍然沒有把握時機，孫劉未動干戈，他兵進漢中，失之於早；佔有漢中，不長驅入蜀，失之於怯。孫劉兩家還是攜手，劉備掉頭回川，孫權兵進合肥。

從全局看，劉備用武力爭江南三郡是失策的，失去爭漢中的最好時機，後來費盡力氣，只得

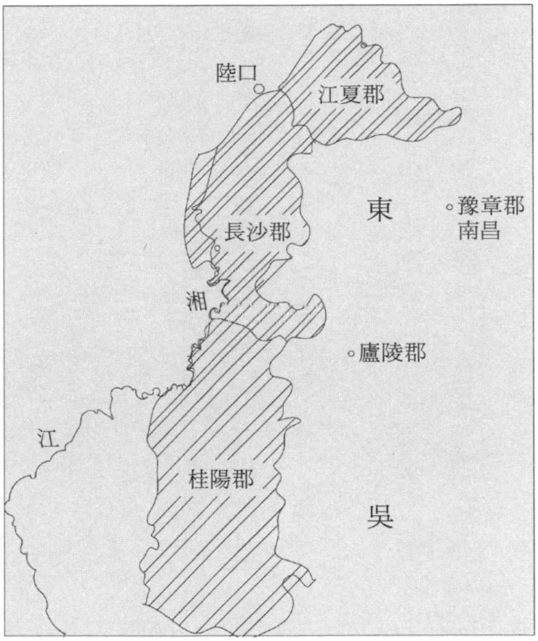

三分荊州，孫權得三郡

其地而不得其民。蜀人廖立提出批評，對蔣琬說：「先帝不取漢中，與吳人爭奪江南三郡，最終還是把三郡割給吳人，浪費兵力，無功而還。失去漢中，使夏侯淵、張郃深入巴郡，險些失去益州。後來又去爭漢中，導致關羽失荊州，片甲不存，又失去上庸，損失半個天下。」廖立的批評相當精彩。劉備爭江南三郡，腹背受敵，假如不是孫權讓步，益州肯定不保。孫權也不是大發慈悲，他從全局考慮，如果劉備失去益州，一定遷怒於吳，以荊州之眾全力攻吳，曹操趁機南下，就是自己腹背受敵。孫權見好就收，得到江南長沙、桂陽兩郡，讓劉備返回西川牽制曹操，他的戰略更靈活。吳蜀衝突暫時凍結，但是沒有消失，將會在適當時候更激烈有力地爆發出來。

北併漢中

漢中郡在今陝南，古屬益州，郡治南鄭，即今漢中市。漢中四周環山，中間漢水穿過，形成一個盆地，土地肥沃，物產豐富，是曹操與劉備必爭的戰略要地。漢中是益州的北方要點，進可攻關中，退可守益州。曹操得漢中，使益州無險可守，形成對劉備的直接威脅。漢中是雙方前進的據點，對於劉備來說，更是生死攸關的戰略要地。

割據漢中的是「五斗米道」首領張魯，「五斗米道」與「太平道」一樣，都是原始道教，在漢末傳播，組織農民起義。「五斗米道」的創始人是張魯的祖父張陵，後世稱張天師。信教的人要出五斗米為入教經費，因此稱「五斗米道」。西元一八四年，張角利用「太平道」組織黃巾軍起義。這時，張陵已死，其子張衡為「五斗米道」道長，在漢中率領教徒起義與黃巾軍呼應。張衡死後，張魯繼承基業。他在割據境內交通要道設置「義舍」，供給過往教徒酒食，不用付錢，吃飽為止，「民夷便樂之」。劉焉出鎮益州，籠絡張魯，封他為鎮民中郎將，領漢寧太守，成為一個合法的封建割據者。

漢中封閉，人才不廣，張魯勢單力弱，要擺脫劉璋的控制，必然與益州交惡。由於劉璋懦弱，使得張魯在漢中延命三十餘年，所以曹操進軍，沒有費多大力氣就攻取漢中。張魯不想抵抗，他的弟弟張衛不肯，率眾在陽平關堅守，曹操久攻不下，打算退軍。張魯卻封閉府庫，逃出南鄭。西元二一五年十一月，張魯投降曹操，拜鎮南將軍，封閬中侯。

西元二一八年，益州經過數年休整，士馬精強，法正建言劉備北定漢中：

> 曹操一舉攻克張魯，兵進漢中，但是沒有一鼓作氣圖取巴蜀，只留下夏侯淵、張郃。他們兩人的才能謀略，敵不過我方將帥，如果發兵征討，一定可以取勝。佔有漢中，廣種糧穀，積蓄力量，等待機會，進可討滅曹操，中興漢室；退一步說，可以蠶食雍涼，擴大地盤；最低的收穫，佔據漢中要塞，鞏固益州，與敵人長期相持。這是上天留下的好機會，千萬不可錯過。（《三國志・法正傳》）

劉備得益州，深深感謝法正的輔佐，任命法正為蜀郡太守、揚武將軍，外掌成都京畿治安，內為謀主，言聽計從。法正建言北定漢中，正合劉備心意。劉備親率諸將往討，以法正為謀主，張飛為先鋒。諸葛亮留鎮成都，主持政務，供給軍資。曹操聞訊，坐鎮長安，調兵遣將。曹劉漢中之戰，正式展開。

劉備分遣將軍吳蘭、雷銅進入武都為側翼，兩將全軍覆沒。劉備大軍駐屯陽平關，夏侯淵憑險據守，爭戰一年多，劉備終於渡過河水，沿山步步推進，西元二一九年春，進逼定軍山。定軍山在今陝西勉縣東南，地勢險要，是漢中西面的門戶，如果丟失，漢中不保。夏侯淵親臨戰陣，藉山勢建起堅固營壘，在營壘四周圍起鹿角柵欄，自認為固若金湯，堅守不出，與蜀軍打陣地戰。

夏侯淵，字妙才，夏侯惇的族弟，是曹軍中有名的驍將。夏侯淵在關西敗馬超、擒宋建，蕩平關右，名聲很大。曹操稱讚他「虎步關右，所向無前」，所以選拔他為漢中督。但是夏侯淵有勇無謀，留下張郃為助手。劉備先

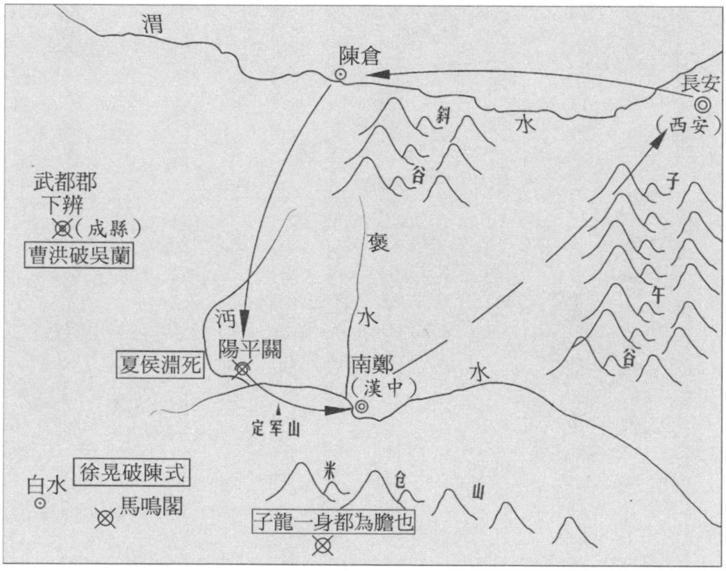

劉備北定漢中

鋒是老將黃忠。黃忠，字漢升，南陽人，曾經出任劉表中郎將。曹操得荊州，拜黃忠為裨將軍，輔助長沙太守韓玄。劉備定荊州江南四郡，攻下長沙，收服黃忠。劉備入蜀，黃忠經常為先鋒，身先士卒，陷陣登城，勇冠三軍。劉備得蜀，封黃忠為討虜將軍。劉備派黃忠爭定軍山，夏侯淵、黃忠兩員虎將相鬥，這場戰鬥異常激烈。

蜀軍圍困定軍山，劉備用法正計謀，步步為營，四面緊逼，出沒無常，聲東擊西。在一個漆黑夜晚，蜀軍偷襲曹軍營寨，放火燒鹿角，夏侯淵分兵補修鹿角，張郃在東面，自己在南面。劉備集中兵力攻擊東面，張郃支撐不住，夏侯淵分南面之兵援助張郃。黃忠率領精銳攻擊夏侯淵，夏侯淵不敵，臨陣戰死。蜀軍奪取定軍山，劉備升任黃忠為征西將軍。

曹操留夏侯淵鎮漢中，擔心他逞勇寡謀，要出大事。曹操留張郃為輔，告誡夏侯淵不要蠻幹恃勇。夏侯淵沒有領悟到曹操的勸誡，果然在定軍山逞勇敗亡。幸虧張郃智勇雙全，沉穩收拾散卒，退守陽平關，撫慰將士，固守待援，阻擋劉備的乘勝推進。

曹操在長安得知夏侯淵戰死，大為震驚，親自督軍從長安出斜谷，直奔陽平關前線。劉備一方是得勝之軍，曹操一方投入生力軍，數量也多於蜀軍。劉備對諸將說：「我軍已得漢中，曹操親自來爭，也是無能為力，漢中必然歸我所有。」曹軍後勤線太長，千里轉輸不能持久。劉備抓住曹軍的弱點，堅守險要，不與曹操主力決戰，派黃忠、趙雲抄劫曹軍糧道。一日，曹軍運糧來至北山，黃忠領兵劫糧，趙雲為後援。中途，趙雲與曹操大軍遭遇，且戰且退回到營壘。敵眾我寡，趙雲下令大開寨門，偃旗息鼓，令弓弩手埋伏寨外壕中。曹軍逼近寨門，見蜀軍不守寨牆，不鳴金鼓，趙雲單槍匹馬立於門外，疑有伏兵，不敢進攻，傳令退兵。趙雲見勢，挺槍招展，壕中弓弩齊發，擂鼓震天，虛張聲勢，曹軍不知虛實，驚慌逃走。這是趙雲情急生智使出的真正「空城計」，嚇退曹軍。第二天，劉備率領大軍來到趙雲營寨，察看戰場，細問士兵戰鬥經過，動情地稱讚趙雲：「子龍一身都是膽也。」

曹操在陽平關與劉備相持一個多月，軍中糧食供應匱乏，許多士兵私自逃跑。曹操欲戰不得，欲退不能，舉棋不定。無意中，曹操下達軍隊口令為「雞肋」，全軍將士不知其意。主簿楊修卻整理行裝，做好撤退的準備。眾人驚問楊修為何如此，他說：「魏王下達口令為『雞肋』，意思就是比喻漢中為『雞肋』，丟了可惜，吃起來又沒有多少肉。很明顯，魏王就要退兵了。」過沒幾天，曹操果然下達撤軍命令，放棄漢中，回到長安。

楊修識破曹操口令機密，並且把它宣揚出來，曹操十分惱怒。後來，楊修交結曹植，捲入曹操立嗣之爭，曹丕太子地位鞏固以後，曹操疏遠曹植，懲治朋黨，誅殺楊修。

曹操退出漢中，把漢中西面的武都、陰平二郡氐人五萬餘戶遷入關中。武都、陰平二郡遮罩漢中，後來諸葛亮北伐，奪取武都、陰平二郡。西元二一五年，曹操攻佔漢中，已經做好準備，預料

曹操入漢中在褒斜棧道所書「衮雪」拓片

劉備會全力爭漢中，把漢中之民遷到關中。因此劉備攻取漢中，只是一塊空地，無法在短時間建成進攻曹魏的前線基地。諸葛亮北伐，經常苦於糧餉無法供應，只好令軍士屯田漢中，花費很大力氣，收效甚微。曹操的戰略眼光，確實高人一籌。劉備與曹操在漢中相持，為了牽制曹操的力量，命關羽北伐襄陽。劉備取得漢中之戰的勝利，關羽也在襄陽頻頻告捷。曹操退兵，劉備擴大戰果，派劉封從漢中東出進攻上庸（今湖北竹山西南），又命令駐守宜都的孟達從秭歸北上，攻取房陵（今湖北房縣），劉封、孟達兩軍在上庸會師。如果關羽攻下襄陽，漢中、上庸、襄陽將會連成一線。蜀軍北伐，漢中之兵出關中，襄陽之兵指宛洛，上庸之兵可以兩邊策應，還可以從武關攻入關中，與漢中之兵成鉗形之勢攻取長安。因此，上庸在三分鼎立的態勢下，是一個重要軍事基地。劉備定漢中，取上庸，軍事勝利達於頂峰。

陝西勉縣古陽平關關樓

西元二一九年七月，劉備在漢中自稱漢中王。

劉備取漢中，得力於孫權在東線發動的合肥之戰。西元二一七年冬，曹操兵出淮南，劉備趁此時機北上漢中。如果沒有孫權在東線吸引和牽制曹軍主力，劉備不僅難以爭漢中，甚至益州也難以確保。相反地，如果沒有劉備在西線打擊曹操，孫權在東線也難以鞏固江北防線。西線的漢中之戰與東線的合肥之戰，雖然遠隔數千里，正好是孫劉聯盟協同的戰鬥。兵多將廣的曹操，一會兒往東，一會兒向西，東跑西顛，顧東無法顧西，疲於奔命，被動挨打。孫劉聯盟從西元二〇八年的赤壁之戰，到西元二一九年的漢中之戰與合肥之戰，十年同盟，生龍活虎，強敵曹操只能來回招架。至此，曹操的席捲四海、一統天下的理想，徹底化為泡影。

建立蜀漢

劉備進位漢中王，全部佔有巴、蜀、漢中之地，加上荊州三郡，可以算是「跨有荊益」。劉備的理想實現一半，而且是重要的一半。「高祖因之以成帝業」，劉備此時的情況卻優於當年的漢王劉邦。劉邦只有一條路線，「明修棧道，暗渡陳倉」；劉備卻可以兩路出擊，荊州北向，秦川東指。只待天下有變，興復漢室，統一中原的大業就有可能實現。就在這個大好形勢下，時局突變，荊州失守，關羽敗亡。劉備從頂峰向下跌落，隆中路線半途夭折。

劉備集團迅速發展，孫權很不高興。荊州在吳國上游，關羽得勢，使孫權有腹背受敵之感。孫權不願意在兩國之間做一個配角，又因為他在合肥受挫，想要把曹操勢力引向劉備，於是掉轉矛頭來爭荊州。曹操吃盡兩線作戰的苦頭，總是想要離間吳蜀。孫曹出於各自的利益，走到交叉點上。曹操利用孫曹聯姻的微妙關係，互相結合。孫劉兩家的荊州爭奪，就在劉備高奏凱歌中，又暗暗地拉開序幕。

劉備在漢中稱王，被勝利沖昏頭腦，與諸葛亮忙於規劃兩路北伐的戰略，缺乏對全局的分析。孫劉結盟，西元二〇八年的聯兵抗曹和西元二一五年的中分荊州，孫權兩次退讓，是著眼於全局的以退為進，劉備與諸葛亮卻視孫權為軟弱。逞強好勝的關羽，更沒有把孫權放在眼裡，北伐襄樊，擅自調用孫權在長沙的儲糧。關羽作繭自縛，已經腹背受敵，可是貪戀勝利不肯撤離，而且把留守江陵的部隊調集前線，使江陵成為一座空城。西元二一九年十二月，呂蒙突襲荊州，關羽全軍覆沒，父子被殺，蜀漢遭到慘重損失。

西元二二〇年十一月，曹丕廢漢獻帝，受禪登上帝位，曹魏正式建立，改年號為黃初。有謠傳宣稱，漢獻帝被殺害，漢中王劉備在成都發布訃告，製作喪服，追謚漢獻帝為孝愍皇帝。國不可一日無君，劉備以興復漢室為己任，在漢獻帝被篡弒的情況下，理應站出來扛起漢室的大旗，為此正式登祚即帝位。

太傅許靖、安漢將軍麋竺、軍師將軍諸葛亮、太常賴恭、光祿勳黃柱、少府王謀上表勸進。表文說：

曹丕篡弒，湮滅漢室，竊據神器，劫迫忠良，酷烈無道，人鬼忿毒，咸思劉氏。今上無天子，海內惶惶，靡所式仰。群下前後上書者八百餘人，希望漢中王早登大位，滿足四方的人心所望。

劉備經過一番謙虛辭讓，四月六日祭天即皇帝位，重建漢朝，建元章武。劉備即位，激勵士氣，振旅東出，企圖重新奪回荊州。蜀漢是在不尋常的氣氛中建立的戰時政府，這個政權動員全國力量發動復仇之戰。劉備四月稱帝，七月大舉親征，群臣勸諫，劉備不聽。翊軍將軍趙雲說：「國賊是曹操，不是孫權。只要先滅魏國，吳國就會歸服。曹操雖然死了，但是他的兒子曹丕篡國，要趁現在人心思漢，及早圖取關中，佔據黃河、渭水上游形勢以討伐凶逆，關東義士一定會帶著糧食、乘著快馬迎接我們，不應該把魏國放到一邊，選擇與吳國作戰。戰端一開，就不是一時半刻可以結束的。孫權背盟，襲奪荊州，雖然是敵人，但是要分清主次。」孫權求和，命諸葛瑾寫信給劉備，勸劉備要分清輕重大小。諸葛瑾說：「陛下以關羽之親何如先帝？荊州大小孰與海內？都是仇敵，兩相比較，誰先誰後，不是很容易分清嗎？」諸葛瑾之言與趙雲所諫，大致相同。諸葛亮的勸諫，《三國志》沒有記載，但是在《法正傳》記載諸葛亮的議論和感嘆，認為如果法正還活著，就可以制止劉備東征，說明諸葛亮也反對東征。由此可見，蜀漢群臣都是反對東征的，但是未能阻止劉備東征，劉備是一意孤行。舊臣之中，張飛由於結義恩重，憤憤不平，產生推波助瀾的作用。他整日酗酒，拿部將出氣，在劉備出兵前夕，被部將張達、范彊殺死，取下首級，順著長江飛流而下投奔孫權。張飛之死，使劉備舊仇添新恨，誰也不能阻擋他的東征。

劉備東征，在夷陵決戰，所以史稱夷陵之戰。

孫權得知劉備即位，大舉東征，把都城從建業西遷到鄂縣，改名武昌（即今湖北鄂城縣），寓意武運昌盛。孫權都城西移，加強荊州戰備。

夷陵敗北

《三國演義》描寫劉備東征，率眾七十萬，這是小說家的誇張。學術界也認為夷陵之戰，吳國陸遜是以弱勝強，以少勝眾，其實這是誤斷。夷陵之戰，劉備以弱抗強，想要藉由復仇與正統地位的激勵僥倖取勝，是一次失去理智的冒險行動。

蜀國兵力：蜀國兵力，不過十五六萬；四方守境，最大十萬左右。劉備親征，正是傾巢出動，總計約十萬。趙雲統兵兩萬，駐江州為後援，入峽蜀軍約八萬，在《吳主傳》、《劉曄傳》裴注引《傅子》，《文帝紀》裴注引《魏書》有記載。

蜀軍部署以白帝城為最高指揮部，沿三峽推進，前鋒兵力四萬餘人。蜀將馮習為大督，張南為先鋒，吳班、陳式統水軍，黃權、輔匡、趙融、廖化、傅彤各為別督。黃權總督江北諸軍，重點防魏，也是掩護江南諸軍的側翼。從巫山至秭歸，重點在江北，秭歸以下，重點在江南。江北戰線，劉備所統中軍，突進到馬鞍山（在今湖北宜昌西北）。宜昌，當時稱夷陵。江南戰線，先鋒張南突進至夷道（在今湖北宜都）。陸遜所統眾人，屯於夷陵，孫桓駐守夷道。蜀軍部署沿三峽成一字長蛇陣，從白帝城算起至夷道，緣山逶迤長達七百里。

吳國兵力：陸遜督兵五萬人，只是第一線兵力。諸葛瑾屯公安為第二線，孫權屯武昌為第三線，總兵力顯然超過蜀軍，最保守的估計也有十五萬。孫權用兵，總是自統眾人，這是他持重的表現，也是他「性多嫌忌」的反映，不肯弄險。孫權每次領兵作戰，都是十萬或是八萬。他偷襲荊州，兵不血刃而兼荊州之眾，力量大大增強，所統後援在十萬以上。陸遜領眾五萬，已經多於當年的周瑜，說明孫權對夷陵之戰的重視，同時也是此時力量大增的緣故。陸遜有強大後援，因此他所統五萬，可以集中用於一點一線，始終保持優勢。

巴蜀三峽險境

《資治通鑑》記載，劉備遣將軍吳班、馮習攻破孫權部將李異、劉阿於巫，「進兵秭歸，兵四萬餘人」。司馬光所言，或許有據，或為推斷。劉備所統入峽蜀軍八萬，因為沿途留守，集中推進的兵力只有四萬餘人，這個推斷符合實際。陸遜收縮戰線，迎敵於秭歸以東，近在咫尺的夷道被困，陸遜不分兵救援，相信孫桓據堅城留守有餘，所以集中兵力，在第一線壓倒蜀軍。劉備從秭歸繼續推進，沿江建行營於猇亭，布前鋒於夷道，置黃權於江北，連營數百里護衛後方，所統中軍的機動兵力不足四萬，少於陸遜之兵。劉備也懂得集中兵力的意義，所以把水軍拉到陸上集中，由此可見蜀軍寡少，劉備捉襟見肘。

夷陵之戰，吳強蜀弱：從整體國力來看，關羽喪師，荊州之眾八萬人，盡為孫吳所併。陸遜進兵西陵，破秭歸、建平、巫，「前後斬獲招納，凡數萬計」。由於關羽喪師，蜀將孟達及上庸太守申耽降魏，喪師至少又在萬人以上。孫權偷襲荊州，蜀國猝不及防，不僅國土失去近半，荊州人物兵眾全部失去，國力大大削弱。劉備傾國遠征，只有一州之眾，兵力不足，只能用在一個方向上。黃權建議，由自己領水軍，順流長驅直入荊州，劉備由陸上推進，由於兵力不足，沒有實施。

劉備所用之將，多為川將，經歷戰陣較少，不是吳將對手。蜀國的五虎將，關羽、張飛、黃忠、馬超、趙雲無一人在陣，關、張、馬、黃皆亡。蜀國謀臣，法正已亡，諸葛亮監國，劉備東出，無良弼在旁。因此，劉備連營七百里，犯兵家之忌，也無人指出。

吳國方面，國力盛於蜀國，兵力多於蜀國，已經記述於前。再看領兵之將，大大超出蜀國。不僅陸遜多智，而且所統多是功臣宿將。徐盛、韓當、潘璋、朱然、宋謙、鮮于丹，都是可以獨當一面的老將。徐盛、朱然多謀，潘璋驍勇。嶄露頭角的青年將領，如孫桓，二十五歲，可以得士眾之心，駐防夷道，牽制蜀軍的前鋒，反攻以後奮勇向前，斷蜀軍歸路打阻擊戰，迫使劉備「逾山越險，僅乃得免」。劉備忿恚嘆息說：「吾昔初至京城，桓尚小兒，而今迫孤乃至此也。」歸師勿迫，乃是兵家之忌。孫桓初生牛犢，敢斷劉備歸師，可見吳軍作戰驍勇。論兵論將，吳國之師強於蜀國。

但是，蜀軍也有一定優勢：其一，復仇之師，哀兵必勝，討伐孫權背義襲盟，全軍同仇敵愾，有一股不可阻擋的銳氣。其二，劉備剛登皇帝大位，將士受封受賞，正是立功報效之時。加之劉備親征，將士激動，士氣旺盛。其三，人心向背，蜀漢佔有優勢。劉備在荊州長達十多年，荊州士民追隨劉備從之如雲。蜀漢政權，荊州人士居當路要衝。孫吳政權中的荊州人士，只有黃蓋、潘濬二人。蜀將大督馮習、前部張南，都是荊州人，他們為收復故土而戰，必效死力。夷陵之戰，他們誓以馬革裹屍還。其四，三峽地區及武陵都是少數民族聚居區，孫吳的民族高壓政策使他們仇吳親蜀。其五，蜀軍居高臨下，又善於山地戰，佔有地利。初戰時期，蜀軍集中，數量上也佔有優勢。但是蜀軍的這些優勢，沒有充分發揮出來，被陸遜的戰略撤退避開，很快就失去。蜀軍的初戰勝利，只是破吳邊將，未遇孫權主力。蜀軍推進至夷陵的時候，已經成為強弩之末，受阻於堅城之下，陷入進退維谷的境地。這時，初戰時期的強弱眾寡全部易位，吳軍掌握主動權。

吳軍雖然強大，但是也有弱點：第一，劉備已經稱帝，打出興復漢室的正統旗號，具有很大的號召力。何況又是討伐背盟叛逆者，加之荊州的民心向背，吳軍處於被動。第二，陸遜資望較淺，不為功臣宿將所服，如果處理不當，就有分崩之勢。第三，曹魏坐山觀虎鬥，如果吳軍戰敗或是疲憊，就會趁勢夾攻收漁翁之利。陸遜十分明白，吳軍只能打勝仗，不能打敗仗。如果蜀軍突破夷陵防線，不僅荊州動搖，而且曹魏必然趁火打劫，所以上書孫權：「夷陵要害，國之關限，雖為易得，亦復易失。失之非徒損一郡之地，荊州可憂。今日爭之，當令必諧。」為此，陸遜初戰十分謹慎，為避蜀軍鋒芒，大膽做出戰略撤退。可是諸將不明政治形勢，求戰心切，不聽調動，欲與蜀軍硬拼，幾乎僨事。可惜劉備寡謀，未能抓住戰機，利用吳軍弱點，採納黃權善計，進行迅猛推進。隨著相持階段來臨，吳軍掌握主動權，劉備或作相持，或見好就收，也不至於慘敗。假如劉備臨高守險，長期相持，局勢必然有變。再拖幾個月，曹魏就會出兵，孫權不做讓步，只有死路一條。如果法正不死，蜀軍不致放過吳軍弱點。

綜合上述，以吳蜀雙方之長短而言，可以說是勢均力敵，都有勝機和敗局。這個形勢決定此役雙方不可能取得速戰速決的勝利，所以拖了十五個月。這場持久的鬥智鬥力的戰役，誰可以堅持到最後，誰就可以取得勝利。劉備謀短，無法堅持到最後，遭到慘敗，也是在情理之中。

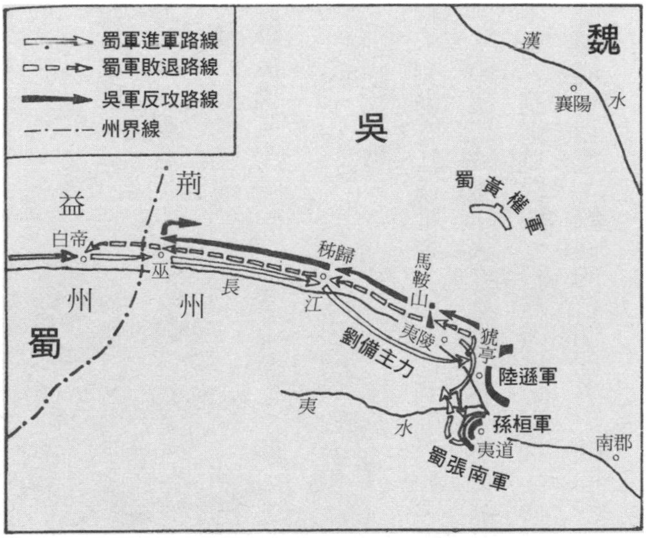

夷陵之戰形勢圖

戰役過程：夷陵之戰的過程，可以分為三個階段：

第一階段，西元二二二年七月至十二月，蜀軍進攻，吳軍防守。七月，蜀軍發起進攻，吳班、陳式率水軍，馮習、張南統陸軍，水陸齊進，軍隊密集，攻破吳軍前線重鎮巫縣，長驅直入秭歸。八月，孫權稱臣於曹魏，受封為吳王。吳將撫邊將軍、宜都太守陸遜統兵五萬西上迎敵，所統諸將：徐盛，建武將軍、廬江太守；潘璋，振威將軍、固陵太守；韓當，偏將軍、永昌太守；朱然，昭武將軍、江陵督；孫桓，安東中郎將；駱統，建忠中郎將；宋謙、鮮于丹，原呂蒙屬將。孫吳集四方精英於一線，兵精將猛，遏制蜀軍的進攻。劉備統大軍繼進，駐屯秭歸。雙方都在進行大戰之前的部署，沉寂數月。

第二階段，西元二二二年正月至六月，兩軍相持於夷陵。二月，劉備親自指揮蜀軍發起第二階段的進攻。黃權諫曰：「吳人悍戰，又水軍順流，進易退難，臣請為先驅以嘗寇，陛下宜為後鎮。」劉備不從，以黃權為鎮北將軍，督江北軍拒陸遜於夷陵，並防魏師。

陸遜繼續進行戰略撤退，分散蜀軍之勢，並且在行進中伺機殲敵。吳軍在後撤中殲滅蜀軍五營，重兵屯於夷陵堅壁。劉備在江南推進，因為前鋒受阻於夷道，遂將大軍駐屯於夷道之北猇亭。劉備欲誘吳軍主力決戰，令吳班率數千人在平地立營，另伏兵八千於山谷，東吳諸將皆欲進擊，陸遜以軍法制約，堅守不出。劉備見機關已經被識破，引伏兵從山谷中出，撤水軍於岸上結營，從巫縣、秭歸至夷陵，連營樹柵五百里。劉備的這個部署，欲固守已得

古戰場猇亭遺址

的峽谷高地，持久以待時變，顧不得犯兵家之忌。劉備出此險棋，低估對手陸遜。

第三階段，西元二二二年閏六月至八月，吳軍反攻，經過三次圍攻戰，全殲入峽蜀軍八萬，大獲全勝。第一戰，陸遜用火攻，並且以密集的優勢兵力在夷道猇亭打破蜀軍前鋒，陣斬張南。朱然、韓當、駱統等大將參加這場戰役，與孫桓守城部隊配合，夾擊蜀軍。第二戰是涿鄉殲滅戰，包圍劉備所統中軍。朱然等人趁夷道戰勝之威，直插蜀軍之後，切斷蜀軍歸路。劉備慌忙撤軍，吳軍潘璋等猛將緊緊咬住追擊，圍殲劉備所統主力於深鄉（在江北夷陵以西）。第三戰是馬鞍山之戰，劉備率領殘部與黃權江北軍靠攏，升馬鞍山據高守險，陸遜督諸將四面圍攻，蜀軍土崩瓦解。劉備退入秭歸，欲收合殘部，陸遜怎麼可能讓劉備喘息，孫桓插入夔道斷劉備歸路。劉備聞訊，逾山越險，棄軍而逃。劉備命驛人燒軍資鐃鎧斷後，僅得入白帝城。就這樣，蜀軍全軍覆沒，舟船器械，一時略盡。吳將李異、劉阿追至白帝城，屯兵於江南。徐盛、潘璋、宋謙爭欲乘勝取蜀，陸遜、朱然、駱統認為，吳軍應該撤回防魏。這時，趙雲已經率領江州之眾入援白帝。八月，吳軍班師，夷陵之戰結束，孫權改夷陵為西陵。

陸遜的指揮藝術：吳軍獲得夷陵大捷，除了整體形勢有利於吳軍之外，陸遜優秀的指揮藝術是取得勝利的直接保證。這次戰役表現陸遜的戰略思想，有以下幾個方面：

第一，避敵鋒芒，果斷進行戰略撤退，創造戰機，趁敵之疲。陸遜節節後退，把三峽險地讓與劉備，示敵以弱，諸將不解，以為陸遜膽怯，各懷憤恨。陸遜曉諭諸將：「劉備統兵東下，士氣正盛，何況居高臨下，據守險要，難以攻擊，即使攻克，也不能保證一一取勝，萬一不利，損害全局，不是一戰之得失。最重要的是鼓勵將士，廣施計謀，等待機會。如果是在平原曠野，不可避免要發生遭遇戰。現在劉備緣山行軍，無法展開，疲於木石之間，到了那個時候，我軍再攻打疲困之敵！」蜀軍深入三峽六百里，拉長戰線，分散兵力，在進攻中受到削弱，士氣衰損。反之，吳軍退避三舍，卻蓄積士氣。戰略撤退，進一步改變吳蜀強弱的對比，在臨陣第一線，蜀軍也形成劣勢。

第二，善於把握戰機，運用火攻殲敵。劉備初入三峽，欲趁銳集中優勢兵力以求速決，打破吳軍，突入荊州。但是陸遜大步後撤，不僅分散蜀軍之勢，而且迫使蜀軍屯兵於堅城峻危之地，欲進不能，欲退不得。劉備也是一個久經沙場而老謀深算的軍事家和政治家，改變策略以守險持久來等待時變。因為兩軍持久不決，曹軍必趁其後進攻，對吳軍不利。陸遜要在曹魏出兵之前打敗蜀軍，因此必須抓緊戰機速決。如果戰爭的第一階段是劉備以求速決，現在卻顛倒過來，兩軍相持以後，吳軍要求速決，劉備未做善計堅持到最後，讓陸遜抓住閏六月暑熱時機反攻。這時，蜀軍水陸集於林蔭，又有東南風入峽，便於火攻。陸遜先以一支部隊試攻，見蜀軍反應無防火準備，抓緊戰機全線出擊，分割包圍，大獲全勝。

第三，集中優勢兵力用於主攻方向，力爭打殲滅戰。孫桓被蜀軍圍困於夷道，向陸遜求救。陸遜為了捕捉戰機，保持高度機動而按兵不動。劉備受阻於堅城，久攻不下，士氣大損。陸遜知彼知己，知道孫桓可恃，才會如此部署。即使劉備攻下夷道，也會付出重大代價，陸遜所統夷陵之眾趁其弊而擊之，必能獲勝。劉備之敗，也是在於無法「觀變出奇」。劉備如果採納黃權建議，命大將統眾冒險順流直下荊州，打亂吳軍部署，後事難料。劉備犯兵家之忌連營樹柵五百里，只要防衛有方，並非必然失敗。正如孫桓犯兵家之忌，追迫劉備歸師，並未必敗。因為劉備沿三峽直線部署，不是在平原曠野，而是沿山峽居高臨下布防，構成一條堅強的縱深防線，吳軍要動搖這條防線談何容易。劉備之失，不僅在於無法「觀變出奇」，疏忽防吳火攻，而且親冒矢石居於第一線，把主力暴露在敵人的視線下。假定劉備把最高指揮部放在秭歸，自統大軍為後繼，這種依險連營數百里的縱深防線未必有失！由於劉備親臨前線，不僅把主力置於險地，而且實際成為大軍的絆腳石。天子親征而深入險地，本身就是一種輕率行動，豈有不敗的道理。

劉備親臨前敵，可以產生激勵士氣和動員民眾的政治效果，馬良策動武陵蠻夷叛吳就是明證。可惜，劉備沒有派出一支正規軍去支援，蠻夷烏合之眾，很快被吳軍討平，蜀國反而失去馬良，得不償失。

六十三歲的劉備，慘敗於二十九歲的陸遜之手，險些成為二十五歲的孫桓的俘虜，悔恨交加，不久就病死了。此役，蜀國元氣大傷，基本決定隆中路線的夭折，劉備也成為一個富有悲劇色彩的英雄人物。

白帝託孤

劉備夷陵敗北，全軍覆敗，蜀軍只有千餘人逃回。蜀國連遭大敗，元氣大傷。劉備無顏回成都見蜀中父老，駐蹕白帝城。劉備憂忿成疾，西元二二三年四月病逝於白帝城永安宮，年六十三歲。諸葛亮受遺命輔後主，改元建興。

夷陵之戰，蜀國繼關羽失荊州之後再遭重創，隆中路線已經成為泡影。劉備是否應該東征，不僅當時魏蜀吳三方有尖銳的對立，而且後世學術界爭論近兩千年，直到現在仍然沒有一致的看法。再把這個問題進行一番追究，很有意義，可以給人們的行動決策提供歷史教訓，給以無限的啟迪。

西晉陸機在總結歷史教訓的《辯亡論》中說，劉備是「志報關羽之敗，圖收湘西之地」，這句話很有見識。意思是說，劉備以為關羽報仇為名，目的是收回荊州，可以說二者兼而有之。這是一個利害問題，並非簡單的面子問題。

劉宋歷史學家裴松之著重從正統名分駁斥諸葛瑾，認為劉備應該東出：

> 劉備立國益州，以荊州為籬障，關羽揚威下沔漢，志在消滅曹魏，雖然不一定可以達到目的，但是聲威遠震，可以牽制魏國。孫權暗藏禍心，幫助魏國除去禍害，這是在抵制勤王之師，為曹氏篡漢創造條件，興復漢室，到此為止。由此看來，義旗所指，首先應該是討伐孫權。諸葛瑾用大義

重慶市奉節縣白帝城遺址

責備劉備，強詞奪理，也可以找一些理由。劉備與關羽，親如手足，關羽被害，斷了劉備臂膀，憤痛填膺，豈是說幾句空話就可以平復心理？（《三國志・諸葛瑾傳》裴注評語譯意）

裴松之的這段議論，極為精彩。孫權背盟，奪人之地，已屬過分，殺關羽父子，天理難容，哪裡還有同盟情義。孫權借荊州給劉備，顯示大度；劉備爭江南三郡，未免小氣。因此，孫權襲奪荊州，可以理解，劉備可以說是貪而棄義，咎由自取。但是孫權奪取荊州還不夠，又深入蜀境，殺關羽，獻首級於曹操，也是利令智昏，未計後果。如果孫權存有同盟之心，處理荊州戰後絕對不會如此霸道，不給劉備留下任何餘地。

裴松之所駁，是針對諸葛瑾。諸葛瑾的立論與諸葛亮和趙雲的勸諫大同小異，所以不能說諸葛瑾是強詞奪理。以今天的眼光來評判，裴松之的論點，立足於理與義；諸葛瑾的論點，立足於形與勢，雙方各有所偏。陸機最為公允，兼論理義與形勢，這就是劉備不得不東征的道理。因為蜀國失去荊州，不僅失去北伐曹魏的一個重要基地，而且失去一個重要的物資供應基地。益州雖然險塞，但是蜀漢政權坐困益州，「處孤絕之地」，只是坐以待斃。所以劉備東征，不僅是顯示用武有餘，而是要奪回荊州，才會孤注一擲，成為臨終遺恨。

歷史事件也和許多事物一樣，具有兩面性。夷陵之戰，是劉備發動的一場復仇伐吳之戰，破壞隆中路線的孫劉聯盟。孫權破壞於前，劉備加劇於後，兩國進行拼死爭鬥，似乎聯盟已經徹底毀滅。但是夷陵之戰造成三分的地理均勢，鞏固吳蜀聯盟。第一，夷陵戰後，蜀弱吳孤，曹魏的優勢得到增強，隨之對吳國的壓力增大，迫使孫權回到聯蜀的立場主動求和。夷陵戰後，劉備眼見收回荊州無望，也回到現實的立場。孫權遣使求和，劉備允許，亦派使報命，為兩國恢復聯盟鋪平道路。第二，夷陵之戰，吳國得到荊州，穩固上游門戶，不再擔心西邊的威脅，可以專力對付魏國，促使吳國決定與魏國決裂。第三，夷陵之戰，蜀國慘敗，國力削弱，比任何時候都需要尋求盟友，於是吳蜀聯盟很快恢復。

吳蜀兩國，經過生死相拼以後，又握手言和，這是形勢使然。漢室十三州土地，魏得九州，佔天下十分之七，吳得三州，蜀得一州，吳蜀相加只佔天下十分之三。天下戶口，魏佔十分之八，吳蜀共佔十分之二。三國之中，吳蜀無法單獨與魏抗衡，兩國唇齒相依，誰也離不開誰。夷陵之戰，吳國得到荊州，蜀國小弱而四塞險固，東西形成地理均勢。吳蜀聯盟，減少曹魏優勢，形成南北均勢。曹魏雖大，卻無法專力對蜀，也無法全力對吳，勢力分散，西守祁山，東固合肥，南鎮襄陽，立於守勢以恢復經濟，吳蜀得以喘息共存。也就是說，夷陵之戰最終解決荊州的歸屬，形成三分的地理均勢，正式確立三分鼎立之局。

夷陵之戰，對於劉備而言，是一場悲劇。夷陵敗北，使劉備興復漢室的理想破滅，飽經風霜的老人經不起這樣的打擊，身體很快垮下來。劉備病重，召丞相諸葛亮、尚書令李嚴囑以後事。劉備對諸葛亮說：「丞相的才能十倍於曹丕，一定可以安定國家，完成大業。如果嗣子可以輔佐，就輔佐成業，如果不可造就，丞相可以取代。」諸葛亮痛哭失聲，拜伏於地，對劉備說：「臣盡心竭力，效忠貞之節，以死報效陛下。」劉備寫下手書，告誡劉禪：「人活到五十歲就不算短命，我已經活到六十多歲，死了沒有任何遺憾，只是非常掛念你們兄弟，有些放心不下。你要努力上進，不要以為小惡就不在意，不要以為小善就不去做。只有加強品德和才能的修養，才可以使人們心服。你要勤奮讀書，《漢書》、《禮記》、諸子、《六韜》、《商君書》，可以增長智慧，也可以鍛鍊意志。丞相已經把《申子》、《韓非子》、《管子》、《六韜》等書抄寫一遍，你要認真學習，勤於請教。」劉禪有庶弟兩人，劉備即位以後封為王，劉永為魯王，劉理為梁王。劉備把他們叫到床前，諄諄教誨：「我死了以後，你們要像父親一樣對待丞相。」

劉備遺命，李嚴加官中護軍，統內外軍事，留鎮永安。白帝為三峽上游峽口，形勢險要，劉備改名永安，由李嚴鎮守，以防禦東吳。

諸葛亮等人扶劉備靈柩回到成都，五月安葬在南郊。

劉禪即皇帝位，時年十七歲，政事無分大小，裁決於諸葛亮。從此，諸葛亮全面肩負蜀漢的治國重任。

劉備的歷史貢獻

劉備的一生，可以分為三個階段：從西元一八四年鎮壓黃巾起家，到西元二〇七年三顧茅廬得諸葛亮相輔，為第一階段。逐

劉備白帝城託孤（塑像）

鹿中原，屢仆屢起而戰鬥不息。從西元二〇八年赤壁之戰，到西元二二一年於成都即皇帝位，為第二階段。執行隆中路線，事業發展，成天下三分鼎足之形。從西元二二一年七月伐吳，到西元二二三年四月病逝於永安宮，為第三階段。伐吳失敗，晚景悲涼，成為三國時代最令人嘆息的悲劇英雄。

劉備對於歷史的貢獻，主要有兩個方面：一是他為救世做出的努力，建立蜀漢而成就英雄業績；二是他的悲劇結局捍衛的道義給予歷史的影響。

劉備起自微賤，沒有任何憑藉，完全依靠不屈不撓的努力，打出一片天下。西晉歷史學家陳壽傾心折服，喻之為高祖。陳壽在《三國志・先主傳》用了許多特寫之筆，點畫劉備是天定的皇位繼承人，例如：劉備相貌非凡，「垂手下膝，顧自見其耳」；劉備的神奇有自然徵兆，「屋舍東南有一棵長著車蓋形的桑樹，徵兆貴人出世」，與《史記・高祖本紀》描寫劉邦的筆法一樣，無非是在劉備的頭上加上一道光環。這是古人探索微賤英雄人物的普遍認識，既是歷史的局限性，也是史家傾注的感情。陳壽把劉備與曹操進行對比，明顯褒揚劉備而貶抑曹操。《武帝紀》描寫曹操身世「莫能審其生出本末」，與劉備出身「漢景帝子中山靖王勝之後」，也形成鮮明對照。曹操

諸葛亮製造木牛流馬處

「少機警，有權數，而任俠放蕩，不治行業，故世人未之奇也」，劉備「少語言，善下人，喜怒不形於色，好交結豪俠，年少爭附之」。事實上，「任俠放蕩」與「交結豪俠」是相同行為，但是品格有高下。曹操放蕩無節，被世人看不起；劉備豪爽有城府，被視為英雄。在逐鹿中原中，曹操「所過多所殘戮」；劉備所居，人心歸附。但是劉備的才能不如曹操，「機權幹略，不逮魏武，是以基宇亦狹」。陳壽一褒一貶的對比寫法和評論，說明他非常看重歷史人物的道德信義對於歷史的影響。劉備的悲劇最令人嘆息，原因正是如此。

劉備的政治品格有別於漢末所有軍閥，確實具有救世濟民的用心，許多方面值得肯定，舉其大要有以下三點：

四川閬中張飛廟

其一，興復漢室，終生為之奮鬥，百折不撓：東漢政權極其腐敗，如果劉備以帝室之胄來光復這個腐敗政權，完全不值得肯定。劉備與諸葛亮論及兩漢政治，認為「親賢臣，遠小人」是西漢「所以興隆」的原因。反之，「親小人，遠賢臣」，是東漢「所以傾頹」的原因。每次論及於此，劉備「未嘗不嘆息痛恨於桓、靈也」，說明他「興復漢室」不是維護東漢的腐敗政治，而是恢復西漢的盛世政治。所以他臨終託孤，對諸葛亮說：「若嗣子可輔，則輔之；如其不才，君可自為成都之主。」把政權毫無保留地交給賢能之臣治理，在中國封建皇帝中沒有先例，也沒有後來之人。諸葛亮感念劉備的託孤，並且效法劉備的精神，所以安定國內以後，親自主持北伐，北駐漢中，鞠躬盡瘁，死而後已。後世人民頌揚劉備和諸葛亮，不是頌揚他們維護正統的思想，而是頌揚他們百折不撓的奮鬥精神。

其二，知人善任，盡其器能：劉備領益州牧以後，以寬宏的器量，做出適當的人事安排。長期追隨劉備的功臣、劉璋的舊部、益州的知名人士、曾經反對自己的仇人，劉備都做出適當的安排，使新建的蜀漢呈現興旺氣象。劉備拔魏延為漢中督，用李恢安撫南中，臨終託國諸葛亮，說明他的識人卓見和用人氣度。

其三，恭謙下士，撫愛百姓：劉備因為自己一生坎坷，十分注意士心民心的歸附。他招攬英雄

湖北當陽關陵

以至於三顧茅廬，取得益州以後，有人建議把成都城中的屋舍及城外的園田桑地分賜諸將。劉備採納趙雲的建議，將田宅全部歸還原主，使人民安居樂業。

以上三點是劉備獨具的政治魅力，也是他成功建立蜀漢的根本原因。劉備數十年顛沛流離，關羽、張飛、趙雲緊緊追隨，得人死力。但是他作為一個封建政治家，並非完美無缺。他執行隆中路線，奪取荊州和益州，本質上就是運用權謀，「伐人之國而以為樂」，又要不露權謀手段，講求宋襄公式的仁義，失去最好的戰機。夷陵之戰，更是一次不可救藥的失誤。劉備用人唯親，蜀將大多不睦，例如：既用孟達取上庸，又用劉封去監軍，造成二將不睦，對關羽坐視不救，馬超和趙雲也是未盡其才。這與上文所說的「知人善任，盡其器能」不衝突，封建時代的專制體制使任何開明君主具有兩面性，劉備也不例外。劉備因為有這些弱點，

成都劉備墓寢殿

失去「問罪曹氏之津」，令人感慨！但是，劉備與曹操是兩種類型的人物，劉備的寬仁信義影響歷史，遠及後世，這是沒有疑義的。

劉備檔案

姓名：劉備
出生：漢桓帝延熹四年（西元一六一年）
屬相：牛
卒年：蜀漢章武三年（西元二二三年）
享年：六十三歲
諡號：昭烈皇帝
廟號：烈祖
陵寢：惠陵
父親：劉弘
母親：史失姓氏
初婚：史失姓氏
配偶：六人，昭烈皇后甘氏、穆皇后吳氏、孫夫人、元配、永母、理母
子女：三子
繼位人：劉禪
最得意：三訪諸葛亮得賢輔
最失意：被劉琮出賣，兵敗長坂
最不幸：兩得徐州，兩失徐州
最痛心：夷陵敗北
最擅長：韜晦

一第八章一

蜀漢後主劉禪

西元二二一年，蜀漢建立，在三國鼎立之中存在四十三年，西元二六三年滅亡。後主劉禪在位四十年，差不多與蜀漢相終始。劉禪歷經四位宰輔，即諸葛亮、蔣琬、費禕、姜維。蜀漢的四位宰輔都是忠貞賢良的大臣，後三位是諸葛亮親自選拔的接班人，所以蜀漢雖然國弱主暗，但是政治穩定。諸葛亮大權獨攬，劉禪只是一個無為之君，近似傀儡。劉禪一生，無大惡大過，也無善政可述，只是蜀漢政權的一個象徵和見證人。

蜀漢後主一朝的政治、經濟、軍事，全繫先後四位執政宰輔之身。劉禪不問政事，樂得逍遙，他並非癡呆，而是難得糊塗的平庸之君，也是明哲保身的活命智者。

嗣位皇帝

劉備有三子，劉禪是嫡子，小妾生有劉永、劉理。由於劉備在北方轉戰半生，顛沛流離，娶了幾個夫人都死了，一直沒有子嗣。劉禪生母甘夫人，沛國沛縣（今屬江蘇）人，劉備為豫州牧，駐屯小沛時期納以為妾，也是多年沒有生育。西元二〇〇年，劉備南下荊州，寄寓劉表，駐屯新野，身邊沒有子嗣。劉備收養長沙劉氏之甥寇姓兒子為養子，取名劉封，年約十餘歲。劉封成年以後，驍勇善戰，隨從劉備征討，多立戰功。赤壁戰後數年之間，劉封已經成為劉備隨身的大將，年少有為，甚得劉備寵信。

西元二〇七年，劉備雙喜臨門，一得諸葛亮出山相助，二得甘夫人喜生貴子，就是劉禪，小名阿斗。西元二〇八年，劉備兵敗長坂，突圍而走，甘夫人和劉禪在亂軍中散失。幸虧趙雲左衝右突，將劉禪抱入懷中救出。甘夫人死於亂軍中，安葬在南郡。章武二年，西元二二二年，劉備思念甘夫人，追諡為皇思夫人，遷葬蜀地。甘夫人的靈柩還沒有到蜀地，劉備病逝永安。劉禪即位，追尊甘夫人為昭烈皇后，與劉備合葬成都惠陵。

劉禪畫像

西元二〇九年，孫權將妹妹孫尚香嫁給劉備，以加固同盟，劉備把劉禪交給孫夫人撫養。西元二一一年，劉備入蜀，孫權怨怒劉備阻擋周瑜進兵西川取蜀，而是要自己獨佔，於是召還孫夫人。孫夫人帶上劉禪，想要把他扣作人質。張飛與趙雲率水軍截江阻攔，奪回劉禪，時年五歲。

西元二一九年，劉備進兵漢中，擊斬夏侯淵，關羽北伐威震荊襄，蜀漢事業達到頂點。劉備命宜都太守孟達北上奪取上庸。上庸東連荊襄，西接漢中，即使東西呼應連成一線，又是北進的前線陣地，可以北出武關直指咸陽，地理位置十分重要。孟達，蜀國上將，足可勝任。劉備不放心，又從漢中分兵，由劉封率領，入援孟達，並且由劉封節制孟達。孟達不服，兩人產生衝突。呂蒙偷襲荊州，關羽向劉封和孟達求救，兩人都沒有援救關羽。關羽被孫權殺害以後，孟達感到事態嚴重，勸劉封與自己投降曹魏。劉封不聽，兵敗回到成都，上庸又為曹魏所有。

劉封不顧大局，不救關羽，逼反孟達。透過這件事情，諸葛亮感到劉封桀驁不馴，難以駕馭。這時，劉禪已經是十三歲的少年，劉備又有劉永、劉理兩個兒子。百年之後，誰來嗣位？劉禪繼位，劉封不服怎麼辦？按照宗法制度，嗣君立嫡不立庶，在和平環境，無話可說，但是戰亂之世，庶子立功，嫡子無能，嫡庶爭位，局面不堪設想。諸葛亮勸劉備趁機除掉劉封，劉備採納，劉封被賜死，後悔沒有聽孟達勸告投降曹魏。劉封死，蜀國失去一員大將。

蜀漢章武三年，西元二二三年，劉備病危，在白帝託孤，把太子劉禪及其兩個弟弟魯王劉永和梁王劉理託付給諸葛亮。劉備諄諄教誨劉禪兄弟，希望劉禪與諸葛亮君臣和諧，守成家業。諸葛亮是劉禪兄弟的老師，劉禪就是在這樣的背景與先帝囑託之下，登上帝位。

父事諸葛

劉禪不呆不傻，是一個有自知之明的人，甘於平庸。諸葛亮大權獨攬，事無巨細，都要過問。劉禪即使心有不甘，卻也樂得輕閒，每天在後宮玩樂。

諸葛亮感激先帝劉備的知遇之恩，以興復漢室為己任。建興五年，西元二二七年，諸葛亮率領諸軍北進漢中，出發之前上奏《出師表》，安排成都政務，向後主推薦七位大臣主持宮裡宮外事務。諸葛亮說：「侍中及侍郎郭攸之、費禕、董允，掌理宮中之事；將軍向寵，掌理軍事；尚書陳震、長史張裔、參軍蔣琬掌理丞相府中事務。」諸葛亮告誡後主：「陛下確實應該廣泛聽取臣下的意見，以顯示先帝遺傳的美德，激勵有志之士的氣概，不應該不尊重自己，說話引用的比喻不合道理，進而堵塞忠言進諫的途徑。」又說：「皇宮與丞相府原本是一體，所以皇帝對兩處的官員進行賞罰或褒貶，不應該有厚此薄彼的差別，要一體看待。」諸葛亮的這些話，作為臣子，有不恭之嫌，未免跋扈；但是作為老師和長輩，對任性的晚輩進行教誨，也是無可厚非。劉禪也把諸葛亮當作父親，所以諸葛亮推心置腹，不顧嫌疑，應該怎麼說就怎麼說，於是君臣和諧，上下一心，弱小蜀國，竟然可以多次出師北伐。

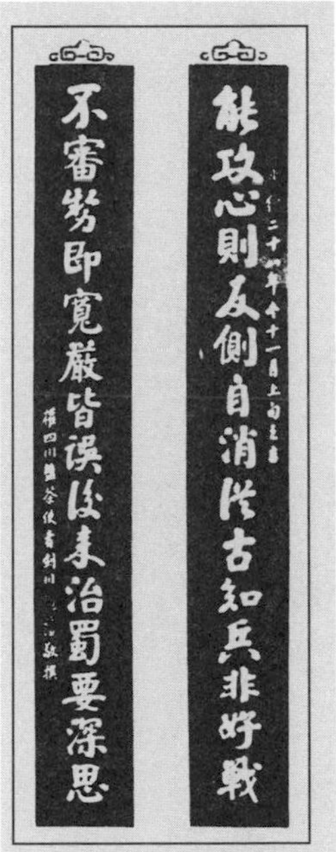

成都武侯祠楹聯

內修政理

後主劉禪垂拱，委政大臣，產生穩定與監察作用，對於蜀國的治理也有貢獻。諸葛亮治戎講武，率眾南征，北伐中原，耗去自己的主要精力。治蜀政務是蔣琬和費禕按照諸葛亮的方針實施。諸葛亮死後，蔣琬和費禕相繼主政，所以蜀國的治理與政策有延續性，幾十年沒有受到干擾。儘管後主劉禪平庸，但是蜀國有賢相主政，因此在三國時期，蜀國是治理得最有條理的國家。蜀國失去荊州以後，只有益州一個州的地方，它的經濟恢復與發展繫一國之安危，諸葛亮及其繼任者勵精圖治，使蜀漢政權雄踞西陲達四十餘年之久，並且支援南征北伐。諸葛亮治蜀的方針，大要有三，分述於次。

其一，務農殖穀：諸葛亮在「隆中對」規劃的三分藍圖，以益州為王業之本。諸葛亮治蜀，開發益州經濟，是其核心內容。

諸葛亮曾經「躬耕隴畝」，深知富國安家的根本就是務農殖穀，足食足兵。他受遺詔輔政，針對現實，提出「務農殖穀，閉關息民」的方針，使百姓安其居，樂其業。具體措施，一方面實行輕徭薄賦，保護農民；另一方面威之以法，抑制豪強。漢中地空，諸葛亮命李嚴移民兩萬充實漢中，使荒蕪的漢中重新得到開發，出現「男女布野，農穀棲畝」的繁榮景象。諸葛亮平定南中，將居住山林的少數民族「徙居平地，建城邑，務農桑」。諸葛亮在自己家裡，種了十五頃桑樹，身體力行以勸農桑。

其二，興修水利：為了發展農業，諸葛亮十分重視興修水利。在成都平原上，秦朝李冰所修都江堰，是當時中國最大的人工灌溉工程，諸葛亮以此堰為農本，視為國之所資，設置專職堰官管理，又徵丁一千二百人專職維護。成都府城西北隅，地勢低下，諸葛亮修建一條九里長堤，以防沖蝕。金齒（今雲南保山）南面的大諸葛堰、小諸葛堰、漓水渠，都是諸葛亮興修或續修漢初蕭何開創的「山河堰」等水利工程。這些水利工程，有力地推進蜀漢農業生產的發展，使蜀漢「封域之內」，戶口繁息，棟宇相望，桑梓毗連，呈現興旺景象。劉備建國之時，有戶二十萬；蜀亡之時，已經增至二十八萬。

其三，工商並舉：秦漢時期重本抑末，獎勵耕織，打擊工商。諸葛亮重視農業，為補國用，也實行鹽鐵官營。蜀地素產鹽鐵，東漢末年罷鹽鐵之禁，令民煮鑄。諸葛亮恢復鹽鐵專營，以資國用，任命王連為「司鹽校尉，較鹽鐵之利」；以張裔為「司金中郎將，典作農戰之器」；又以呂乂為司鹽校尉，統管煮鹽與運銷。鐵器供軍國之用，諸葛亮至為關注。成都鐵溪河、瀘水西岸的打箭爐、陵州始建縣、蒲亭縣、崇寧縣

今日都江堰

鐵鑽山等處，都有諸葛亮的冶鐵遺址。諸葛亮發明連弩，鐵匠郭達一夜打箭三千枝，稱為能手，諸葛亮封他為將軍。西曹掾蒲元是一個煉鋼能手，「熔金造器，特異常法」，可以熟練運用清水淬火的技術。他在斜谷為諸葛亮造鋼刀三千把，專門從成都取水淬火，鋒利異常。試刀的時候，用竹筒裝鐵珠，以刀砍筒，竹斷珠裂，被稱為「神刀」。

諸葛亮注重發展商業，制鑄「蜀錢」，加強流通，平抑物價，穩定貨幣。為了便利交通，諸葛亮大修道路，著名的有石牛道三十里，又修復劍門道以通行路，開闢涼山北境的小相公嶺，自麓至頂，凡十五里，商旅往來稱便。南中望城坡，兩山陡立，中夾溪谷，是諸葛亮運糧之時所開鑿，又修復灘江水渠以行舟。水陸交通的開闢與修復，為發展商業貿易創造有利條件。

蜀國錢幣

蜀國弩機和扎馬釘

和吳北伐

後主時期，蜀國的內政外交以及興復大業，都是由諸葛亮主持。作為一代賢相的諸葛亮，可以按照自己制定的「隆中路線」來進行。「東聯孫吳，北抗曹操」，「內修政理，和好民族」，這些都是諸葛亮的追求，他可以盡心盡力去做了。

鄧芝使吳，重結盟好：西元二二五年，諸葛亮南征悉平，想要派一位能幹的大臣通吳，團結孫權，沒有找到適合人選。這時，鄧芝請見，對諸葛亮說：「現今主上幼弱，又剛登大位，應該派遣大臣到吳國，重申盟好。」諸葛亮說：「我考慮很久，沒有找到適合人選，今天找到了。」鄧芝問：「選定何人出使？」諸葛亮說：「遠在天邊，近在眼前，就是你。」鄧芝，字伯苗，義陽新野人，入蜀官至廣漢太守。這時，鄧芝出任尚書，後來官至將軍，封侯。鄧芝為人清廉，死時，家無餘財。

鄧芝到了吳國，孫權徘徊不定，拖延時間，不見鄧芝。鄧芝上表求見，剖析利害，對孫權說：「臣今天來到吳國，也是為吳國考慮，不只是為了蜀國。」孫權動心，召見鄧芝，袒露胸懷，誠懇地說：「我願意和蜀國和好，但是擔心蜀國君主幼弱，國家又小，被魏國趁虛而入，不能保全，所以猶豫不決。」

鄧芝畫像

鄧芝說：「吳蜀兩國聯合有四州之地，大王一世之英雄，諸葛亮為當今豪傑。蜀國有崇山險要的堅固，吳國有三江環繞的險阻，集合二長，唇齒相依，進可兼併天下，退可鼎足而立，這是自然之理。大王如果今天送人質去魏國，魏國必定要求大王入朝，或是要求吳國太子上殿侍奉。如果不聽從號令，魏國就有討伐的藉口，蜀國也會順流而下，適可而進。這樣一來，江南之地不再歸大王所有。」

孫權沉默一陣，對鄧芝說：「你說得很好。」孫權派輔義中郎將張溫使蜀，並且斷絕與曹魏的聯繫。

蜀國再次派鄧芝使吳通好。孫權對鄧芝說：「如果天下太平，兩國君主分地而治，不是很快樂嗎？」鄧芝回答：「天無二日，地無二王。假如兼併魏國，大王尚未識天命，那個時候，兩國君主各自修養德性，臣子各為其主，將軍各自提桴擊鼓，戰爭即將開始。」

孫權聽後，哈哈大笑說：「你竟然這樣的誠實啊！」鄧芝的回答十分突兀，似乎與歡樂的氣氛不協調。但是細想起來，眾人各為其主，所說又是實話，孫權不由得笑起來。

鄧芝使吳，重新修好兩國，使命重大，孫權尚有疑慮，鄧芝以誠懇打動，陳說利害，站在吳國立場，設身處地為孫權剖析，吳國無蜀，會陷入稱臣曹魏的困境，激發孫權的自尊。赤壁之戰，諸葛亮使吳，也是激發孫權的自尊。鄧芝的說辭與諸葛亮的說辭，有異曲同工之妙。鄧芝再使，誠懇坦率回答孫權，使孫權看到蜀國結盟的誠意，所以非常高興。送別的時候，孫權依依難捨，動情地對鄧芝說：「你是國家棟樑，將會受到大用，恐怕沒有時間來吳國。」孫權又致書諸葛亮：「和好二國，功在鄧芝。」給予鄧芝很高的評價。

從此，吳蜀兩國遣使往來不絕。西元二二九年，孫權稱帝，陳震使吳，吳蜀兩國訂立中分天下的盟約，魏蜀吳三國正式進入對峙階段。

諸葛亮北伐中原：諸葛亮北伐，前後六次，五次進攻，一次防守。西元二二八年春，諸葛亮從漢中大舉出祁山，志欲一舉平隴右，由於馬謖違反節度，兵敗街亭退回。同年冬，出散關，圍陳倉，糧盡退兵。西元二二九年，出兵蠶食魏境武都、陰平二郡。西元二三〇年，魏國分兵進攻漢中，諸葛亮防守，魏軍遇雨退回。西元二三一年，諸葛亮再出祁山，糧盡退軍。諸葛亮鑑於後勤不繼，在漢中實行大規模軍屯，經過兩年的充分準備，西元二三四年再度大舉北伐。諸葛亮出兵斜谷，屯田武功，欲與魏軍打持久戰，因為積勞成疾，病逝五丈原而罷兵。由於諸葛亮北伐，第一次進兵祁山，所以習慣上稱為六出祁山。

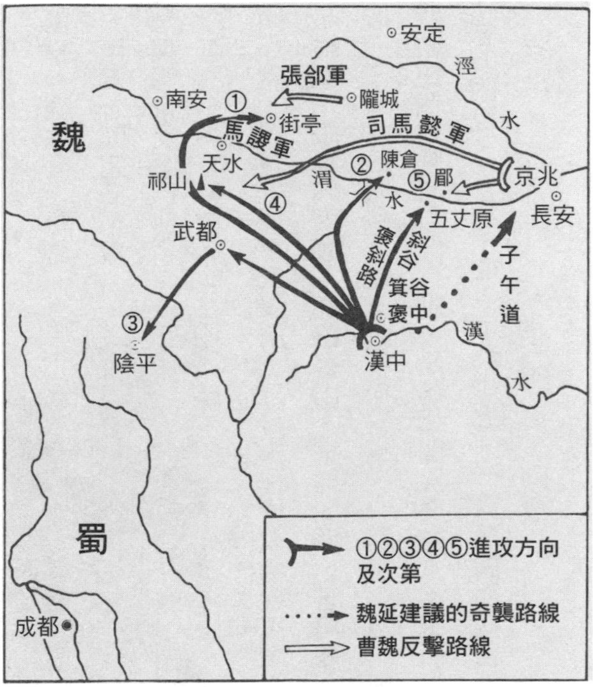

諸葛亮五次北伐路線圖

飲恨五丈原：諸葛亮北伐以失敗告終，不是意外。因為戰爭是政治、經濟、軍力的綜合較量，無論哪個方面，蜀漢都是劣勢。曹魏據有黃河流域，兵強馬壯，有雄兵五十萬，人才濟濟，勇略兼備，力量超過吳蜀兩國的總和，應付東西兩線作戰綽綽有餘。蜀漢偏據一州，兵弱將寡。諸葛亮慘澹經營，養成一支不到二十萬人的軍隊，既要留守後方，又要東防孫吳，還要維持糧運，所以每次用兵不過十餘萬人，只有數萬之眾投入第一線，因此只能在一個方向使用，不能數道並出。蜀軍在一個方向作戰，形成與曹魏打消耗戰，弱小之蜀註定要失敗，糧運不濟就是一個明顯的例子。在政治上，魏明帝不失為一個明主。他剛毅果斷、察納雅言、決策正確、反應迅速，這是暗弱的後主劉禪無法相比的。但是諸葛亮要竭盡忠誠以報知遇之恩，明知山有虎，偏向虎山行。用諸葛亮《後出師表》的話來說，與其坐以待斃，不如死中求活。不北伐就是坐以待斃，北伐還有一線生機。諸葛亮第一次出師，曹魏關中震響，隴右天水、南安、安定三郡叛魏。此役出其不意，確實是一次機會。但是魏明帝反應迅速，親鎮關中，緊急調兵入援，挽救關中不備的危局。諸葛亮第五次北伐，是一次難得的吳蜀步調一致的協同作戰。四月，蜀軍入秦川；五月，孫權大舉攻魏，親率十餘萬大軍向合肥，陸遜、諸葛瑾向襄陽，孫韶、張承向廣陵，三路齊出，來勢凶猛，智勇雙全的魏將滿寵準備退出合肥。魏明帝果斷地採取西守東攻的戰略，使辛毗杖節監軍，令與諸葛亮對陣的司馬懿堅壁不出，自己親率大軍東征。魏明帝這個堅強有力的行動，使孫權聞風喪膽，不戰而退，打破吳蜀的聯合進攻。諸葛亮陷入孤軍作戰的困境，欲進不能，欲罷不忍，一籌莫展而病逝五丈原。這正是：

五丈原遺址

出師未捷身先死，長使英雄淚滿襟！

大權旁落

後主劉禪，是一個可以為惡、可以為善的平庸人物。諸葛亮、蔣琬、費禕，相繼執政三十年。這個時期的劉禪，與善人為伍，垂拱無為，不干預朝政，其行為善，蜀國稱治。君主無為，臣子賢良，君臣一體，不能叫做大權旁落。君主有為，事事過問，聽信奸佞，禍國殃民，這樣就是大權旁落。

專制政體有先天的頑症，那就是：個人獨裁，皇帝權力至高無上。君主開明，國家稱治；君主獨斷，國家遭殃。諸葛亮主政，一心為公；後主劉禪垂拱，心有不甘。諸葛亮死後，各地要求立廟祭祀，言事的百官多次報告，後主就是不准為諸葛亮立廟，百姓四時在道路

定軍山諸葛亮墓

野外祭祀。直到蜀國滅亡的景耀六年（西元二六三年），步兵校尉習隆、中書郎向充聯名上奏，頌揚諸葛亮的功德，要求在成都立廟，後主仍然不同意，但是迫於情勢，允許在漢中沔陽立廟。此事或許表現後主內心的隱情。延熙九年（西元二四六年），蔣琬去世，費禕執政，後主開始親政。後主的心腹宦官黃皓開始染指政務，但是受到侍中董允、丞相費禕的節制，暫且無法專政。

延熙十六年（西元二五三年），費禕被曹魏降人、實為刺客的郭脩所殺，大將軍姜維主政。姜維長年征伐在外，董允亦死，黃皓權力日益增大。景耀元年（西元二五八年），後主大權獨攬，實際是黃皓專政，後主與小人為伍，開始作惡，行為不檢，生活奢靡。黃皓結黨營私，貨賄公行。無行百官，爭相依附，於是朝政日廢。大臣奏章要經過黃皓之手，應急事務往往被擱置。右大將軍閻宇投靠黃皓，陰謀取代姜維。姜維得到消息，到成都入宮啟奏後主，請求誅殺黃皓，政歸大臣。後主說：「黃皓只是一個侍奉我的家奴，沒有什麼作為。先前侍中董允要除掉黃

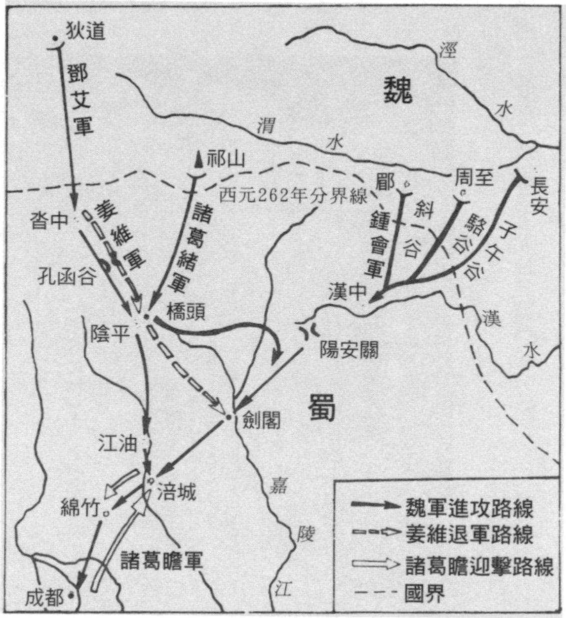

曹魏滅蜀進軍路線

皓，這件事情使我很不開心，大將軍何必又來提這件事情。」姜維見話不投機，連忙說了一些好話出宮。後主要黃皓到姜維面前謝罪，姜維趁機尋求脫身之計，他對黃皓說，現今軍糧緊張，自己要去沓中主持屯田，黃皓巴不得姜維遠離成都。黃皓報告後主，姜維去沓中屯田。姜維為了免禍，抽走幾萬精兵強將駐屯沓中，數年不回成都。姜維此舉，如同後世太平天國石達開西走，分散國力。姜維駐屯沓中，使得漢中空虛。曹魏偵知，立即著手伐蜀準備。

景耀六年（西元二六三年），鍾會治兵關中，即將大舉伐蜀。

姜維報告後主，建議朝廷派張翼和廖化督率諸軍，加強陽安關口和陰平橋頭的防務。如此重要的報告，黃皓扣下，他禱告鬼神，向後主報告，天下太平，沒有敵人侵犯。等到魏軍大舉進攻，後主匆忙派出廖化、張翼、董厥諸將領兵趕往前線。廖化等軍尚未到達，魏軍已經攻下陽安關口，漢中丟失。姜維與救援諸軍退守劍閣，鄧艾趁勢偷渡陰平，奇襲江油，直指成都。諸葛亮之子諸葛瞻與兒子諸葛尚迎戰鄧艾，兵敗綿竹，父子死於陣中。諸葛氏祖父孫三代，效力蜀漢，滿門忠良。

後主劉禪得知諸葛瞻敗沒，鄧艾兵臨雒城，非常驚慌。劉禪召集群臣會議，文武噤若寒蟬，拿不出主意，光祿大夫譙周倡言投降。劉禪命秘書史郤正起草投降詔書，當天送往鄧艾軍中。後主第五子北地王劉諶義憤填膺，主張背城一戰，為國死節。後主不從，劉諶哭於昭烈之廟，先殺妻與子而後自殺，算是給不戰而降的後主爭回一絲臉面。

樂不思蜀

曹魏咸熙元年（西元二六四年）正月，鍾會在成都謀反，衛瓘奉司馬昭之命討賊，成都大亂，鍾會和姜維死於亂軍，劉禪太子劉璿被亂兵殺害。劉禪暫住於舊宮，安然無恙。亂兵被平息以後，劉禪奉命東遷進京到洛陽。蜀漢舊臣，沒有幾個跟隨，只有秘書史郤正和殿中督張通拋妻別子，陪伴劉禪。劉禪嘆息慚愧，恨自己沒有及早發現郤正，沒有提拔郤正做官，當時的人很敬佩郤正。

劉禪到了洛陽，被封為安樂縣公，郤正被賜爵關內侯。

有一天，曹魏主政大臣司馬昭宴請劉禪，故意演奏蜀地音樂舞蹈，暗中察看劉禪的表情。劉禪嬉笑自若，跟隨劉禪的人觸景傷情，偷偷流淚。司馬昭對賈充說：「劉禪真是一個無情的人，完全沒有故國的情懷。即使諸葛亮不死，也無法輔佐他，何況是姜維！」賈充說：「劉禪如果英明，殿下怎麼可能俘虜他？」又一天，司馬昭問劉禪：「你想念蜀地嗎？」劉禪回答：「洛陽這裡很快樂，完全不想念蜀地。」成語「樂不思蜀」就是源自這裡。郤正知道了，請求見劉禪，然後指導他：「如果司馬昭以後問這個問題，你應該流著眼淚說：『先人墳墓遠在故鄉隴蜀，想到就會心痛，無時無刻不在思念。說完以後，就閉上眼睛不說話，顯現沉痛的樣子。」過了一陣子，司馬昭果然又問劉禪：「你想念蜀地嗎？」劉禪按照郤正的吩咐，回答司馬昭。司馬昭說：「你這句話，好像是郤正的口氣。」劉禪吃驚地說：「你怎麼知道，正是郤正教我的。」周圍的人聽了，無不哈哈大笑。

劉禪這樣呆傻，真是頭腦不健全嗎？當然不是。劉禪的舉動，說不上是大智若愚，但至少是裝呆裝傻，他的韜晦保身之術不減其父劉備。

西晉泰始七年（西元二七一年），劉禪去世，得以善終，享年六十五歲，謚曰思公。安樂縣公爵位，由第六子劉恂繼承。

劉禪有七個兒子：太子劉璿死於成都鍾會之亂中；次子劉瑤封安定王；三子劉琮封西河王，在蜀漢滅亡的前一年病死；四子劉瓚封新平王；五子劉諶封北地王，蜀亡，自殺；六子劉恂封新興王，入晉繼承劉禪安樂縣公；七子劉虔封上黨王，劉虔，又作劉璩。劉瑤、劉瓚、劉恂、劉虔四個兒子隨劉禪入晉，均死於西晉末年的永嘉之亂。郤正入晉，官至巴西太守。

劉禪檔案

姓名：劉禪
屬相：豬
享年：六十五歲
廟號：國亡，無
父親：劉備

出生：漢獻帝建安十二年（西元二〇七年）
卒年：晉武帝泰始七年（西元二七一年）
謚號：思公
陵寢：葬於洛陽
母親：甘夫人，追尊為皇后

初婚：張皇后，張飛長女

子女：七子

最得意：國亡而得善終

最不幸：幼失母愛

最擅長：韜晦如癡

配偶：歷史記載兩張皇后、王貴人、李昭儀

最失意：亡國之君

最痛心：群臣不戰主降

一第九章一

吳大帝孫權

孫權，字仲謀，三國時期吳國的開國之主，十九歲承父兄之業，尊禮英賢，撫納豪右，鎮撫山越，立足江東；繼而誅黃祖，走曹操，出濡須，戰合肥，北面爭衡；忍勾踐之辱，稱臣於魏，襲關羽，敗劉備，據有荊、揚、交三州之地，立國江南，與魏蜀兩國鼎峙而立，在歷史上佔有重要的一頁。

親賢貴士

西元二〇〇年，十九歲的孫權，從其兄孫策手中接過江東之眾，面臨動盪不安的險惡形勢。孫權在張昭和周瑜的盡心輔佐下，團結舊部，招延俊秀，討不從命，站穩腳步。但是，當時孫吳所轄只有會稽、吳、丹陽、豫章、廬陵、廬江六郡之地，偏安在江東一隅，而且在深山險阻之地，宗部林立，沒有完全服從，孫權要保有江東並且向前發展，任務是十分艱鉅的。「業非積德之基，邦無磐石之固」《三國志‧孫策傳》，孫權要走的路，正遠方長。

一個縱橫天下的英雄，善於識人和用人是成功的兩個基本條件。曹操、孫權、劉備善於識人又可以用人，故能為一世之傑。如果將孫權與曹操和劉備比較，在用人上，孫權兼曹劉之長而避其短，更善於識人和用人，以及培養人才。曹操用人，權謀巧偽，獨步當時。但是曹操生性多疑忌，「持法峻刻」，忠心耿耿的程昱、賈詡、劉曄等智士，十分謹小慎微，未能充分發揮其才能。劉備思賢若渴，寬仁待士，但是後期剛愎自用，用人唯親，所以蜀將大多不睦，壞了許多大

吳主孫權

事。孫權工於權術，但是不似曹操之險詐；孫權寬仁，但是不效劉備之用人唯親。《三國志・呂範傳》記載一個生動的事例，很有教益。孫權十五歲出任陽羨縣長，手下有一個功曹叫周谷，工於逢迎，善造假帳欺瞞上司，多支錢財以供孫權私求，很得孫權歡心。呂範主管財計，孫權每有所求，他都會記載下來向孫策報告，惹得孫權很生氣。但是到孫權統事的時候，卻重用呂範而罷黜周谷。更為難得的是，孫權不袒護宗族。孫皎是孫權叔父孫靜之子，戰功卓著，為征虜將軍，督夏口，因為酒醉侵侮甘寧，孫權知道以後，寫信責備孫皎。孫權語重心長地說：「甘寧性情粗魯，卻是一個真正的男子漢，我非常喜愛他，絕對不是個人私情。我喜愛的人，你卻憎恨，違背我的心意，怎麼可能長久？希望你謙虛寬厚，得人死力保衛國家，不可盛氣凌人。」言詞懇切和以大局為重的利害深慮，打動孫皎。孫皎上疏檢討，並且主動與甘寧和好，消除衝突。

以下，我們具體概括孫權的用人策略，以供評說：

其一，孫權用人，求其所長，棄其所短，不求全責備。他曾經與陸遜書，從容談論周瑜、魯肅、呂蒙、陸遜等人的功績和長短得失，很有雅量。孫權在信中明確提出「不求備於一人」的用人原則。孫權認為，魯肅有兩長一短，但是一短不足以損其兩長。呂蒙少時，果敢有膽氣，但是學問不足，孫權勸其讀書，後來學問大長，籌略奇謀可以與周瑜比肩。其他諸將如甘寧、潘璋驍勇忠勤而粗猛好殺，潘璋更是驕奢淫逸而屢犯法禁，孫權惜其才而諒其短，

張昭畫像

二人感其知遇之恩而效死力，立下無數戰功。孫權所用丞相，如顧雍、陸遜，具有王佐之才。孫權遣使曹魏的外交人才，如徐詳、趙咨，堪任專對，不辱君命。

其二，孫權從多方面破格起用人才，並且用人以專，信而不疑。「納魯肅於凡品」，「拔呂蒙於戎行」，「識潘濬於系虜」，深為臣下所折服。呂蒙粗疏而身微，孫權勸他學文讀書，智慧大增，成為一員儒將。說明孫權用人，授之以方，扶之使長，很得人心。孫權用人以專，信而不疑，也是十分感人。周瑜赤壁建功，引起曹操與劉備的忌憚，二人說周瑜壞話，孫權不為所動。曹操寫信給孫權，宣稱赤壁之戰，因為軍中有疾病，是自己燒船撤退，「橫使周瑜虛獲此名」。劉備到京口見孫權，挑撥離間，宣稱周瑜「文武籌略，萬人之英」，「恐不久為人臣」，孫權信任依舊。周瑜死後，孫權流涕說：「公瑾有王佐之資，今忽短命，孤何賴哉！」劉備東伐，諸葛瑾在南郡，有人告發他與劉備交通，孫權處之泰然，把信轉給諸葛瑾。孫權對人說：「孤與子瑜有生死不易之誓，子瑜之不負孤，猶孤之不負子瑜也。」陸遜鎮西陵，孫權委以結和吳蜀的重任，刻了一個自己的印章交給他。孫權寫給諸葛亮和劉禪的書信，都要陸遜過目刪定，然後蓋印發出。

其三，孫權深得用人之法，君臣和諧，結之以情。孫權與群僚相處，禮儀隨便，經常與群臣喝酒行令，調笑取樂，充滿義氣又節制分寸。他對文武重臣各有不同，待張昭以師傅之禮而兄事周瑜。張昭是孫策敬重的大臣，臨終託為輔臣。他容貌矜嚴、性剛辭厲、不苟言笑，經常與孫權衝突。最嚴重的一次，是公孫淵遣使稱臣，張昭認為有詐，反對孫權結納。孫權不聽，派張彌和許晏帶兵萬人入遼東，封公孫淵為燕王。果然如張昭所料，公孫淵殺害張彌和許晏，劫掠吳國兵船，

「自明於魏」。張昭因為孫權不採納自己的意見，稱病不朝。事後證明，孫權錯了，張昭對了。孫權後悔，多次派人慰問張昭，請他上朝，張昭固執不起。孫權親自去請，張昭仍然閉門不出。孫權沒有辦法，放火恐嚇張昭，誰知張昭把門關得更緊。孫權只好讓人滅火，站在門外久等。這時，張昭的兒子們強拉父親出門，孫權與張昭共坐一輛車回朝，並且深刻檢討，才算了事。像這樣的君臣關係，前無古人，後無來者。難怪周瑜對曹操所遣說客蔣幹說：「大丈夫處世，遇到知遇的明主，外托君臣之義，內結骨肉之恩，言聽計從，禍福與共。在這種情況下，即使蘇秦、張儀再生，酈食其復出，也不可能說得動我，哪裡是你可以辦得到的？」一席效忠之言，讓蔣幹佩服得五體投地，話到嘴邊只好嚥回去。

對於戰功卓著的將領，孫權不只是封邑賞賜，而且更重視給予政治禮遇，使之光耀於人前。赤壁之戰以後，魯肅歸來，孫權大請諸將相迎，並且親自下馬接待。孫權問魯肅：「這等禮節，是否夠氣派？」魯肅回答：「還不夠。我要的是至尊統一四海、總括九州、完成帝業，以朝廷安車徵召我，那樣才是最高的榮耀。」魯肅的回答，語驚四座，君臣大笑，一片和樂。呂蒙平定荊州，孫權在公安大會，慶賀勝利，當眾賜給呂蒙步騎鼓吹，會後用兵馬導從，選虎威將軍官屬為儀仗，前後鼓吹，光耀於路。陸遜擊退曹休魏軍，孫權召見，假黃鉞，親自執鞭相迎，禮遇之高，達於極限。賀齊征討，立功還郡，孫權親自出

魯肅畫像

郡迎接，作樂舞象，以示隆重。孫權又賜給賀齊駢車駿馬，讓賀齊罷騎就車，賀齊推辭不敢，孫權讓左右扶賀齊上車，令儀仗導從。孫權目送賀齊坐車遠去，離開百餘步才轉身起行，並且對左右說：「一個人做事，應該努力建功，不然無法得到這樣的殊榮。」可以說是一語道破天機。

孫權親賢貴士，懂得尊重他們，調解衝突的同時，也注意保護他們的尊嚴。西元一九六年，孫權在宣城被山越所困，短兵相接，身陷重圍，敵人的刀劍砍中孫權的馬鞍，情勢萬分危急。周泰死命衝突，身受十二處大傷，保護孫權死裡逃生。西元二一三年，孫曹濡須之戰，孫權用周泰為濡須督，東吳名將朱然、徐盛為周泰部將，心中不服。孫權不動聲色，為諸將舉行宴會，親自給周泰敬酒，讓周泰脫下衣服，亮出累累創傷，講述每個疤痕的戰鬥事蹟。君臣二人一問一答，說到動情處，孫權拉住周泰的臂膀，泣不成聲，把自己用的頭巾和車蓋賞賜給周泰。宴會結束，孫權奏軍樂，在肅穆的鼓角聲中，讓周泰做前導，諸將簇擁，散出宴會場地。孫權動之以情，使諸將和睦，朱然和徐盛心悅誠服。假如孫權簡單地陳說周泰功績，用以顯示自己的決斷正確，朱然和徐盛一定不會心服。孫權擺酒設宴，在和睦輕鬆的氣氛中，巧妙地處理衝突，任何一方都不受傷害，真是一個調解糾紛和駕馭部下的能手。

孫權對文武大臣的生活起居和生老病死極為重視。呂蒙生病，孫權派醫送藥，為之減膳。張昭、顧雍、朱然、呂範的喪禮，孫權親臨弔慰，素服舉哀。周瑜、魯肅、呂

顧雍畫像

蒙、甘寧、凌統死後，孫權為之痛惜，流涕哀傷，厚待家屬。凌統死後，留下兩個兒子，孫權養於宮中，待之如同親子。每次宴請賓客，孫權叫他們來會客，並且誇獎他們：「此吾虎子也。」又延請師傅，令其修文習武，長成承其父兵。孫權如此對待諸將，孫吳臣工自然樂於效命。

在孫權「親賢貴士，納奇錄異」（《三國志‧魯肅傳》）的用人政策下，遠近奇士爭相效命，使得孫吳人才濟濟，雖然遜於曹魏，卻遠遠超過蜀漢。虞翻，曹操徵之不去。甘寧，蜀將，冒難來投。由孫權舉拔的文武大臣如銀漢星光，燦爛奪目。顧雍、諸葛瑾、步騭、嚴畯、闞澤、薛綜、士燮、魯肅、呂蒙、周泰、凌統、徐盛、潘璋、丁奉、朱然、呂範、朱桓、陸遜、陸抗、呂岱、周魴、鍾離牧、潘濬、陸凱、是儀、胡綜、陸績、諸葛恪，都得到效命的機會，各盡其能。父兄孫堅、孫策留下的功臣宿將有程普、黃蓋、韓當、蔣欽、陳武、董襲、朱治、張昭、張紘、太史慈、周瑜、虞翻、賀齊、全琮，亦傾心折服，輔弼孫權。縱觀江東才俊，近四分之三為孫權所舉拔。如此眾多的人才，效命孫權，他怎能不據有江東！所以王夫之說：「蜀漢之義正，魏之勢強，吳介其間，皆不敵也，而角立不相下；吳有人焉，足與諸葛頡頏，魏得士雖多，無有及之者也。」（《讀通鑑論》卷十）

扶植部曲

西元二〇〇年，孫權統事，著手建立吳國。《吳主傳》有以下一段記載：「待張昭以師傅之禮，而周瑜、程普、呂範等為將率，招延俊秀，聘求名士，魯肅、諸葛瑾等始為賓客。分部諸將，鎮撫山越，討不從命。」這段話概括起來是兩項基本國策：一是扶植部曲，二是鎮撫山越。這裡先述說扶植部曲，具體措施如下。

其一，撫納豪右，擴大立國基礎：東漢末年，「天下大亂，豪傑並起」。當時，「家家欲為帝王，人人欲為公侯」，地方豪強組織的私兵部曲遍地林立，有宗兵，有部黨，有親兵、義從，有招募。宗兵以宗室親族為主體，部黨以鄉里附從為主體，親兵、義從以賓客或豪俠為主體，招募以流民或強附的平民為主體。江東地區和平原山谷的漢族聚居區，豪強部曲林立；山嶺地區遍布山越宗部。強大的宗部勢力與豪強勢力，既是孫氏集團立足江東的主要障礙，又是孫氏集團的立國基礎。孫堅起自寒微，在江東社會基礎不厚，孫策渡江大開殺戒，盡誅江南名豪，為立足江東鋪平道路。吳郡太守許貢就是孫策所殺的地方豪強之一。許貢幼子與賓客復仇，刺殺孫策，給孫權敲響警鐘，想要站穩腳步，就要取得地方豪強的支持。在戰亂之中，江東大族也希望有一個強大的軍事集團來保護自己的利益，孫氏勢力在江東的迅速發展，成為他們的理想人物。此外，從江北流移到江南的外籍部曲希望在江東建立根基，一方面竭誠擁護孫氏，另一方面希望與江東土著豪強和平共處。孫氏一方面要保護土著豪強，一方面要發展外來部曲在江東立足，擴大統治基礎。這樣一來，扶植部曲就成為必然的施政措施。根據《三國志・吳書》所立專傳人物，將孫氏宗室除外，總共五十九人。北方立傳人物三十一人，徐州九人：張昭、諸葛瑾、步騭、張紘、嚴畯、魯肅、徐盛、呂岱、諸葛恪；豫州六人：程秉、薛綜、呂蒙、呂範、胡綜、樓玄；青州五人：劉繇子劉基、太史慈、是儀、劉惇、滕胤；幽州二人：程普、韓當；兗州二人：潘璋、濮陽興；司州一人：趙達；揚州江北六人：周瑜、蔣欽、周泰、陳武、丁奉、王蕃。南方立傳人物二十八人，荊州僅二人：黃蓋、潘濬；益州一人：甘寧；交州一人：士燮；揚州江東二十四人，吳郡十四人：顧雍、陸遜、陸績、陸瑁、陸凱、朱桓、朱據、張溫、凌統、吾粲、全琮、周魴、韋曜、華覈；會稽八人：闞澤、虞翻、賀齊、賀邵、鍾離牧、董襲、駱統、吳範；丹陽二人：朱治、朱然。上述五十九人可以分為三個系統：一是江東大族，如吳郡吳縣之顧、陸、朱、張四姓，錢塘之全氏，陽羨之周氏，丹陽之朱氏，會稽之虞氏、賀氏。二是北方南渡大族，有張昭、張紘、諸葛瑾、步騭、周瑜、魯肅、嚴畯、程秉、薛綜、胡綜等人。三是追隨孫氏的南北庶族將領，如呂蒙、呂範、程普、黃蓋、韓當、周泰、陳武、董襲、甘寧、凌統、徐盛、潘璋、丁奉等人。孫氏立國初期，南渡世族及部曲將領佔據主導地位，他們希望有一個前程和立足點，富有進取性。魯肅南渡的時候對宗族徒附說，北方混亂，江南富庶，可以避害，你們「肯相隨俱至樂土，以觀時變乎？」其屬三百人隨魯肅南渡。三國鼎立形成以後，江東大族日益佔據主導地位。孫權為了取得三個系統的人員支持，用領兵與鎮撫山越的方法，大力扶植部曲，這就是孫吳部曲迅速發展的根本原因。換句話說，為了共同的政治經濟利益，江東大族與江北世族和孫氏部曲聯合組成江東政權，外禦強敵，內撫山越。孫氏江東政權的這個性質，在陸凱的上疏中說得十分清楚。陸凱說：「先帝外仗顧、陸、朱、張，內近胡綜、薛綜，是以庶績雍熙，邦內清肅。」

其二，授兵奉邑制與復客制：授兵、奉邑、復客是孫吳部曲領兵制的三個環節，這是新形勢下的宗族領主制。孫權統事，命張昭與孫邵、滕胤、鄭禮等人「採周、漢，撰定朝儀」，周代分封諸侯，漢代是中央集權郡縣制。江東林立的豪強宗部，事實上是半割據狀態的封建部曲，宗主與部曲之間有強烈的人身依附關係。孫權承認這個現實，給予諸將授兵、奉邑、賜復客，不同於周代的分封，也不是漢代的中央集權，是雜糅周、漢制度的混合體，所以名之宗族領主制，也可以說是孫氏政權結納豪右在政治經濟上的一種分利。

授兵制，又稱給兵，《吳書》有大量記載，如吳奮拜將，封侯、授兵；周瑜拜將授兵。程普、陳武、蔣欽、周泰、太史慈、董襲、甘寧、徐盛、朱然、呂範、朱桓、陸績等傳，都記載拜將授兵的事例。一般五百，最多兩千人，宗室將領授兵多於異姓將領，多至三千人。東吳將領只要拜將或封侯，都可以授兵，父死子繼，兄終弟及，世襲領兵。

奉邑制，是伴隨授兵所劃定的軍賦食邑，如孫皎拜護軍校尉，領眾兩千，賜沙羨、雲杜、南新市、竟陵為奉邑，自置長吏。孫韶為將軍，食曲阿、丹徒二縣，自置長吏。奉邑與封爵采邑不同，采邑是分封的私邑，奉邑屬於國有，只是租稅供軍賦。領兵將領無奉邑者，往往兼太守、縣令，以地方租賦供軍食。功多者，既為太守、縣令，又賜奉邑。

復客制，是政府賜給有功將領的私屬，他們對國家不出租役，所以稱為復客。《呂蒙傳》記載，孫權嘉蒙功多，「別賜潯陽屯田六百戶，官屬三十人」。呂蒙死，又賜「守塚三百家，復田五十頃」。《蔣欽傳》記載，蔣欽死，「以蕪湖民二百戶、田二百頃，給欽妻子」。《潘璋傳》記載，潘璋死，賜「復客五十家」。

其三，聯姻結緣，鞏固統治集團：授兵制、奉邑制、復客制，在政治經濟上保護豪右的利益，孫權認為不夠，還在思想感情上建立密切關係，就是用聯姻手段來鞏固世族聯盟。在封建社會，婚姻從來就是一種政治行為。孫權要把孫氏皇族與江北世族和江東大族拉在一起，榮辱與共，聯姻是一種很好的手段。孫策與周瑜拜盟為兄弟，又同娶喬玄二女——國色天香的大喬和小喬，傳為佳話。大喬配孫策，小喬配周瑜，周瑜又與孫權結為兒女親家。

孫權的寵妃步夫人，是江北世族步騭的同

岳陽二喬廟

族，她為孫權生下兩女，長曰魯班，小名大虎；次曰魯育，小名小虎。魯班先嫁周瑜長子周循，周循死後，改嫁江東錢塘的大族全琮。魯育，前配朱據，後嫁劉纂。周瑜有兩男一女，女配太子孫登，男循尚公主魯班，可以說是親上加親。孫策有三女，皆由孫權擇婿，一女嫁丞相顧雍之子顧邵，一女嫁名門陸遜，一女嫁朱治次子朱紀。顧陸兩姓是吳郡大族，朱治是丹陽大族。這種以婚姻關係的拉攏，以血緣為紐帶，有力地把江東、江北、皇權之間的利益與關係焊接起來，有利於孫吳政權的鞏固，也有利於世家部曲勢力的發展。《朱治傳》記載：「公族子弟及吳四姓多出仕郡，郡吏常以千數。」

綜上所述，孫權立國江東，起自寒微，沒有太多憑藉，依靠江北和江東的大族支持打天下，所以採取與曹操相反的政策，大力扶植部曲發展。曹操統一北方，挾天子以令諸侯，抑制部曲發展，世家豪族的私兵部曲被統編在國家控制的士籍或屯田民中。江南世族發展方興未艾，江東大族可以說是在孫權的扶植下壯大起來的。孫氏政權施行的封授領兵制度，使江南部曲人數迅速膨脹，發展成一個且耕且戰的兵戶階層，為魏晉南北朝江南世族莊園的發展鋪平道路，對歷史產生深遠影響。

鎮撫山越

鎮撫山越，是一個民族政策問題。孫吳全盛時期，據有荊、揚、交三州之地。少數民族，荊州西部有武陵蠻，交州有南越，揚州有山越。武陵蠻和南越處在孫吳的邊遠地區，山越處在腹心地帶，即孫吳統治中心揚州。山越遍布於揚州各郡山嶺地區，人口居揚州之半，因此如何鎮撫山越是立國的頭等大事，孫權花費五年時間大致穩定局勢，直接影響全據長江的戰略方針。西元二〇〇年至二〇五年，孫權全力鎮撫山越，無法在曹操用兵河北的時候來爭奪荊州。因此，鎮撫山越與三國鼎立也有密切的關係。

孫權鎮撫山越的措施：山越以農耕為主，「白首於林莽」，不入平地，不進市邑，不對長吏，不輸租賦。漢末大量逃避賦役與避罪的漢民，即「逋亡」、「宿惡」，大多逃入山區與山越結合，推舉宗帥，恃險自守，抗拒向政府交納租賦和服徭役。所謂山越，就是居於深山的越

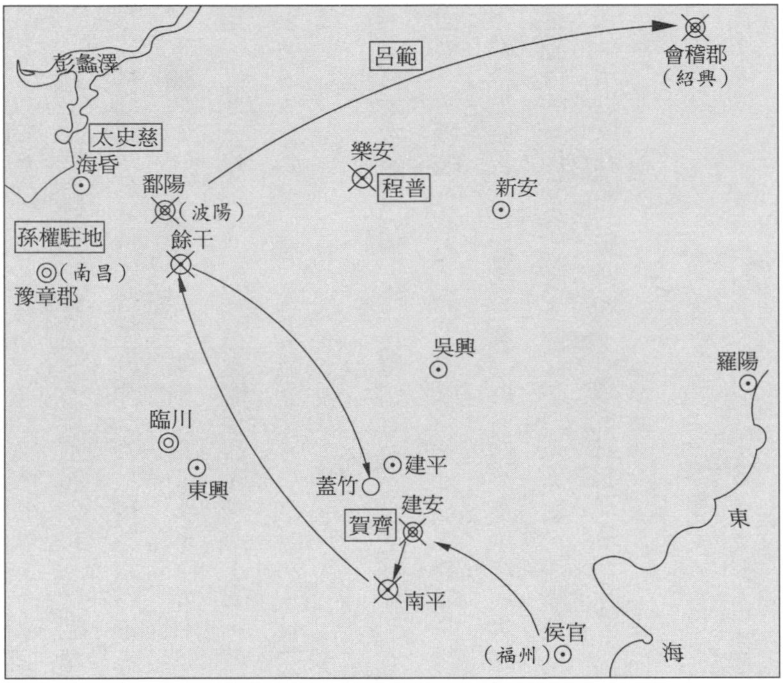

孫權平山越

人，他們是秦漢時期大量內遷的半漢化越人的後裔，是帶有濃厚的氏族制遺俗與封建性相結合的社會組織，形成同一宗族、同一鄉里聚居的習慣。他們以「宗」為組織基礎，所以稱宗部，部曲稱宗伍，首領稱宗帥。山越宗部與「逋亡」、「宿惡」結合，往往有數千數萬之眾。他們為了擴大聲勢，接受曹操給予的印綬。鄱陽彭綺、尤突，丹陽費棧，接受曹操所封印綬，眾數萬。福建境內的宗部，如洪明、洪進、苑御、吳免、華當等五人，「率各萬戶」，吳五、鄒臨各有六千戶。因此，山越割據成為孫權的心腹大患，又欲驅略其民補兵墾田，所以自始至終貫徹一條強征壓服的路線，而不是招撫。高壓征服的具體措施，主要有以下幾項：

其一，分割郡縣。孫吳不斷設置新郡，目的就是「立郡縣以鎮山越」。分割郡縣，用能征善戰的高級將領擔任郡守縣令，將山越分割征討，如黃蓋「凡守九縣，所在平定」，賀齊討伐丹陽郡黟、歙二縣山越，孫權分歙縣為始新、新定、黎陽、休陽、歙五縣，加黟縣共六縣，置新都郡，以賀齊為太守。孫吳黃武五年（西元二二六年）所立東安郡，就是為分割丹陽、吳、會稽三郡險要地而設置，黃武七年罷置。江東五郡，經過孫權、孫亮、孫皓相繼分割，共置十四郡，即丹陽、吳、會稽、吳興、新都、東陽、臨海、建安、豫章、鄱陽、臨川、安成、廬陵、廬陵南部。郡縣增多，分割山越，便於控制。

其二，分部諸將鎮撫。孫權趁北方多事之秋，於西元二〇〇年到二〇七年，集中全力鎮撫山越。根據《三國志・吳書》記載，孫吳征討山越的將領有四十人之多。諸將兼任郡守或是縣令和縣長，以便安置被驅逐的山越「強者為兵，羸者補戶」。陸遜、駱統、諸葛恪等人，在他們征討山越的疏令中明確地說，取其精銳，擴充部伍。《三國志‧吳書》賀齊、周瑜、陸遜、張昭、凌統、全琮、諸葛恪、顧雍、鍾離牧諸傳記載，孫吳征討山越，斬殺兩萬餘人，俘獲和誘納的強者，被編為部曲為兵的有十五萬人。以一兵一戶計，山越人被編為兵戶的前後有十餘萬戶。諸將征討所得，孫權承認征討者據為部曲。難怪孫吳許多將領去征討山越，這可以說是利益均佔。不難看出，孫權鎮撫山越與扶植部曲這兩項基本國策，實為一體。

其三，圍困山越，驅趕下山。孫吳鎮撫山越採取高壓政策，前期與後期手段略有不同。前期以賀齊為代表，主要用驅趕和殺擄的方法，「揀其精健為兵，次為縣戶」。西元二〇八年，賀齊討伐丹陽黟、歙二縣山越，斬首七千；西元二一六年，賀齊與陸遜討伐鄱陽尤突，斬首數千。後期以諸葛恪為代表，主要用圍困和招誘的威恩並施的方法，驅趕山越下山。西元二三四年，諸葛恪自薦討伐山越，孫權以諸葛恪為丹陽太守，至西元二三七年，三年得甲士四萬，「恪自領萬人，餘分給諸將」。諸葛恪的方法是長期包圍山越，不與交鋒，等到穀稼將熟，縱兵芟刈莊稼，使之無遺種。舊糧吃完，新糧不收，於是山越饑窮，老幼相攜而出。在圍困的同時，諸葛恪頒布布告招撫，山越下山，不允許捉拿治罪。臼陽縣長胡伉將出降的山越曾經下山為惡的人抓獲縛送丹陽，諸葛恪以違反軍法為由，將胡伉斬首，釋放被抓的山越。諸葛恪用此法向山越表示，政府無惡意，只是要他們下山，於是山越紛紛下山。諸葛恪的圍逼招降，相比賀齊等人的征討殺掠是比較輕的壓迫，但是宗旨一樣，就是要驅使山越強者為兵，弱者補戶。結果是諸葛恪的圍逼招降比所有將領的征討收效更大。

孫權鎮撫山越的影響與意義：孫吳的高壓掠奪政策，給山越帶來深重的苦難，激起山越不斷的反抗。他們憑藉深山險阻，經常揭竿而起，攻沒郡縣，殺掠官吏豪強。根據林惠詳《中國民族史》的統計，山越反抗孫吳政權的鬥爭，地域範圍先後有六十餘縣，遍及江東各郡。反抗首領稱「帥」的十二人，稱「名」而無銜的二十三人，不出名的首領十人。鄱陽彭綺自稱將軍，眾數萬。山越的反抗，經常牽制孫吳問鼎中原的力量。西元二〇三年，孫權西征黃祖，「破其舟軍，唯城未克」，由於「山寇復動」，只能功虧一簣，還軍討伐山越。西元二〇七年和二〇八年，孫權行營柴桑，兩次征黃祖，雖然力征殲滅黃祖，仍然由於山越的牽制，未能動搖荊州。所以，陳壽評曰：「山越好為叛亂，難安易動，是以孫權不遑外禦，卑詞魏氏。」吳蜀重新結盟，孫權令吳國使臣張溫對諸葛亮解釋：「若山越都除，便欲大構於丕。」也說明討服山越是孫吳內政的頭等大事。孫權遲至西元二二九年正式稱帝，與山越問題解決、國內政治穩固、孫吳力量增強有關。

三國時期，周邊民族分別與魏蜀吳三國政權發生關係，由於三國具體環境不同，民族政策有很大的區別。曹魏在北方，國境線長，民族問題最複雜。從東到西，國境內有烏桓、匈奴、氐、羌；塞外有鮮卑、東夷、西域諸民族，烏桓、匈奴、氐、羌還有一部分散居塞外。曹魏對國境內的烏桓、匈奴、氐、羌採取先征服而後遷徙分散、調其租賦、徵其兵役的政策，可以稱為強制同化政策。對塞外鮮卑實行分化懷柔和招誘內附的政策，歷史上稱為羈縻政策。曹魏對東夷和西域各部族政權主要用賜與

三國吳「大泉當千」銅錢

貢的經濟外交手段使之賓服，在鞭長莫及之地輔之以征討遷徙。西元二四六年，幽州刺史毌丘儉征高句麗，移其降民數百家於滎陽。曹魏施行強制同化的民族政策，徵調其兵役租賦以增強國力，效果立竿見影。這個政策是曹操在統一北方的過程中制定並且付諸實踐，其後田豫、梁習、牽招等人在推行中也獲得很大的成功。消極後果是曹操招誘內徙於關中和并州的各族人口過多，關中幾乎超過一半是氐、羌，奠定西晉時期北方民族混戰的基礎，這是曹操始料未及的。

蜀漢的民族政策早在立國之前就確定和撫的方針，即「西和諸戎，南撫夷越」。諸葛亮制定的民族政策，是針對蜀漢的地理環境和民族地區經濟文化條件所提出。蜀漢的統治中心在四川盆地，四周都是險峻的山地，居住著許多民族，兩漢時期總稱西南夷。巴蜀以西以北為西夷，主要為氐、羌；以南即今雲貴地區和川西南西昌地區為南夷，有青羌、叟、嶲僚、濮等多種民族，史稱南中。漢武帝開通西南夷，雖然設置郡縣，但是因為交通不便，漢文化難以深入夷人村寨，所以大致是依其「故俗治」（《史記・平準書》）。諸葛亮平定南中，不留漢人做基層官，不留漢兵防夷人，實質是仿效漢武帝的依其故俗治，籠絡少數民族上層人物賜以王侯之印，使其歸附，調其財賦，徵其兵役。從階級觀點來看，蜀國民族政策最平和，但是從歷史發展來看，不利於民族融合，直到明清改土歸流，西南夷真正滲透漢文化，促進這個地區的進步。但是在蜀國弱小的情況下，諸葛亮的和撫政策也是最明智的。

孫吳政權以江東六郡之地，抵抗中原百萬之眾，兵源不足，勞力缺乏，山越佔人口之半。在這種背景下，孫吳驅掠山越下山，強制編入部曲和戶籍，也是必然之勢。孫吳的高壓民族政策，帶來政局不穩，尤其是孫權執政之初，全力鎮撫山越，失去奪取荊州的最佳時機，以至於孫劉結盟，改變全據長江的立國路線，也是迫不得已。從民族本身的客觀情況來看，山越已經是半漢化的民族，所以孫吳將民族政策和生活習俗直接施於山越就有現實基礎。從歷史發展來看，最有利於民族融合。由於山越已經半漢化，所以他們接受漢族豪族地主和曹魏的挑動，孫吳的民族高壓政策更帶有階級壓迫的性質，掃蕩山越強宗，如尤突、彭綺之輩，可以說是討逆平叛。因此，隨著孫吳國勢的發展和統治的鞏固，山越反抗的事件和規模日漸減少和減弱。從史籍記載來看，山越之名始見於《後漢書》，到了《舊唐書》偶有提及。《三國志》、《晉書》、《南史》等書記載較多，《三國志》記載最多，說明魏晉南北朝是江南漢人和山越民族融合時期，孫吳的民族政策將漢人和越人強制統一編戶，給融合奠定政治基礎。山越從山上被驅趕到平地，宣告他們原先分散、閉塞、隔絕於世、老死林莽這個落後保守生活習俗的結束，客觀上有利於山越民族的進步和進化。山越強者為兵，弱者補戶，使社會組織與漢族一體化，十分有利於語言習俗的交流，不僅加速民族融合，而且兩族混同雜居，有利於生產技術的交流，共同推進對江南地區的經濟開發。透過與魏蜀兩國民族政策的比較，可以看出，魏蜀吳三國施行的不同民族政策，都符合自己的國情，各自採取正確的方法。三國鼎立，生存競爭的嚴峻形勢迫使各國統治者都要施行成功的民族政策。在這個意義上，孫吳的鎮撫山越，是適合於當時環境的成功政策，這是應該肯定的。

赤壁敗曹

發生在西元二〇八年的赤壁之戰，在中國軍事史上，是一場以少勝眾、以弱克強的典型戰例。這場戰役的政治意義大於軍事意義，是曹孫劉三家拉開鼎立序幕的一場戰爭，因此是人們喜歡評論的熱門話題。歷史小說《三國演義》用了八個回目（第四十三至第五十回）的巨大篇幅來描寫赤壁之戰，威武雄壯，精彩動人。這場戰役的特點是「群英會」，經過幾十年征戰錘煉的三方英傑會聚一堂，進行決定歷史命運的決鬥。結果孫劉聯軍取得勝利，曹操大敗虧輸，退回北方，進而定下三分鼎立之局。

周瑜火燒烏林：西元二〇八年十月，曹操與周瑜率領的孫劉聯軍在赤壁相遇。赤壁在今湖北蒲圻長江南岸，與北岸烏林相對。

周瑜畫像

曹操順流東下，水陸並進，夾岸而行，佔有長江天塹。但是曹操水軍是剛歸附的荊州水軍，原本就不是孫吳水軍的對手。北方士兵不習慣乘船，夾岸推進，已經染上疾病。周瑜利用水上優勢，奪得序戰勝利，滅敵威風，壯已士氣。史稱周瑜西上，與曹操「初一交戰，操軍不利，引次江北」（《資治通鑑》卷六十五）。由於聯軍在內線作戰，曹軍不敢屯軍江南，收縮在北岸烏林與南岸赤壁聯軍隔江相峙。為了訓練北方士兵習慣乘船，曹操下令把戰船用鐵鍊首尾連接起來，以減輕船身的搖晃，並且形成水寨，防止敵軍偷襲。北方士兵走在連接的船上，如履平地。但是這樣一來，使船艦失去機動性，被聯軍先鋒大將黃蓋探知，向周瑜提出火攻的建議。為了麻痺曹操，周瑜讓黃蓋秘密寫投降書獻給曹操。投降書說：

> 我在江東深受孫氏厚恩，擔任將帥，理應效命。但是天下大勢歸於一統，用江東六郡的兵力來抗拒中原百萬之眾，寡不敵眾，全天下的人都看得很清楚。江東的將帥，無論智愚，都知道不能對抗。只有周瑜和魯肅褊狹淺薄，不明大勢。現在我歸順曹公，真心實意。周瑜所領的軍隊，是容易打敗的。等到雙方交戰之日，我願意利用先鋒的便利，相機行事，以效命曹公。

黃蓋畫像

曹操收到投降書，本來懷疑黃蓋有詐，但是看到信中所說合情合理，東吳將領主和的聲音似乎還在耳邊，於是深信不疑，與送信人約定黃蓋投降的時間和信號。

到了約降之日，黃蓋帶領十隻戰船，船上裝滿乾草，浸上油液，外面用布幕遮裹起來，插上旗號，然後在戰船後面拴上機動小舟。這一天，東南風吹得很急，船到江心，張起船帆，戰船飛快向北駛去。快到曹軍水寨，黃蓋命兵士大喊：「黃蓋來投降了。」曹軍走出船艙觀望。這時，黃蓋讓軍士放火，然後跳上小船退走。十隻戰船，一齊燃燒起來，火藉風勢，風助火威，頃刻之間，火船接靠曹軍水寨，大火很快吞沒曹軍水寨，不久又蔓延到岸上營寨。曹軍大亂，孫劉聯軍趁勢猛撲過來。曹軍本來就是疲憊之卒，遭到突如其來的攻擊，大火漫天，完全失去抵抗能力，被殺得屍橫遍野，全軍潰散。

在戰鬥中，黃蓋翻身落水，被吳軍救起，混亂中不知是黃蓋，被放置在廁所中。當時天寒，黃蓋落水，全身透濕，很快冰凍，全身僵直，奄奄待斃。這時，韓當路過，黃蓋拼命喊叫一聲，韓當聽得是黃蓋呼喚，連忙脫衣包裹，黃蓋得救生還。由此可見，當時戰況之激烈。

在寒風煙火中，曹操帶領殘兵敗將，匆忙從陸路經華容（今湖北監利東北）逃向江陵。途中滿是泥濘，戰馬士兵陷入泥濘中，死亡無數。曹操派兵收束柴草填路，艱難前進，士兵爭先恐後，互相踐踏。聯軍緊緊追擊，曹軍一路敗逃，狼狽不堪。

曹操吃了敗仗，頭腦冷靜下來，立刻顯現自己的睿智與政治遠略。他預料孫權會進軍合肥，令騎將張喜領兵馳援。曹操深恐許都不穩，留下征南將軍曹仁、橫野將軍徐晃守江陵，折衝將軍樂進守襄陽，自己率軍迅速退回北方。曹操深深痛悔，頓足長嘆，呼喊郭嘉的表字：「如果郭奉孝還活著，我不會打敗仗。哀哉奉孝！痛哉奉孝！惜哉奉孝！」

赤壁之戰，將雙方主謀人物進行年齡對比，是很有意思的。曹操五十四歲，周瑜三十四歲，魯肅三十七歲。簽訂孫劉結盟的兩位主要人物，諸葛亮二十七歲，孫權二十六歲。赤壁之戰不僅是以少勝眾，而且是後生戰勝前輩。後來的夷陵之戰，也是後生戰勝前輩。當時，劉備六十三歲，陸遜四十歲。三國時期的風雲人物，閃光的年華都在中青年時代，曹操建立功業最輝煌的時期，也是他的中年。

孫劉聯軍主將周瑜雖然年輕資淺，但是智謀深廣、心胸開闊、謙虛寬厚，善於團結長幼，這也是取得勝利的原因，他團結程普的故事十分感人。程普，字德謀，右北平土垠（今河北豐潤東）人，東吳三朝元老宿將，早年跟隨孫堅南征北戰，是孫堅的左右手，後來佐孫策渡江，忠心耿耿又作戰英勇。孫策攻打祖郎，陷入重圍，程普單槍匹馬，向敵人疾呼衝殺，救出孫策。他輔佐孫權鎮撫山越，從征江夏黃祖，多立戰功。他年齡大，資格老，戰功卓著，全軍將領尊稱他為「程公」，有極高的威信。孫權用程普為副統帥輔佐周瑜，他心中很不服氣，用語言譏諷，不服調度，險些壞了大事。周瑜以大局為重，「折節容下」，逐漸尊重程普，並且虛心

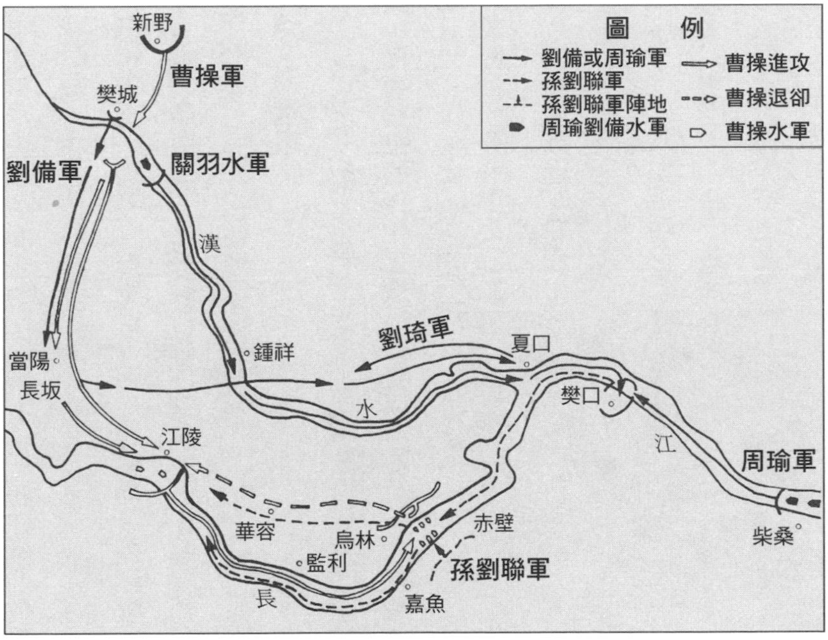

赤壁之戰形勢圖

向程普請教。周瑜以豁達的心胸感動程普，二人逐漸親近。程普改變態度，也尊重周瑜，經常對別人說：「和周公瑾交朋友，如同飲美酒一樣，不知不覺讓人陶醉。」這樣一來，新老結合，發揮各自的長處，全軍團結如一人，大大增強聯軍的戰鬥力。

結局和影響：赤壁之戰，曹操敗北，給人們留下許多思考。總是以少勝眾的曹操，為什麼在優勢情況下打了敗仗？勝敗乃兵家常事，為什麼曹操一戰敗北，就被長江鎖住腳步，形成鼎立局面？這是一個問題的兩個方面，用一句話來說，為什麼赤壁之戰拉開鼎立的序幕？

我們不妨從分析雙方的戰略得失入手，找到它的答案。

從曹操方面來看，冒進赤壁，謀略失算。曹操發動赤壁之戰，是蕩平江南戰略思考的組成部分。荊州雖然不戰而得，但是數十萬大軍奔襲，需要強大的後勤支援。劉表保境安民，在軍閥連年混戰形勢下，荊州是一方樂土，深得民心。劉琦是正宗代表，荊州士眾迫於兵勢，並未心服。在這種情況下，曹操應該聽取賈詡和程昱的建議，緩進東南，阻止孫劉結盟。然而，曹操急於東進，在西元二〇七年二月發布的《丁酉令》就按捺不住地顯露出來。令文說：「天下雖未悉定，吾當要與賢士大夫共定之……其促定功行封。」一個「促」字，表現曹操的緊迫感。他大封功臣二十餘人為列侯，其餘依次授封，又撫恤死事之孤，是預演開國大典的帝王之禮，收買人心，鼓勵軍心。曹操「要與賢士大夫共定之」，早日完

吳國弩機

成統一大業，無可非議。但是，曹操和袁紹一樣，由於篡漢之心過早萌動使自己急於求成，冒險發動赤壁之戰，葬送統一的大好形勢，也無可諱言。

諸葛亮和周瑜分析曹軍必敗，其因有四：第一，北土未安，則有後患；第二，不習水土，必生疾病；第三，戰線太長，供應不濟；第四，北方步卒，不習水戰。曹軍的這些敗因，都不是根本性的。曹操之敗，失之在「急」，如果多做休整，這些因素都可以克服。由於急於東進，也就是冒進赤壁。在戰略上犯了以下四個錯誤，赤壁戰敗，也就不足為奇。

其一，不知彼己，低估對手，推動孫劉結盟。曹操給孫權下戰書，虛張聲勢，嚇到庸人，但是對於劉備、孫權、諸葛亮、魯肅、周瑜這些縱橫天下的人物，適得其反，正好給孫劉結盟添加催化劑，這是曹操的最大失策。

其二，氣量狹窄，驕傲輕狂。曹操南下，益州牧劉璋派遣三批使臣向曹操致敬。前兩次，曹操厚禮相待。第三次，劉璋派張肅之弟張松使曹。這時，曹操已經得到荊州，打敗劉備，目中無人，不禮遇張松。張松轉身投效劉備，回到成都以

赤壁之戰遺址

後，誹謗曹操，稱譽劉備，勸劉璋結納劉備抗禦曹操。東晉習鑿齒對此評論：「從前齊桓公驕傲，有九個諸侯背叛齊國，曹操自高自大而導致天下三分，把幾十年的辛勞在一眨眼之間毀掉，真是可惜啊！」（《三國志・劉二牧傳》）

其三，不聽勸諫，剛愎自用。曹操在艱難環境的時候，可以聽取謀士意見，當機立斷，用兵如神。但是他本性權詐機變，認為荊州到手，「天下已定」，無法聽取謀士意見。王夫之評論：「曹操自詡任用天下的智力，依靠權術而不是道義。耍權術，聽與不聽，決定於主觀，合心意的聽，不合心意的不聽。這樣一來，他不能採納的好意見就多了。」（《讀通鑑論》卷九）曹操赤壁之敗，正是如此。他在大好的形勢下重蹈袁紹的覆轍，走上恃眾欺寡、恃強凌弱的失敗之路。

其四，受阻大江，以短擊長。曹操所領北軍，不習水戰，退屯江北，紮營烏林，隔江與孫劉聯軍相持，被動挨打。孫劉聯軍佔有水上優勢，恰似當年曹操在官渡佔有地利一樣。假如曹操發揮自己地廣兵多的優勢，分路出擊，令淮南之眾指向京口，再令長沙之眾迂迴孫權後方，使聯軍首尾不能相顧，或許戰局會是另一番模樣。

孫劉結盟，產生一加一大於二，甚至大於三、大於四的效應。在政治上，劉備奉有衣帶詔討賊，是人們心目中的正統。曹操打出的旗號是「奉辭伐罪」，聯軍以牙還牙，揭露曹操「託名漢相，實為漢賊」，師出有名。在軍事上，孫劉聯盟，聯軍既戰於境外，又處於內線。聯軍主力是江東士眾，所以赤壁大戰，實質是孫曹主力決戰。對孫權來說是外線作戰，赤壁在國境之外，對聯盟來說又在內線。孫劉以小敵大，以寡敵眾，如果待敵深入，戰於境內，必定人心惶惶，軍隊望風瓦解，劉備兵敗長坂，就是這個情況。周瑜迎敵於境外，表示必勝的信心，又置敵軍於內線，使其孤軍深入，後勤遠離。聯軍供應線短，水上交通便利，軍資充足，不怕持久。與官渡之戰比較，曹操地位正好相反。官渡之戰，曹操在內線，袁紹在外線；赤壁之戰，聯軍在內線，曹操在外線。官渡之戰，袁紹軍供應充足，利於持久，曹操軍供應困乏，宜於速決；赤壁之戰，曹操兵多供應不足，處於袁紹的地位而無袁紹的物資實力，無法持久，聯軍在內線有江東後援。所以王夫之說：聯軍「愈守則兵愈增，糧愈足，而人氣愈壯」，即使沒有火攻，「持之數月，而操亦為官渡之紹矣」。曹操發動赤壁之戰，天時地利都處於不利境地。孫權正是洞察這一切，所以委屈聯合劉備，在戰略上具有以下四個方面的優勢：

其一，聯合劉備，既戰於境外，又處於內線，掌握戰場主動權，已如上述。

其二，聯合劉備，佔據長江中游戰略要地。劉備重兵所駐夏口，是保衛江東的西疆門戶，具有

曹操屯兵，烏林遺址

極其重要的戰略地位。孫劉聯盟，周瑜可以長驅上溯，阻敵於赤壁一帶。

其三，爭取序戰勝利，奪回天塹。

其四，聯合劉備，構成縱深防線，大軍留為機動。赤壁之戰以後，周瑜長驅西上爭江陵，劉備率領荊州之眾平定江南諸郡，孫權指向合肥。

綜合上述聯軍的戰略，無一不是孫劉聯盟造成的優勢。所以孫權說：「除了劉豫州，沒有人可以與我聯合抵抗曹操。」諸葛亮也說：「只要荊吳聯合共力，一定可以打敗曹操。」政治家所見容易達成共識，只有相對平衡，才可以共濟患難。孫權讓步，與劉備平等結盟，同意鼎立，既是赤壁之戰聯軍勝利的基礎，也是赤壁之戰拉開鼎立序幕的原因。

此外，從三方人才智謀來看，曹操遠征，智囊人物分散；孫劉結盟，人才薈萃一時。諸葛亮、

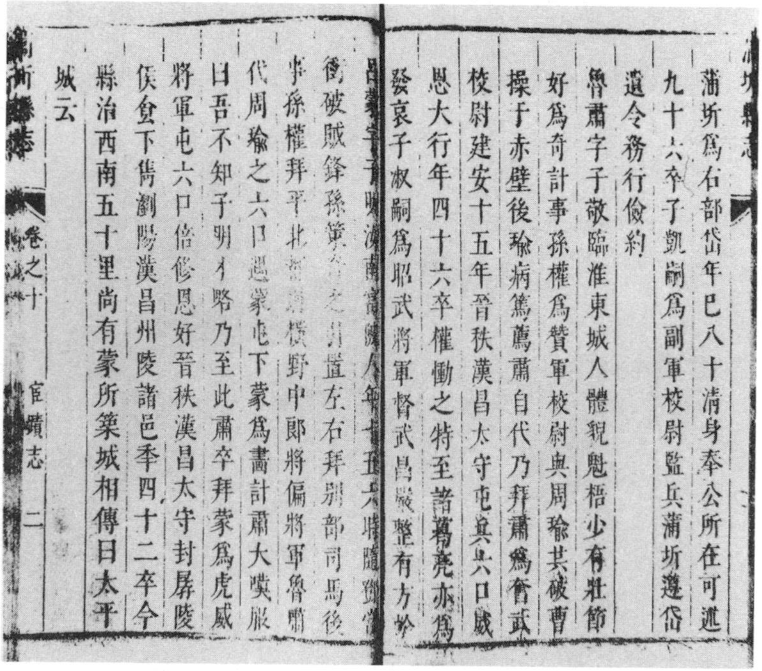
蒲圻縣志

蒲圻爲右部督年已八十清身奉公所在可述
九十六卒子凱嗣爲副軍校尉監兵蒲圻遷督
遺令務行儉約
魯肅字子敬臨淮東城人體貌魁梧少有壯節
好爲奇計事孫權爲贊軍校尉與周瑜共破曹
操于赤壁後瑜病篤薦肅自代乃拜肅爲奮武
校尉建安十五年晉秩漢昌太守屯兵六口威
恩大行年四十六卒權慟之特至諸葛亮亦爲
發哀子淑嗣爲昭武將軍督武昌嚴整有方於
呂蒙字子明汝南富陂人年十五六時隨鄧當
衝破賊鋒孫策奇之引置左右拜別部司馬後
事孫權拜平北都尉橫野中郎將偏將軍魯肅
代周瑜之六口過蒙屯下蒙爲畫計肅大嘆服
曰吾不知子明才略乃至此肅卒拜蒙爲虎威
將軍屯六口倍修恩好晉秩漢昌太守封孱陵
侯食下雋劉陽漢昌州陵諸邑年四十二卒今
縣治西南五十里尚有蒙所築城相傳曰太平
城云

蒲圻縣志 卷之十 官蹟志 二

《蒲圻縣志》中有關赤壁之戰的記載

周瑜、魯肅、劉備、孫權等人，智力結合起來的總和大於赤壁的曹操。孫劉聯盟，固然有曹操之逼，但是洞察形勢、決策妙算，還要靠自己主觀判斷。決定聯盟的中心人物是孫權，具有超人的智慧與氣度。王夫之歸功於諸葛亮與魯肅，也沒有錯，沒有諸葛亮與魯肅的推動與策劃，就沒有孫劉結盟。只有這樣，孫劉結盟才可以演出歷史三分的傑作，才會有用兵如神的曹操敗北。對此，王夫之的總結富有哲理，引述如下：

在漢末群雄爭鬥中，曹操挾天子以令諸侯，四面的敵人不是他的對手，根本原因就是群雄自相誅滅，無法團結。呂布反覆無常，忽彼忽此，遭到眾人嫉恨；袁術、袁紹兄弟分離；袁紹與公孫瓚對立；袁譚、袁尚同室操戈；韓遂、馬超互相懷疑；劉表交好袁紹，又坐山觀虎鬥。這都是群雄互相誅滅，才給曹操取勝的機會。結果，只剩下孫權、劉備兩家，如果他們自尋干戈，也會自我崩潰為曹操所滅。魯肅和諸葛亮結交定計，合力抗曹，與曹操爭存亡，在當時是最好的辦法（《讀通鑑論》卷九）。

王夫之的總結，說理透徹，符合實際。袁曹官渡相持，劉備策應於徐州，袁紹藉口小兒有病不救，結果被曹操各個擊破。劉備不等袁曹兩軍膠著之時發難，宣布衣帶詔，聲討曹操，用意是搶在袁紹之先，樹立扶義的大旗，爭取政治主動權；袁紹不救劉備，借曹操之手打擊劉備，自信趁曹操之疲，也可以穩操勝券。袁紹和劉備各自打著算盤，忽略大局，一葉障目不見泰山。孫權十分高明，從全局棋盤中首先考慮生存，在劉備慘敗之時伸出援手，答應打敗曹操、荊州歸劉的條件，攜手聯盟，演出赤壁之戰的生動戲劇。可以說，孫權是推進三國鼎立最關鍵的人物。

江淮抗曹

魏吳兩國之間的軍事角逐，主戰場在江淮之間的淮南地區，以合肥為中心展開。

合肥形勢：合肥地處江淮平原的中心，是淮南重鎮，背靠中原，前橫大江，是長江中段的江北重鎮。長江從鄱陽湖迂曲北流，再折曲東流入海，因此長江下游分為江東、江西地區。合肥在江西，孫策創業江東立都在京口（今江蘇鎮江），孫權定都建業（今南京）在江東長江南岸。合肥在上游，建業、京口在下游。魏吳對抗，合肥的戰略地位極為重要，東可迫建業，西可脅武昌，廣闊的平原，有利於發揮曹魏的騎兵優勢。赤壁之戰以後，劉備在江陵，北向襄陽；孫權在京口，以江北揚州為重鎮，北指徐州。合肥在江西，從側翼保衛徐州，把戰線南移靠近長江天險。最終三國鼎立，孫吳兵鋒始終未達徐州之郊，合肥據點產生重要作用。

合肥原本是淝水和施水相合的意思，《水經注》記載：「蓋夏水暴漲，施合於肥，故曰合肥也。」早在春秋時期，這裡就是吳楚兩國爭奪的戰略要地。兩漢時期，合肥為九江郡治，在西漢已經是淮南重鎮，為江淮物資集散地。東漢末年，袁術據淮南，合肥殘破。曹操滅袁術，能吏劉馥治淮南，招撫流亡，治州城，興水利，辦學校，數年之間恩化大行，合肥又恢復為淮南重鎮，儲糧築城為戰守。

曹魏鞏固北方，沿吳蜀之邊，設置三個軍事重鎮與吳蜀對抗。這三鎮是：東為合肥，中為襄陽，西為祁山。合肥直接威脅孫吳都城建業，猶如一把利刃直插心腹。孫吳方面集全力來爭，孫權多次親臨前線，定欲拔之而後快。合肥如此重要，曹操兩次進兵淮南，這裡成為魏吳對峙最激烈的戰場。

孫曹大戰合肥：西元二一一年，孫權從京口徙至秣陵，次年改名建業。孫權採納呂蒙建議，在江西長江北岸濡須水入江兩岸修築塢堡，這就是三國時期著名的濡須塢（在今安徽無為縣），既是孫權建立江北防線的重要據點，又是進攻合肥的前哨基地。濡須塢，在孫曹對抗中產生重要作用。孫權攻不下合肥，曹操拔不掉濡須。

西元二一二年，曹操征隴右班師，已無西顧之憂，決定用兵淮南進攻濡須。出兵之前，曹操命阮瑀致書孫權，勸其歸順朝廷：

> 幾年以前，我已經在譙縣製造大批舟船，訓練水軍，目的你是清楚的。你不要認為我勢少力乏，不能遠征，想要劃江據守，以求平安，這很難辦到。你想要用水軍扼守長江險要，使王師無法渡江，這是打錯算盤。長江雖然寬廣，但是東西戰線很長，難以守衛。你如果抗擊劉備，用行動來表示歸附，我會永遠委託你治理江南廣大地方，給你高位和重爵。這樣一來，你享其榮華，我得到不勞兵鋒之利，雙方受益，難道不好嗎？（《昭明文選》卷四十二，此為語譯）

孫權沒有屈服於曹操的壓力，臨江拒守。但是這封信為後來孫權稱臣曹魏和襲奪荊州開了方便之門，它的影響不可低估。

西元二一三年正月，曹操率領號稱四十萬的大軍進兵淮南，發動第一次孫曹的濡須之戰。曹軍攻破孫權江西營，俘獲都督公孫陽。孫權帶領七萬大軍迎戰，曹操水軍攻孫吳水上陣地，渡到一個沙洲上，被孫權包圍，喪失數千人。曹操受挫，堅壁不出。孫權親自坐船挑戰，觀看曹軍大營。曹操令弓弩手放箭，萬箭齊發矢如雨下，孫權軍船上被箭射滿，船體傾斜，快要翻船。孫權把戰船掉頭，以另一面受箭，箭均船平，鼓樂齊鳴而返。《三國演義》描寫諸葛亮草船借箭，就是取材於此。孫權的膽略和勇氣，讓曹操非常佩服，不

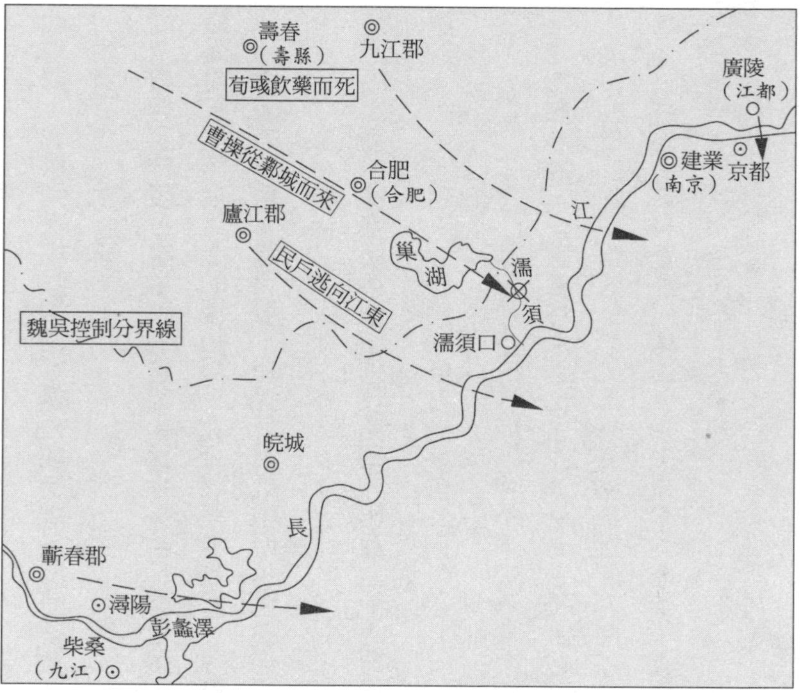

西元213年，孫曹第一次濡須之戰

禁感嘆：「生子當如孫仲謀。」

兩軍相持一個多月，三月雨水轉多。孫權寫信給曹操：「春水方生，公宜速退。」意思是說，春天一來，水勢高漲，氣候轉暖，便於東吳水軍作戰，還是早日退去為好。孫權在另一頁信紙上寫下「足下不死，孤不得安」兩句話，算是給曹操一個台階。曹操對諸將說：「孫權沒有欺騙我。」於是退兵，四月回到鄴城。

曹操退兵，擔心孫權擄掠淮南百姓，下令內遷淮南民眾，引起恐慌。結果，江北十多萬戶害怕內移為屯田民，紛紛渡江歸附孫權，長江西面一帶成為一片空地。

西元二一四年五月，曹操用兵羌、胡，西征入關，孫權率軍攻皖（在今安徽潛山）。皖城為合肥的南邊據點，曹操派廬江太守朱光屯皖，大開稻田屯墾，對孫權的江北防線不利。孫權親征攻皖，合肥張遼來救，行至半途，皖城已破，張遼退回。此役，孫權俘獲廬江太守朱光。

西元二一五年八月，曹操進兵漢中，預料孫權必攻合肥，留下密計派護軍薛悌送到合肥，信封上寫「賊至乃發」四個字。孫權大軍十萬來攻合肥，合肥守軍只有七千人，形勢緊迫。合肥守將張遼、李典、樂進與薛悌一起打開信封，曹操的指令如下：

若孫權至者，張、李將軍出戰，樂將軍守，護軍勿得與戰。

張遼的勇略高於李典和樂進，但他是呂布舊將歸曹，李典和樂進是曹操舊將，兩人不服張遼。曹操派護軍薛悌節制，臨陣拆信，大敵當前，便於團結對敵，給張遼留下應變餘地。曹操不讓薛悌參戰，示意主力守城。李典、樂進、薛悌不明白曹操之意，張遼首先領悟。張遼說：「曹公的意思，讓我們趁敵人未合圍之時，主動出擊，挫其銳氣，以安眾心，才可以堅守。」張遼怕李典不服調度，又說：「如果眾人對此信理解不同，還有疑慮，我願意一個人出戰。」李典見張遼如此顧全大局，深為感動，慨然贊同：「這是國家大事，怎能以個人成見耽誤公事？今日之事，我聽將軍指揮。」曹軍將士，萬眾一心。當夜，張遼挑選八百壯士，殺牛宰羊飽餐一頓，等待天亮出城與吳軍決一死戰。

第二天一早，張遼與李典突然出戰，張遼一馬當先，大喊自己的名字衝入敵陣，連斬孫權兩員戰將，直至孫權麾下。孫權措手不及，大驚失色，諸將不知如何是好，向高處撤退，以戟自守。張遼直呼孫權下山決戰，孫權不敢妄動。後來，見張遼人數不多，吳軍團團圍上來，張遼左衝右突，殺出復又殺入，一直戰到中午，大挫孫權士氣，而後突圍而去。此戰大長合肥守軍士氣，於是「眾心乃安，諸將咸

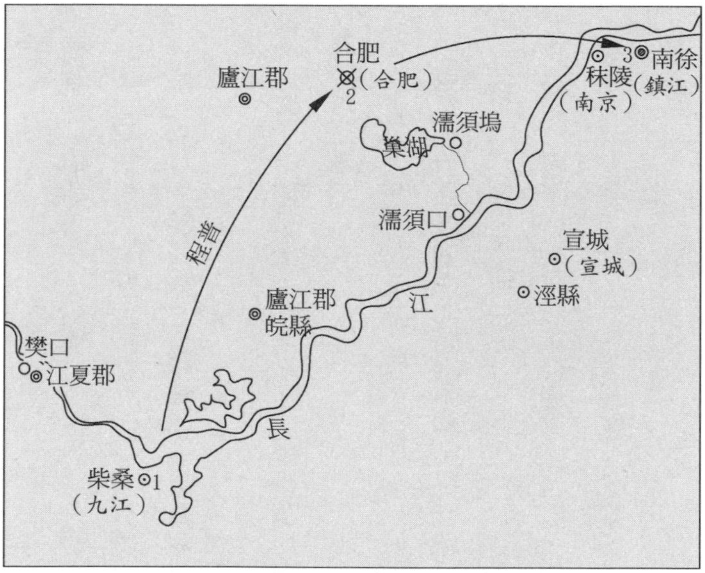

孫權攻合肥，兵敗於張遼

服」。

孫權圍攻合肥十餘日不下，軍中忽生疾病，只好引軍撤退。吳軍部隊撤退到合肥東北逍遙津南岸，孫權及一部分軍隊還留在北岸，沒有料到張遼追擊，再次受到突然打擊。在短兵相接中，已經來不及召回逍遙津南岸吳軍。在慌亂中，陳武戰死，宋謙、徐盛敗走。呂蒙、蔣欽、凌統、甘寧、潘璋拼死抵擋，也無法阻擋張遼的衝鋒。凌統率領三百親兵，保衛孫權逃奔到橋頭，一丈多長的橋板已經拆掉，孫權情急，用鞭猛抽戰馬，躍過河去，險些丟了性命。凌統受重傷，泅水渡過南岸，三百親兵全部戰死。張遼立功，被曹操升任為征東將軍。

西元二一六年冬，曹操再次南征孫權，發動第二次孫曹濡須之戰。曹操路過合肥，巡視張遼打敗孫權的地方，讚嘆不已，給張遼增加軍隊。第二年正月，曹操進兵居巢（今安徽巢縣東北），二月進攻濡須。孫權在濡須口築城

合肥逍遙津公園

拒守，以呂蒙為都督，在城上設強弩萬張。當時，甘寧為前鋒，趁曹操前營紮寨未穩之時，率領敢死隊一百多人趁夜突襲曹軍，取得初戰勝利。孫權高興地說：「曹孟德有張遼，我有甘興霸，可以算是旗鼓相當。」雙方對峙，一時難以取勝。孫權遣使求和，曹操北還，留下伏波將軍夏侯惇駐屯居巢，孫權留平虜將軍周泰守護濡須，雙方形成對峙的局面。

孫權建立江北防線：孫策評論孫權，決機於兩陣之間，不是他的長處。事實證明，孫權確實短於臨陣突敵，他經常率領十萬大軍出征而戰功不著，直接影響到他爭天下的過程。孫權臨陣指揮的對曹戰役，集中在爭合肥，戰淮南，有時候深入敵境數百里，但是敗多勝少，比較大的戰役有

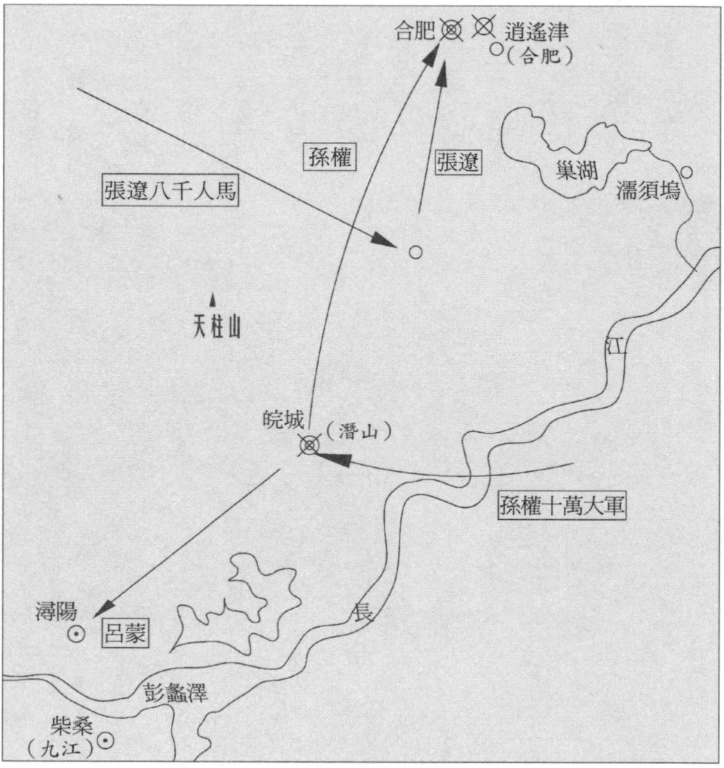

西元217年，孫曹第二次濡須之戰

十一次。除了攻克皖城一役以外，有十次未取得勝利，排列如下：

西元二〇九年，赤壁之戰以後，孫權乘勝率領十萬之眾圍合肥，攻百餘日不能下。

西元二一三年，孫權與曹操相拒於濡須塢，曹操破孫權江西營，俘獲都督公孫陽。

西元二一四年，孫權征皖城，克之，俘獲廬江太守朱光及參軍董和，以及男女百姓數萬人。

西元二一五年，孫權以十萬之師圍合肥，被張遼七千守軍擊退，津橋遇險，險些成為俘虜，這是孫權一生中最嚴重的危機。

西元二一六年至二一七年，曹操再度進軍濡須，孫權退走。

西元二一九年，孫權圍合肥，無功而返。

西元二二六年，孫權趁魏文帝曹丕死，征江夏，圍石陽，不克而還。

西元二二九年，孫權趁陸遜夾石之戰大敗曹休聲威，揚聲出江北而潛襲西陽，魏將滿寵為之備戰，孫權退還。

西元二三〇年，滿寵築合肥新城，孫權攻圍，不克而還。

西元二三三年，孫權再征合肥新城，敗還。

西元二三四年，孫權三圍合肥新城，又敗還。

孫權傾注全力於淮南，六攻合肥不下，兩次濡須之戰被阻擊不前。以上十一戰，孫權十敗一勝。既然疆場不勝，孫權為什麼還要屢攻合肥，鏖兵淮南？這裡有一個戰略考慮，那就是：孫權要在長江北岸建立一條江北防線，不讓曹魏勢力突進至長江岸邊。這樣一來，長江天塹不會為敵我共有。西元二二五年冬，魏文帝曹丕率領十萬大軍至廣陵，見長江波濤洶湧，不由得望江而嘆：「嗟乎！固天所以隔南北也。」又說：「魏雖有武騎千群，無所用也。」只好掉頭北還。吳魏淮南爭奪戰，孫權雖然敗多勝少，但是佔據沿江戰略要點，領有江西合肥以南地區，築起江北防線。孫權在江北建立廬江郡和蘄春郡：廬江郡治皖城，在今安徽潛山縣；蘄春郡治蘄春，在今湖北蘄春西南長江北岸。

孫權為了減輕曹操對淮南江北孫吳佔領區的壓力，確保江北防線的建立，所以在赤壁之戰以後，為了樹立曹操的敵人，借荊州給劉備。也可以說，孫權借荊州是為了建立江北防線而付出的代價。孫權攻圍合肥不下，蜀國關羽在荊州得志，孫權感到西邊的威脅，於是掉轉矛頭西指荊州，要從更大範圍建立長江防禦體系。吳蜀爭荊州之戰，不可避免地發生。

襲奪荊州

西元二一五年，孫權和劉備中分荊州，魯肅為荊州督，吳蜀保持友好的聯盟關係，曹操陷入兩線作戰之中，東西首尾無法相顧，是吳蜀兩國取得發展的最好時機。劉備北進漢中，孫權爭奪合肥。孫權的戰略目標是把江東的防線推進到淮水一線，取壽春，圖徐州。關羽北上襄陽，策應東西。如果孫劉兩家堅持這個戰略，三路北伐，或許三國鼎立不會在歷史上佔有一章。可惜，魯肅於西元二一七年病故，呂蒙為荊州督，形勢急轉，聯盟裂痕迅速擴展，很快達到破裂邊緣。

關羽守荊州，一介武夫，剛愎自用，不懂外交。孫權欲與關羽聯姻，鞏固同盟，要娶關羽之女為兒媳，關羽說：「虎女豈能嫁犬子。」幸虧魯肅調解，大事化小，小事化無。呂蒙鎮荊州，上陳擒關羽之策，他認為孫吳得到徐州也無法守住，不如取荊州，全據長江，形勢益張。劉備在漢中得勢，孫權在合肥受挫，關羽又得志荊襄，孫權感到西強東弱，於是接受呂蒙獻計，改變戰略，矛頭西指，密謀襲奪荊州。

關羽威震荊襄，後防空虛：西元二一九年七月，劉備在漢中稱王，下令駐守荊州的關羽向駐守襄樊的曹仁進攻，又令駐守宜都的孟達從秭歸北上攻上庸，與漢中東出的劉封會合。西元二一八年，南陽吏民因為賦役過重，在宛城守將侯音率領下反抗曹操。曹仁率兵鎮壓，西元二一九年正月攻破宛城，大肆殺戮，平定動亂。但是人心浮動，餘波未靜，給關羽的北伐創造條件。

曹操征張魯，馬超舊部勇將龐德投降曹操，曹操派他到襄陽協助曹仁，又派徐晃駐宛城。關羽北上，曹操又派于禁率軍支援。曹仁讓于禁和龐德等七軍人馬駐屯在樊城以北，與襄陽和樊城形成犄角之勢。

八月連降大雨，漢水暴漲，溢出堤外，平地水深數丈。于禁等七軍被水淹沒，避於高崗之上，關羽乘船猛攻，于禁投降。龐德死戰，專找關羽對陣，曾經一箭射中關羽前額。他經常騎一匹白馬出戰，關羽軍稱之為白馬將軍。提起他，人人為之變色。在這場戰鬥開始之時，軍中有人議論他不會與關羽盡力作戰。因為當時馬超在蜀漢成為五虎將之一，龐德堂兄龐柔也在劉備處任職。龐德聽到議論以後發誓：「我受國家厚恩，義在效死疆埸，今天不是我殺死關羽，就是關羽殺死我！」他在戰鬥中英勇無比，不幸乘船向樊城撤退，船翻落水被擒。關羽勸他投降，他堅決不肯，大罵關羽，從容赴死。曹操得知于禁投降、龐德戰死的消息，慨嘆良久說：「我信用于禁三十年，沒想到臨危處難，他竟然不如龐德！」曹操下令撫慰龐德家屬，封他的兩個兒子為列侯。

關羽乘勝猛攻樊城，城牆在洪水衝擊下不斷崩坍，隨時可能被攻破。關羽為了擴大戰果，盡調江陵守城之兵北上，把襄陽圍困起來。這時，許都以南許多地方回應關羽，梁、鄭、陸渾一帶的地方勢力公開反抗曹操，接受關羽印信旗號，一時之間，造成關羽「威震華夏」的聲勢。曹操所置荊州刺史胡修、南鄉太守傅芳，都投降關羽。曹操曾經打算遷都洛陽或是黃河以北，避開關羽鋒芒。曹仁與諸將準備放棄樊城撤退，江南太守滿寵反對：「山水來得快去得也快，我們不必驚慌。我軍如果退出樊城，不是丟一座城，而是黃河以南大片土地不保，將軍應該堅守。」曹仁深感責任重大，於是一面沉白馬祭河，祈禱洪水早日消退，一面激勵將士決心與城共存亡，這樣才穩定軍心。

陸遜畫像

孫權謀取荊州，早就做出規劃。西元二一七年，呂蒙為荊州督，向孫權獻策：「東方西方雖然是一家，但是關羽實為熊虎，不可不防備。如果我們奪回荊州，讓征虜將軍孫皎守南郡，潘璋守白帝，蔣欽率領一萬水軍機動，我領兵佔襄陽，這樣一來，我們何必怕曹操？又何必依賴關羽？」孫權非常贊同，只是等待時機。

關羽一向懼憚呂蒙，留有戒心。他北攻襄陽，留下一半軍士守江陵。呂蒙看出門道，為了麻痺關羽，他稱病回建業，推薦尚未知名的陸遜代替自己。孫權任命陸遜為偏將軍、右都督代呂蒙。陸遜來到陸口，立即寫信給關羽，恭維備至，大灌迷魂湯。信中說：「樊城一仗，于禁被俘，遠近無不佩服將軍的功勳，可以流芳百世。但是曹操十分狡猾，不甘心失敗，還會增兵來戰。希望將軍不要驕傲輕敵，多方面考慮方略，以獲全勝。我是一個書生，沒有能力擔當重任，幸而與將軍為鄰，只是心直口快說出我的意見，不一定合適，敬請將軍多加指教。」關羽得信，十分得意，沒有把陸遜看在眼裡，再也不防備，並且調江陵守軍增援前線，後方成為一座空城。

呂蒙偷襲荊州：襄樊戰鬥激烈之時，曹操丞相府軍司馬司馬懿與西曹掾蔣濟進言曹操：「劉備與孫權表面親近而實際疏遠，關羽得志，孫權一定不願意。我們派人勸說孫權，從背後打擊關羽，答應事成之後，大江以南土地封給他。這樣一來，樊城之圍自然解除。」曹操採納這個建議，一面派使者去見孫權，一面命徐晃馳援，自己統率大軍前進到摩陂（在今河南郟縣東南），就近指揮。

呂蒙畫像

孫權見了曹操使者，十分高興，立即回了一封密信，表示願意稱藩效命，希望曹操允許他討伐關羽立功報效，要求曹操為他保守機密，以防關羽有備。

孫權要偷襲荊州，曹操非常高興，是否為孫權保密，曹操拿不定主意，眾謀士產生分歧，絕大多數人主張保密。司空祭酒董昭力排眾議，對曹操說：「用兵打仗，講究權謀，怎樣划算怎樣做。我們表面答應孫權保密，暗中把消息報告給關羽和襄樊守城將士。關羽相信，立即解圍，和孫權算帳，我們坐收漁翁之利。為孫權保密，他獨得好處，這不是好計策。再說，我軍被圍困在襄樊，日夜盼望救兵，為孫權保密，他們不知就裡，萬一堅守不住，豈不是因小失大。關羽爭強好勝，自以為公安和江陵防守堅固，不會輕易撤退。在這種情況下，應該將內情洩露，以鼓舞士氣，才會對我們有利。」曹操認為有道理，命徐晃將信用箭射入樊城，同時也射入關羽營中。在樊城被困的曹軍將士得知消息以後，果然勇氣倍增，堅定守城的決心。關羽得到消息，將信將疑，沒有立即撤退。不久傳來消息，江陵失守。曹軍徐晃反攻，關羽無心戀戰，打了敗仗，撤軍回到江陵，為時已晚。

這時，孫權將呂蒙任為前鋒，孫權自統大軍繼後。呂蒙為了瞞過荊州巡江的哨兵，把兵船裝扮成商船，兵士穿上白衣扮作商人，晝夜西上。遇到關羽所置江邊巡哨，全部俘獲，一直到兵臨城下，荊州守軍才發現。蜀漢南郡太守糜芳守江陵，將軍士仁守公安。二人與關羽不睦，於是不戰而降呂蒙。陸遜另取宜都、秭歸、枝江、夷道等城，還屯夷陵，守住峽口，以防劉備出蜀。呂蒙入江陵，厚待荊州將士家屬，嚴令軍中秋毫無犯。這個攻心戰取得實效，一傳十，十傳百，瓦解關羽軍的鬥志。關羽回軍，還沒有到達江陵，隊伍已經散去大半。關羽勢孤，向西退守麥城（今湖北當陽東南），遣使到上庸向劉封呼救，劉封與孟達有衝突，兩人顧不上救關羽。關羽在麥城被吳將潘璋圍困，關羽突圍，西至漳鄉（今湖北當陽西）被吳軍活捉。

西元二一九年十二月，孫權斬殺關羽父子，將其首級獻給曹操。曹操按照諸侯王的隆重禮儀，在洛陽安葬關羽。曹操這樣做是把劉備的仇恨轉移到孫權身上，繼續挑動吳蜀相鬥。

孫權奪回荊州，將勢力延伸到三峽以東、長江以南廣大地區。夷陵之戰，劉備敗走，孫權鞏固對荊州的統治，三國地理均勢形成，三國的疆域從此奠定，三國鼎立的局面正式確立。

靈活外交

三國時期的外交與軍事一樣，驚心動魄，風雲變幻，波瀾起伏，氣象萬千。

如果孫權在軍事上是二流的，他在政治和外交上就是一流的。在外交上，孫權比曹操、劉備、諸葛亮略高一籌。孫權在不失安定原則的前提下，奉行靈活外交策略，在每個歷史關頭，做出驚人的選擇，逐步導向三

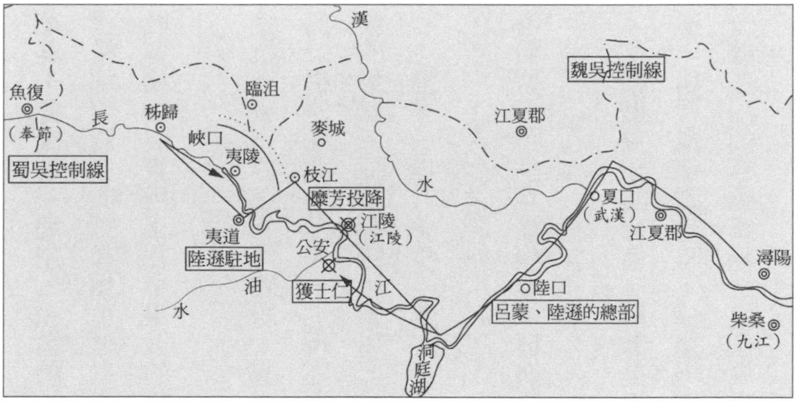

呂蒙偷襲荊州

國鼎立，使處在長江下游的孫吳立於不敗之地，不負孫策所託，是一個有魄力和遠見的傑出政治家和外交家。

孫權靈活外交，表現在以下三個方面：

第一，修正立國路線，借荊州給劉備，樹立曹操之敵，遮罩東吳：曹操南下荊州，在當陽長坂打敗劉備，逼迫劉備奔吳，其眾零落，計窮慮極，不被人看重，孫權卻認為「非劉豫州莫可以當曹操者」，採納魯肅和諸葛亮的建議，毅然與劉備結盟，在赤壁打敗曹操。更表現出孫權果敢的是：他在赤壁之戰以後借荊州給劉備，使曹操大吃一驚。

孫權原本的立國路線是全據長江，進伐劉表，西取巴蜀，聯劉抗曹表示修正立國路線，謀求鼎足三分，這是在新形勢下的一種以退為進的策略。孫權全據長江的前提是「北方多務」，現在曹操已經統一北方，志在吞吳，應時變化，修正立國路線，正是識時務的俊傑。孫權聯劉，資以土地，這是向弱者做出的讓步，沒有卓識明睿的戰略眼光，是難以做到的，這是孫權的不凡之處。

孫權的睿智來自於他的好學，善於總結歷史經驗。他勸呂蒙讀書，尤其是讀《史記》、《漢書》、《東觀漢記》三部著作，表現其對於歷史的重視。現實鬥爭和歷史鬥爭等經驗，孫權熟記於心，所以周瑜和呂範等大臣無法亂其心、移其志。

第二，襲殺關羽，奪回荊州，全據長江形勢：赤壁之戰以後，孫權借荊州給劉備，目的是樹立曹操之敵，遮罩江東，贏得時間，建立江北防線。劉備主力陷入漢中與曹操鏖戰之時，孫權不惜同盟破裂而襲殺關羽，奪回荊州，建立完整的長江防線，基本實現全據長江的立國路線，這個果斷決策完全出乎劉備和諸葛亮預料之外，顯示孫權卓越的才智。劉備入蜀，孫權召回其妹孫夫人，為討回荊州埋下伏筆。劉備取得益州，孫權只索討江南三郡，極有分寸。相形之下，劉備和關羽不識大體，不做絲毫讓步，兵戎相見，給了孫權藉口，直斥劉備為「猾虜」，即無賴。兩相對照，劉備道義和手腕均輸孫權一籌。

第三，稱臣於曹魏，避免兩線作戰，更是一個果敢行動：西元二一七年，孫權派都尉徐詳向曹操請和，再約婚姻，進行奪取荊州的準備。西元一九六年，孫策平定江東，孫曹聯姻。曹操把其弟的女兒許配給孫策之弟孫匡，又為其子曹彰迎娶孫策叔父之子孫賁的女兒。西元二〇〇年，袁曹官渡相持，孫策陰謀偷襲許都，絲毫不以婚姻為念。雖然此事由於孫策遇刺未果，但是顯示孫氏集團以婚姻為手段，掩蓋其圖謀，給孫曹之間的關係投下陰影。曹操控制對方的最拿手策略是徵質，西元二〇二年，曹操下書孫權，要求遣子入侍，孫權果斷拒絕。所以，西元二一七年的徐詳請婚，曹操沒有表現熱情。但是孫權不止步，西元二一九年，關羽北伐，威震荊襄，孫權認為時機已到，上書向曹操稱臣勸進，要求討伐關羽立功報效。司馬懿、蔣濟、董昭紛紛向曹操建言，允許割江南給孫權以挑動吳蜀相鬥，擺脫東西兩線作戰的困境。孫權已經襲殺關羽，得到荊州，但是吳蜀交戰狀態沒有結束，所以孫權繼續向曹丕稱臣，主動釋放被關羽俘獲的于禁，接受曹丕敕封的吳王稱號，以殊禮接待魏使邢貞。

孫權稱臣曹魏，不是消極而是積極的進取，麻痺曹魏，使吳國贏得時間與蜀國決戰。為了達到這個目的，孫權使出高超的外交手腕。于禁的護軍浩周被俘在荊州，孫權放還的時候特意拉攏。

浩周回洛陽以後，以全家百口擔保孫權誠心效順。西元二二二年一月，吳蜀夷陵之戰正在相持，曹丕遣邢貞使吳，讓浩周隨行，給孫權帶去口信徵質，封孫登為萬戶侯。孫權藉口孫登年幼，稍長即送京都為質。等到浩周離開以後，孫權立即宣布孫登為太子，以此杜絕曹丕徵質。西元二二二年七月，吳蜀夷陵之戰進入決戰，孫權為了穩住曹丕，又遣使上書，卑辭謝罪，表示十二月送質子入魏。九月，曹丕遣侍中辛毗、尚書桓階使吳徵質，隨即派出三路大軍征吳。這時，吳蜀戰爭已經結束，孫權有恃無恐，臨江把守，曹丕只好望江興嘆！

質子之爭，終於以干戈相向告一段落，但是它為孫權贏得時間，保證夷陵之戰的勝利。孫權發動的荊州之戰，前後三年，全力對蜀，未受兩線夾擊，反而使劉備征吳還要北防曹魏，這是孫權在外交上的最大成功。三國外交，其特點就是圍繞荊州歸屬產生軍事爭奪而創造有利的形勢。荊州歸吳，最後形成三國鼎立的地理均勢。我們可以說，諸葛亮隆中路線規劃的三分藍圖，只是一個戲劇的腳本，導演三分戲劇成功演出的不是諸葛亮，而是孫權。

孫權奉行的靈活外交路線，在三方爭鬥中掌握主動權，是三國時代外交家之中最傑出的代表。

定都建業

今江蘇省南京市為九朝故都，即吳、東晉、宋、齊、梁、陳、南唐、明初、太平天國。第一個王朝定都南京的就是孫權，他取名建業，東晉改稱建康，明初稱為南京，太平天國稱為天京。

南京是一座古邑，歷史悠久。西元前四七三年，越王勾踐滅吳以後，在秦淮河以南築城，後人稱為後越城，這是南京最早的古城。西元前三三三年，楚威王滅越，在石頭山北置邑，取名「金陵」，孫權改稱石頭城，石頭山今名清涼山。西元前二二一年，秦國統一六國，改金陵邑為秣陵縣。

孫策平定江東，定都於吳（今蘇州市），孫權遷到京口（今鎮江市），在今南京以東。吳與京口兩地位置過於東偏，又無險可守，若有緊急，赴救為難，東吳尚書張紘建議置都秣陵。諸葛亮出使東吳，觀睹秣陵形勝，慨然稱讚：「鍾山龍盤，石城虎踞，帝王之宅也。」劉備去京口，亦勸孫權定都秣陵，孫權說「智者意同」，於是在西元二一二年，改秣陵為建業，取義在此建立家業，定立為國都。西元二二一年，孫權西上爭荊州，一度遷都鄂城，改名武昌。西元二二九年，孫權稱帝，吳蜀通好，還都建業。

建業城北依覆舟山和玄武湖，南近秦淮河，東枕鍾山西麓，西靠冶城山，地形險要，易守難攻，確實是江南最理想的天子之都。孫權定都以後，進行大規模的城市建設，最初在金陵舊址上修

南京石頭城遺址

建石頭城，隨後在城東擴建建業城，仿東漢洛陽城規模，周長二十里。城內有華麗的宮城，沿秦淮河兩岸是商業區和住宅區，有七里多長。為了便利水軍行動和水上運輸，西元二一一年，鑿城西開溝入秦淮，通吳越運船。建業成為水上交通發達的商業城和軍港，是孫吳的政治、經濟、軍事、文化中心，為爾後各朝定都打下基礎。

孫權定都建業，宣告江南政權成立，對長江流域以及東南地區的經濟開發，具有劃時代的意義，對歷史產生深遠的影響。

孫權立國江南，安撫南移的北人，促進越漢、蠻漢人民的融合，意義深遠。東漢末年，中原大亂，荊揚二州相對安定，北人南移，帶來中原先進的文化與耕作技術，這是江南經濟得以飛速發展的先決條件。南下的北方人口都是素質較高的一部分，這是由戰亂的客觀條件所決定。愚鈍無能的人大多就地待死，只有遠見卓識之士又富於冒險精神的人才可以遠徙。例如：董卓入京，潁川名士荀彧對鄉親父老說，潁川四戰之地，常為兵家所必爭，趕快外走，後來果然被涼州兵掠殺。臨淮魯肅南下的時候，也是整族人數百口避難南遷，可以說是一個小型社會的搬移。江南地廣人稀，物產豐富，被中原士大夫視為避亂的「樂土」。孫權立國江南，給這些舉族南遷的流民提供保護。依照《三國志》的記載，東漢末年的北人南移，是整個社會的遷移，南下人口如潮水般湧入，主要有以下五種方式：

其一，士大夫舉族避難南遷。前舉魯肅南渡是其例。士大夫南遷，不僅舉族而徙，也帶動許多人依附。

其二，逐鹿中原失敗的軍閥南下，帶有大量部曲和裹脅的男女人口。

其三，流民南下。這是底層勞動人民的大量南遷，也就是難民潮的南下，無法統計。歷史記載，關中之民流入荊州的有十萬餘戶。

其四，戰爭擄掠。如西元一九九年，孫策破皖，擄掠袁術殘部「百工及鼓吹部曲三萬餘人」。

其五，曹魏之民為逃避苛政酷刑而南渡，以及叛將南投。主要有兩次：西元二一三年，淮南民眾反對內遷，廬江、九江、蘄春、廣陵等郡戶十餘萬東渡江，江西地空。西元二五五年，曹魏淮南鎮將毌丘儉、文欽起兵反司馬師，兵敗，文欽降吳，淮南餘眾數萬人來奔。

上列北人南移的五種類型，多有數字記載，累計已達一百五十萬人口，差不多佔江南人口的三分之一，十分驚人。南下的人口，有士兵，有農民，也有文武將相人才，所以說是整個社會的遷移。孫吳政權對江南經濟的開發，南下的北人是最重要的生力軍，他們做出不可磨滅的貢獻。

江南土著居民，過半數是山越和蠻夷。山越主要分布在揚州各郡，荊州西部有武陵蠻，交州有南越。孫權採取強迫山越和蠻夷下山的同化政策，加速越漢、蠻漢人民的融合。

以上兩個方面，安置南移的北人與推進越漢、蠻漢人民的融合，可以說是三國鼎立的對峙戰爭推動江南經濟的開發，它透過孫吳政權的組織而實現。這就是孫權定都南京、立國江南的重大政治意義。

晚年昏聵

孫權的晚年和他的前期相比，判若兩人，可以說歷史上有兩個孫權。

好大喜功：登上皇帝寶座以後，孫權的猜忌之心和自以為是的惡習逐漸暴露出來。首先表現出來的就是好大喜功，違眾加封遼東公孫淵，使吳國遭受慘重損失。嘉禾元年（西元二三二年），割據遼東的公孫淵向吳國稱臣。孫權大喜，為之大赦天下，並且派太常張彌、執金吾許晏、將軍賀達領兵萬人，攜金銀珠寶授公孫淵為燕王，並賜九錫。滿朝文武以張昭、顧雍為首，紛紛進諫，認為公孫淵是反覆小人，不可輕信。孫權固執不聽，張昭力諫，孫權竟然拔刀在手，要殺張昭。後來，公孫淵斬殺吳國大臣，倒向魏國。孫權受騙以後，不思自己不聽規勸之過，反而遷怒於公孫淵，要

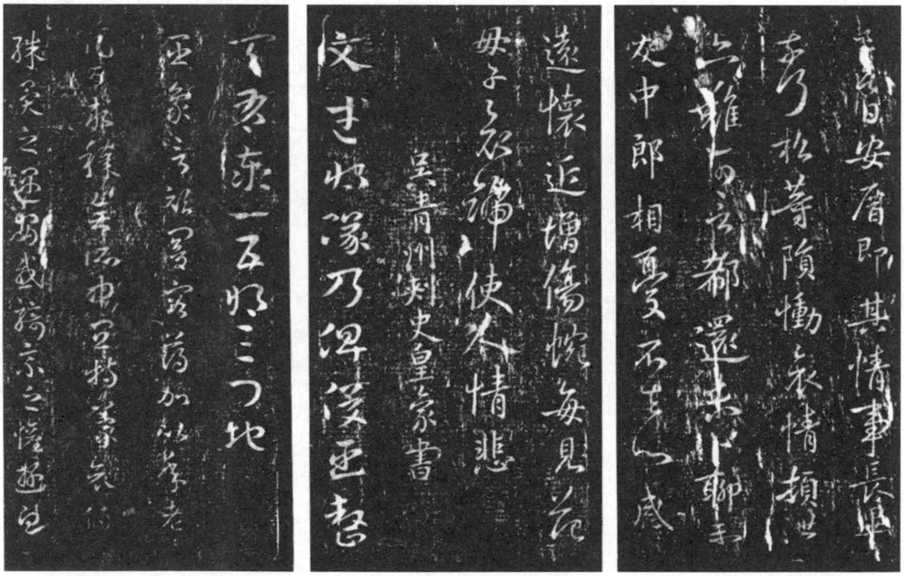

三國吳　皇象章草書《文武帖》、《頑暗帖》

發兵征討，被群臣勸止。

寵信奸佞：孫權即位以後，猜疑心加重，設置校事、察戰兩職，監視文武官員。呂壹為中書校事，濫相糾舉，使「無罪無辜，橫受大刑」，孫權卻十分寵信他。丞相顧雍無故被舉罪，遭到軟禁；江夏太守刁嘉被誣陷，幾乎受誅。太子孫登屢次勸諫，孫權不聽。大將軍陸遜見呂壹「竊弄權柄，擅作威福」，無人可以禁止，與太常潘濬「同心憂之，言至流涕」（《陸遜傳》）。驃騎將軍步騭多次上書，揭露呂壹罪行，希望孫權改變「雖有大臣，復不信任」的狀況，信用顧雍、陸遜、潘濬等忠貞之臣（《步騭傳》），孫權置若罔聞。潘濬見孫權如此不聽忠言，意想藉宴會襲殺呂壹。孫權寵信呂壹的程度，致使東吳群臣無法忍受。後來，呂壹雖然因為陷害左將軍朱據，事情敗露被殺，但是校事之官仍然不廢。

呂壹被處死以後，孫權引咎自責，承認過失，派中書郎袁禮向大臣們徵求對時政的意見，但是大臣們不再暢所欲言。諸葛瑾、步騭、朱然、呂岱推說不掌民事，緘口不言。陸遜、潘濬「懷執危怖，有不自安之心」，也不想說什麼。孫權得知，下詔責備他們，為自己辯護。孫權後期的剛愎自用和日益發展的猜忌心，使東吳前期君臣和睦、上下同心的局面一去不復返。

廢立太子，舉國中分：西元二二一年，孫權為吳王，即立長子孫登為王太子。稱帝以後，又以孫登為皇太子。赤烏四年（西元二四一年），孫登不幸夭亡。其時，次子孫慮早亡，就立三子孫和為皇太子，以四子孫霸為魯王。孫權偏寵魯王，使他與太子同居一宮，享受同等禮遇。後來因為大臣上言，「以為太子、國王上下有序，禮秩宜異」（《孫和傳》裴注引殷基《通語》），於是孫權使二子分宮，各置僚屬。

孫霸覬覦太子之位，拉幫結黨，發展勢力。驃騎將軍步騭、終南將軍呂岱、大司馬全琮、左將軍呂據、中書令孫弘陰附魯王，潛毀太子。丞相陸遜、大將軍諸葛恪、太常顧譚、驃騎將軍朱據、會稽太守滕胤、大都督施績、尚書丁密奉禮而行，尊事太子。朝中朝外官僚將軍大臣舉國中分，形成擁嫡和擁庶兩派。孫霸謀奪太子之位的野心日益暴露，陸遜、顧譚、太子太傅吾粲等擁嫡派數陳嫡庶之義，理不可奪。孫權聽信擁庶派全寄、楊竺的讒言，流放顧譚，誅殺吾粲。

殘殺忠良，國勢衰微：由於皇太子之位的鬥爭越演越烈，孫權看到「子弟不睦，臣下分部，將有袁氏之敗」，十分擔心。赤烏九年（西元二四六年），孫權不分是非曲直，幽閉太子孫和。擁嫡派朱據、屈晃、陳正、陳象等人上書固諫不止，孫權大怒，「族誅正、象，據，晃牽入殿，杖一百」（《孫和傳》）。陸遜因為數次上書陳述嫡庶之分，孫權也派宦官去指責，致使陸遜憂憤成疾而死。赤烏十三年（西元二五〇年），孫權廢除太子孫和，群臣紛紛勸諫。孫權誅殺或流放進諫的朝臣大將數十人，「眾咸冤之」。同時，他又下令孫霸自殺，並且以結黨誣陷孫和的罪名，誅殺擁庶派的全寄、吳安、孫奇、楊竺等人。這個事件，使得吳國許多文臣武將遭到貶官、流放、誅殺。從此，國勢衰微，一蹶不振。

廢除孫和以後，孫權立少子孫亮為太子。不到兩年，孫權患病去世，享年七十一歲。孫亮即位，年僅十歲。

孫權的歷史地位

評價孫權的歷史地位，主要討論兩個問題：如何看待他立國江東，以及他為什麼無法統一天下？歷來認為孫權是一個「保江東，觀存敗」，滿足於「限江自保」的偏安之主，是一個次等的英雄，這是不符合歷史實際的。三國鼎立，南北對峙的主線是魏吳而不是魏蜀。舊時史家以及《三國演義》歷史小說，受到正統思想局限，突顯魏蜀對峙，把吳國放在配角地位，把孫權放在劉備之後，應該按照歷史本來面目翻轉過來。

孫權夫人靈澤廟舊影

孫權從一個涉世未深的青年，十九歲繼承父兄之業，在艱難環境中成為一位卓越而老練的政治家、傑出而能幹的外交家，在內政、外交、軍事、經濟等方面都有卓越貢獻，不僅是三國時期第一流的政治家，而且在中國歷史發展的長河中，也是屈指可數有作為的帝王之一。推進三國鼎立，孫權是至關重要的人物，產生主要作用。孫權聰明仁智，冠蓋當世；舉賢任能，勝於曹劉；雄略征伐，稍遜魏武；立國江南，功在千秋。孫權無法統一天下，並非是「保江東，觀成敗」，而是「保江東，圖王業」，但是未達目的。諸葛亮說，孫權不是「志望已滿」、「利在鼎足」，而是「智力不倖，故限江自保」。又說：「權之不能越江，猶魏賊之不能渡漢，非力有餘而利不取也。」諸葛亮的分析很有道理，以下再做具體闡述。孫權無法統一天下，舉其大端，有以下六個方面的原因：

其一，孫權所處天時、地利、人和均為劣勢，不足以滅蜀併魏。天時、地利、人和三個因素相互影響，三者又各自包含兩個方面：天時包含政治憑藉和事運機會，地利包含形勢險要與人物殷阜，人和包含得到賢才和人心歸服。曹魏謀臣劉曄說，孫權雖然有雄才，只是漢朝的驃騎將軍和南昌侯，官輕勢卑。也就是說，孫權政治憑藉不厚，沒有曹操挾天子以令諸侯之勢，也沒有劉備帝室之胄的正統之義，只能後發制人，在曹劉爭相稱帝的時候，把自己奪取天下的雄心深藏不露，以便充分利用曹劉敵對的空隙，朝秦暮楚，討取便宜。東吳地利有長江之險，此為一長；但是地處低下而仰對蜀魏，又是一短。中國傳統文化在中原，人眾物盛又居高臨下，所以歷代南北對峙，基本上是北方戰勝南方。孫權雖然得到江東才俊，但是山越屢叛，人和只得到一半。等到鎮撫山越而揮兵西進之時，曹操已經南下，使得他未能在北方多務之時竟長江所有，進而失去時機。所以陳壽說：「孫權不遑外禦，卑辭魏氏。」

吳國青瓷羊

其二，東吳名將過早凋零。東吳開國的文臣武將，全部在孫權生前去世。周瑜、魯肅、呂蒙三位大將，文武兼備，制定東吳政權的立國方針，但是很早去世。東吳十二員虎將程普、黃蓋、韓當、蔣欽、周泰、陳武、董襲、甘寧、凌統、徐盛、潘璋、丁奉，有十人凋落在孫權稱帝之前。孫策的突然早夭，幾乎使孫氏集團瓦解。孫權的許多謀臣驍將的過早去世，使得東吳爭雄天下的實力衰落。曹魏地廣，人才眾多，不斷地成長。吳蜀地狹，賢才非唯本土所產，因為漢末亂世分於四方，因此凋零以後，人才難繼。可以說，這是蜀國與吳國相繼滅亡的重要原因之一。

其三，爭奪荊州，東吳雖然得到實利，但是削弱同盟而增強曹魏，從逐鹿中原的角度看，可以說是戰略失策。曹魏佔天下三分之二，吳蜀合力相抗，尚且不敵，又自相殘殺，削弱抗衡力量。假如關羽得志荊襄之時，孫劉合力前進，劉備率益州之眾出秦川，孫權率江東之眾指向合肥、徐州，東西萬里全線出擊，彼此呼應，趁銳助勢，蠶食魏境，中原震動，人心思變，前途不可預料。孫權忌憚關羽，戰略轉向，雖然一時得志，但是成就曹氏篡漢，三國鼎立遂成不易之局。夷陵之戰以後，魏強、蜀弱、吳孤。此後，吳蜀雖然重新結好，頻頻東西相應出擊曹魏，但是因為力弱又各存異心，希望對方為自己火中取栗，所以吳蜀的北伐以失敗而告終。

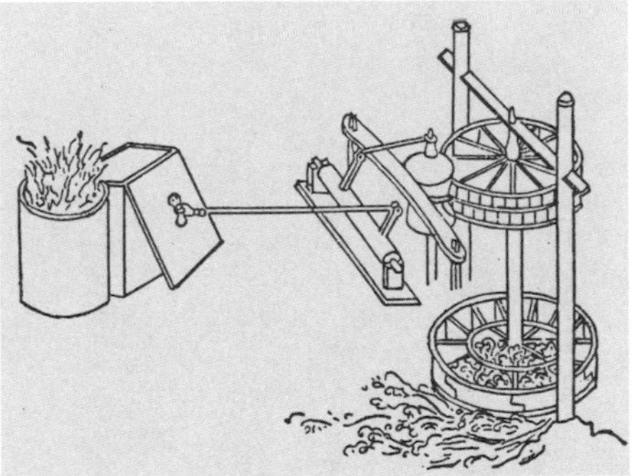

吳國冶煉鼓風水排復原模型

其四，孫權短於臨陣突敵，戰功不著，直接影響爭奪天下的過程。孫權親臨戰陣指揮的戰役，多次失敗，有些是在絕對優勢情況下失敗，說明應變將略不是他的長處，也是帝業不成的重要原因。縱觀中國歷史，在亂世活動中的開國之主，無不善馭戎機。孫權雖然膽氣豪壯，可惜所遇對手道高一尺，無所施其巧，在決機兩陣之間無法把握時機，因而建功不著，大業難成。

其五，孫權稱帝驕逸，晚年昏聵。凡是帝王都好大喜功，而且多疑忌，晚年尤甚。西元二二九年，孫權四十八歲稱尊，即帝位。從此，東吳政權從頂峰走向衰敗，孫權從明智走向昏聵，甚至暴虐。

《三國志》書影（東晉寫本吳書殘卷）

孫權稱帝建都武昌，是一種前進的姿態；稱帝以後建都建業，實際表示限江自保。晚年的孫權，更是忠奸不分，逼死陸遜，殺害吾粲、朱據等大臣，使吳國政治出現空前的危機，朝臣自危，邊將外叛，種下亡國之禍，何談統一。

其六，曹魏重點防吳，孫權無隙可乘，無法建立奇功。魏文帝三次大舉伐吳，兩次臨江，雖然無功而還，其戰略計畫先吳後蜀，十分明顯。西元二三四年，吳蜀聯合北伐，魏明帝西守東進，親自出征孫權，孫權聞風而退。在曹魏嚴密設防下，無論孫權還是陸遜，出師皆無功，更不用說其他諸將。

綜上所述，孫權無法統一天下，受到歷史條件局限，有多種原因，並非志存偏安。曹操、劉備、孫權無法完成統一大業，而是各自創立鼎足三分的國家。漢末群雄紛爭，只有他們建立功業，說明他們是那個時代的一流英雄。如果將他們做比較，正如他們建國的區域大小一樣，孫權應該是居於第二位的人物，他的功績遜於曹操，大於劉備。

孫權檔案

姓名：孫權
出生：漢靈帝光和五年（西元一八二年）
屬相：犬
卒年：孫吳太元二年（西元二五二年）
享年：七十一歲
謚號：大皇帝
廟號：太祖
陵寢：蔣陵
父親：孫堅
母親：吳氏
初婚：謝夫人
配偶：七人，皇后步氏
子女：七子，二女
繼位人：孫亮

最得意：少年得志，坐鎮江東

最不幸：諸子爭儲，賜死四子魯王孫霸

最擅長：平衡外交

最失意：十萬大軍慘敗合肥，險些被俘

最痛心：太子孫登早夭

第十章

孫吳三嗣主

孫吳三嗣主為會稽王孫亮、景帝孫休、末帝孫皓。三嗣主維持孫吳政權二十九年，實乃天幸。孫權晚年昏聵，朝臣分裂，內部統治集團衝突極其尖銳。孫亮年少不經事，孫休年壽不永，孫皓酷虐無比，均無政績可述。由於北方司馬氏篡魏，滅蜀之後無暇伐吳，加之吳國尚有前朝良將如陸抗等人在世，吳國得以苟延殘喘近三十年。

會稽王孫亮

孫亮嗣位：孫亮，字子明，是孫權的第七子，也是孫權最小的兒子。孫亮生於赤烏六年（西元二四三年），孫權六十一歲，晚年添子，疼愛有加。

孫和與孫霸爭立太子，導致吳國政局動盪，孫權心力交瘁。孫和太子被廢，與孫權長女全公主有牽連。全公主黨附孫霸，對孫權說孫和及其母親王夫人的壞話。有一次孫權生病，孫和到祖廟祭祀，請祖宗保佑孫權。孫和夫人張氏的叔父住在祖廟附近，孫和順道去拜訪。全公主抓住機會，向孫權密告：孫和不是到祖廟祭祀，而是到老婆娘家密謀。又說王夫人見皇帝有病，面露喜色，高興得不得了。孫權患病，心情本來就煩躁，聽了女兒的這番話，勃然大怒，責備王夫人，疏遠孫和。王夫人膽顫心驚，憂愁病死，孫和更加孤單。全公主又發動夫家的人，全寄、楊竺等人為魯王孫霸的黨羽，在朝外發動攻勢，一時流言四起，孫權聽到的盡是孫和的壞話。孫和的師傅，大臣陸遜、吾粲、顧譚出面勸諫孫權，不可廢嫡立庶，破壞宗法制度。無難督陳正、五營督陳象、驃騎將軍朱據、尚書僕射屈晃也上書：春秋時期，晉獻公殺太子申生，立庶子奚齊，導致晉國擾亂。孫權不聽，

孫亮畫像

反而是忠言逆耳，火上澆油，誅滅陳正、陳象，在殿上杖責朱據、屈晃，斥責陸遜，陸遜憂死，數十位大臣被流放。赤烏十三年（西元二五〇年），孫和被廢，流放到故鄣。太元元年（西元二五一年），孫亮被立為太子，他的生母潘夫人立為皇后。太元二年（西元二五二年），孫權病危，封孫和為南陽王。不久，孫權病死，孫亮即位，諸葛恪、孫峻等人受遺詔輔政。這時，孫亮年僅十歲。

諸葛恪用兵淮南：諸葛恪，字元遜，瑯琊陽都（今山東沂南縣）人，吳國大將軍諸葛瑾的兒子，蜀國丞相諸葛亮的侄兒，出身名門。諸葛恪從小聰穎過人，深得孫權器重，弱冠之年被拜為騎都尉，又從中庶子升為左輔都尉。孫權曾經以十分讚許的口氣對諸葛瑾說：「你的兒子真是如藍田所生的玉，名不虛傳！」

山越時服時叛，很難治理。嘉禾三年（西元二三四年），諸葛恪毛遂自薦，願意到山越最集中的丹陽去治理，保證三年可得甲士四萬。朝中大臣表示懷疑，但是孫權極為信任，任命諸葛恪為撫越將軍，領丹陽太守，率領三百騎兵赴任。三年以後，丹陽有十萬山越人出降，得精兵四萬餘人，諸葛恪的名聲大振。

諸葛亮畫像

赤烏九年（西元二四六年），諸葛恪接替去世的陸遜為大將軍，假節鉞，駐屯武昌，領荊州事務，這是最高職位的軍事長官。太元二年（西元二五二年），孫權病情加重，太子年少，於是安排後事，召重臣諸葛恪、孫弘、滕胤、呂據、孫峻接受遺命。孫權託孤，諸葛恪為首輔。孫權對諸葛恪說：「我病得很重，恐怕再也不能見面，所有事情都託付給你！」並且說：「詔有司諸事一統於恪，惟殺生大事然後以聞。」諸葛恪成為顧命大臣的第二天，孫權就去世了。

諸葛恪以大將軍領太子太傅，總領軍國大政。當時，朝廷上下都注目諸葛恪，但是中書令孫弘與諸葛恪不和，害怕受制於諸葛恪，於是在孫權死後秘不發喪，妄圖矯詔殺了諸葛恪。侍中孫峻得知此事暗通消息，諸葛恪請孫弘議事，在座中殺了孫弘。諸葛恪穩固地位，發布許多舒緩衝突、安定人心的措施，裁撤監視文武百官的校事，深得朝廷內外的擁護，又豁免百姓積欠政府的租賦債務，除去關津雜稅，注意體恤民力，發展生產。這些惠政措施的執行，使得吳國人民對他印象非常好，「恪每出入，百姓延頸思見其狀」。

諸葛恪自視甚高，想要建立蓋世武功。太元二年，孫權病逝。十月，諸葛恪修復巢湖東興堤（在今安徽含山縣），以提高巢湖水位，利於舟船進軍合肥。又在濡須山築東關城，隔濡須水與七寶山上

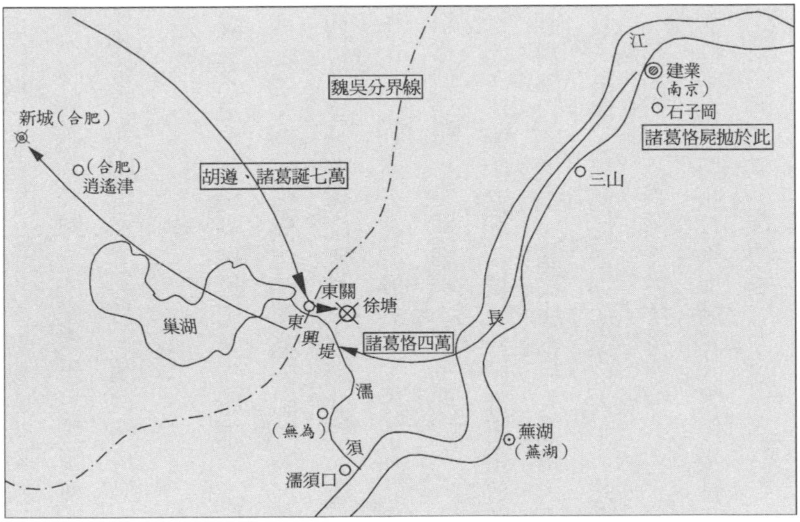

諸葛恪用兵淮南：東興大捷與新城之敗

的西關城相對，北控巢湖，南扼長江，護衛東興堤。兩座關城，各留千人屯守。曹魏命大將胡遵、揚州牧諸葛誕率領七萬大軍攻圍兩城，諸葛恪率眾四萬星夜馳救。當時，天寒大雪，魏軍解甲飲酒，諸葛恪率眾突然襲擊，大獲全勝，斃魏軍數萬，繳獲軍資如山積。十二月，諸葛恪班師還建業。

西元二五三年，諸葛恪大舉北伐，傾全國之力，集兵二十萬，為吳國用兵史上前所未有。吳國文武大臣聯名反對，認為連年動眾，兵民已困，不宜輕率北伐。諸葛恪模仿諸葛亮《出師表》著論壓眾，「天無二日，土無二王，吳國不可依靠長江天險傳世，要趁曹魏尚未強大之時北伐，統一天下」。諸葛恪認為，數十年以後，曹魏人口兵眾增長一倍，吳國功臣宿將凋零一半，更不利北伐，又說劉表端坐荊州，沒有遠慮，給子孫留下後患。諸葛恪善於雄辯，不顧國力，違眾進兵。

諸葛恪沒有直取壽春，犯了兵家大忌，置眾兵於堅城之下，圍困合肥新城。合肥守將張特與將軍樂方只有兵士三千人，依靠城堅糧足堅守，諸葛恪攻圍百餘日不能下。諸葛恪五月入淮南，正值暑熱，士卒疲勞，病者大半，死亡甚眾。八月，曹魏救兵入淮南，諸葛恪退兵，傷亡大半。此役吳軍未經大戰而遭慘敗，完全是諸葛恪不體恤士卒所造成。諸葛恪回到建業，被孫峻所殺。

諸葛恪淮南慘敗，吳國大受損傷，此後無力北上。曹魏淮南守將毌丘儉與諸葛誕先後叛亂，無暇南下。司馬昭主政，調整戰略，先滅蜀後滅吳，淮南征戰逐漸沉寂，直到吳亡，沒有大戰。

孫亮被廢：孫峻殺害諸葛恪以後，擔任大將軍，大權獨攬。他步上諸葛恪的後塵，也用兵於淮南，加劇吳國的衰亡。五鳳二年（西元二五五年），曹魏鎮東將軍毌丘儉、揚州刺史文欽反於淮南，大將軍司馬師抱病東征。孫峻率眾十萬救援毌丘儉，攻壽春。司馬師斬殺毌丘儉，文欽降吳，孫峻敗還。

太平元年（西元二五六年）九月，孫峻病死，以堂弟偏將軍孫綝為侍中、武衛將軍，領中外諸軍事。驃騎將軍呂據、征北將軍文欽、前將軍唐咨上表孫亮，推薦衛將軍滕胤為丞相。孫綝不聽，以滕胤為大司馬駐守武昌。當時，曹魏鎮東大將軍諸葛誕據壽春反叛，呂據等人率兵往救，據兵在外。呂據等人不服孫綝，於是引兵還吳，打算討伐孫綝。孫綝用皇帝詔書告諭文欽和唐咨，命令兩人討伐呂據，又派孫憲、丁奉、施寬率領水軍阻擊呂據，在江都新州抓獲呂據。孫綝又派將軍劉丞率領步騎討伐滕胤，滕胤兵敗被殺，滿門被誅。於是，孫綝為大將軍，假節鉞，封永寧侯，執掌大權。孫憲與將軍王惇計畫謀殺孫綝，計謀敗露，王惇被殺，孫憲自殺，吳國統治集團上層又陷入一場動亂。

太平二年（西元二五七年），孫亮十五歲，四月臨正殿，大赦天下，表示親政。孫綝奏事，孫亮總是發出質問。孫亮挑選十五歲到十八歲的官家子弟三千人組成一支禁衛軍，在高官武將的兒子中，挑選人才出眾而好勇有力的人擔任將帥。孫亮說：「我組建這支新軍，與我一起成長。」每天在皇家公園中訓練。

孫亮極其機敏，很有判斷力。有一天，他讓黃門郎到中藏庫取蜂蜜。黃門郎曾經向管庫的藏吏索要東西，藏吏沒有給，黃門郎懷恨，藉機報仇，把老鼠屎撒在蜂蜜裡，陷害藏吏失職。孫亮召問藏吏，藏吏叩頭說不是他做的。孫亮問：「黃門郎曾經找你索要東西嗎？」藏吏說：「是的，臣不敢把公家的東西私自給他。」孫亮召問黃門郎，黃門郎矢口否認。侍中刁玄、張邠向孫亮請示，逮捕兩人，交給司法機關廷尉審問。孫亮說：「不須審問，很容易查出真相。」讓人把蜂蜜中的鼠糞剖開，外濕內乾，說明是剛把鼠糞撒進蜂蜜中，是黃門郎做的。在事實面前，黃門郎只好認罪，在場的人十分佩服孫亮的智慧。

孫亮聰明能幹，朝中大臣感到高興，可是孫綝非常恐慌，與同黨密謀除掉孫亮。孫亮涉世不深，鋒芒過於外露，對孫綝警惕不夠。孫亮與太常全尚、將軍劉丞謀誅孫綝，孫綝察覺，先下手為強，逮捕全尚，殺害劉丞，召集大臣在宮門集會，廢孫亮為會稽王。這一年，孫亮十六歲。

孫亮廢為會稽王，兩年以後，傳言他要回京做天子，景帝孫休下詔，再貶為侯官侯。孫亮在被遣送的路上自殺，享年僅十八歲，本來可以成為一代英主的孫亮，就這樣湮沒了。

景帝孫休

孫休，字子烈，是孫權的第六子，孫亮的六哥，大孫亮九歲。孫亮被廢，孫綝奉孫休即位，是為景帝，時年二十四歲。

孫亮在位時期，孫休為瑯琊王，建王府於丹陽郡。丹陽太守李衡多次藉故找孫休麻煩，假借法律凌辱孫休。孫休上書朝廷請求遷移他郡，孫亮下詔遷移到會稽郡。孫休即皇帝位，李衡害怕，投

孫休畫像

案司法部門請罪。孫休下詔：「丹陽太守李衡，過去對我有嫌隙，現在自首請罪。春秋時期，管仲侍奉公子糾，曾經用箭射中齊桓公的衣帶鉤。晉國宦官奉晉獻公之命抓捕重耳，重耳翻牆逃走，宦官割下重耳的衣袖。當時，管仲和宦官都是各為其主，理當如此。釋放李衡回到原任做官，不要自疑。」孫休提拔李衡出任威遠將軍。

孫綝專權自恣，孫休不動聲色地把他剷除。孫休即位伊始，下恩詔，特別表彰孫綝擁戴的功勞，在大將軍之上加官丞相、荊州牧，增食邑五縣，又下詔孫綝之弟孫恩加官侍中，便於出入宮禁。孫綝一門五侯，自己為永寧侯，其弟孫恩、孫據、孫干、孫闓均封侯。孫休一邊尊貴孫綝，一邊暗中與左將軍張布謀劃誅殺孫綝。永安元年（西元二五八年）十二月臘日，百官朝賀，孫休藉機下詔張布討賊，捉拿奸賊，逮捕孫綝，當天正法。孫休十月即位，不到三個月就把權奸孫綝打倒。

孫休頒布許多導正風氣、發展生產、減輕民力的措施，以緩和社會衝突。他即位的第二個月，永安元年十一月二十一日下詔：「現在專門充當官府雜役的人家，五丁抽三男同時服役，父親和哥哥在京都，兒子和弟弟在郡縣，他們既要交納租糧，軍隊出征還要服役，以至於無人照管家中事務，我非常憐憫他們。我現在決定，這種家庭中有五個男丁就有三人在服役，任隨父親還是哥哥選擇一人服役，一人留在家中，這個人免交租糧，軍隊出征也不用從征。」孫休下詔振興教育，把建立官方學校放在政務首位，優待老師，獎勵學生。文武官員的子弟，愛好學習的人到學校學習。學生一年考試一次，區分高下，然後升遷職位，或是給予物質獎勵，讓看到的人為他們而高興，聽聞的人為他們而羨慕，以此振興社會風氣。

孫休下詔治文休武，發展生產。詔書說：「我日夜戰戰兢兢處理政事，忘記睡覺和進餐。現在我要停止使用武力，大力振興文教，以推廣王朝的教化。想要達到這個目的，首先要讓全國軍民變得富裕，這就要發展農業生產。近年來，各個州郡的官員百姓，包括各地軍營的士兵，大多離鄉背井，乘船在長江上游下游來回，忙著做生意。大量良田荒蕪，國庫糧食減少，這樣怎麼讓社會安定？究其原因，就是賦稅過重，農民種田無利。我決定，九卿和尚書共同商量，提出有利於減輕農民負擔、公平承擔賦稅的措施，使得公私兩利，家家富足。今年農桑季節已到，不能延誤農時，方法決定以後，就要立即施行。」

孫休十分愛好學習，把諸子百家的典籍全部讀完，處理政事的時候也是手不釋卷。孫休喜歡到野外打獵，射野雞。春夏之交，他經常早出晚歸打獵，只有這個時候才會放下書本。

東吳有孫休這位奮發有為的君主，是國家和人民的福祉。可惜，他的壽命不長，只當了六年皇帝就死了，享年三十歲，謚號景皇帝，葬於定陵。

末帝孫皓

孫皓歷經危難，瞭解下情，僥倖即位，卻不圖興國治民，自暴自棄，成為亡國之君，史稱末帝。

僥倖登基，初立稱治：孫皓，字元宗，又名彭祖，字皓宗，他是孫權的孫子，孫和的兒子。孫休即位為皇帝，封孫皓為烏程侯。烏程靠近西湖，西湖附近一個叫景養的人，善於看相。景養看見孫皓，說他命中註定大富大貴。孫皓暗自高興，不敢洩露，韜晦養身，盼望出頭之日。

孫休去世，當時蜀國滅亡，交阯郡發生反叛，內憂外患交至，滿朝文武希望擁立一個年長的君主。孫休臨終，口不能言，把丞相濮陽興召到床前，讓長子孫䨲出拜。孫休一手拉著濮陽興，一手指著兒子，示意把兒子交給濮陽興，希望他輔佐兒子即位。但是滿朝輿情，濮陽興不敢違背，集合朝臣議立君長。左典軍萬彧曾經做過烏程令，與孫皓交好，大力稱讚孫皓才能，認為他有膽識，是孫策一流的人物，又十分愛好學習。萬彧多次向濮陽興和左將軍張布遊說，濮陽興和張布進宮徵求皇后朱氏的意見，表達欲迎立孫皓為孫休繼嗣。朱皇后是驃騎將軍朱據的女兒，十分通達地說：「我是一個寡婦，怎麼考慮天下大事，只要吳國不受損害，宗廟祭祀有依靠就可以。」濮陽興等人順利迎立孫皓為皇帝。當時，孫皓

孫皓畫像

二十三歲。

孫皓初立，為爭取民心，表現年少有為的樣子，頒布恩詔，體恤士民，打開倉廩，振濟貧困，釋放宮女回家嫁夫，把皇家禁苑圈養的野獸放歸自然，舉國上下稱慶，喜得明君。

原形畢露，枉殺大臣太后：孫皓曾經被貶為侯，接觸下情，初立之時頒布恩詔，表示懂得時勢民心。也許孫皓的坎坷產生負面影響，扭曲他的心理。不久，孫皓原形畢露，性情粗魯凶暴，驕傲自滿，非常迷信，有很多忌諱，好酒好色，許多官員都感到失望，丞相濮陽興、左將軍張布暗自後悔。有人向孫皓密告，元興元年十月，孫皓殺了濮陽興和張布。孫皓八月即位，前後只有兩個多月，就做出誅殺大臣的暴行。

朱皇后接納孫皓為嗣，應該有恩。孫皓即位，尊朱皇后為皇太后。過了一個月，貶朱太后為景皇后，居住在安定宮。孫皓把自己的生父孫和追謚為文皇帝，尊母親何氏為太后。元興元年十月，孫皓封孫休的長子孫𩅦為豫章王，次子孫𩃙為汝南王，三子孫𩐨為梁王，四子孫𩅟為陳王。第二年，甘露元年七月，孫皓逼殺景皇后朱氏，死後遺體不停放在宮中正殿，而是停放在後花園一間小屋裡。眾人都知道景皇后死於非命，無不為之感到哀痛悲切。隨後，孫皓又把孫休的四個兒子送到吳縣城軟禁，然後派人去追殺四個兄弟之中的大哥和二哥。

孫皓喜歡飲酒，每次會集群臣宴會，都要眾人喝到沉醉不醒，又布置黃門郎十人，不讓他們喝酒，專門在宴會上侍立兩旁，充當觀察在座官員過失的舉報官。宴會結束之後，各自報告觀察到的群臣過失。正眼看皇帝，說話有錯，以及其他各種過失，當場處罰，過失大的處死，過失小的治罪。

孫皓好色，後宮充斥幾千個宮女，還要每年選美。宮女不合自己心意，就殺死丟到河裡沖走，還會挖人的眼睛，剝去臉上的皮。

孫皓聽信讒言，不問是非，酷虐嗜殺。孫皓有一個愛妾，經常派人到市集上搶奪百姓的財物。管理市場的中郎將陳聲，素來是孫皓的寵臣，仗恃孫皓的寵信，把孫皓的愛妾派到市集上的人繩之以法。愛妾向孫皓哭訴，孫皓大怒，找了一個藉口，用燒紅的鋸齒切斷陳聲的頭顱，把屍體丟到四望山下。

奸臣岑昏為人陰險阿諛，曲從孫皓，位列九卿。他喜歡各種工程，為孫皓大修宮殿，民眾非常痛苦，吳國上下離心離德，沒有人願意為孫皓盡力，各地爆發民眾起兵的事件。

妄作天子，輕啟邊釁：孫皓妄自尊大，奸佞臣工投其所好，妄作祥瑞妖言。丹陽人刁玄奉命使蜀，據說得到司馬徽與劉備討論天命的曆書，刁玄大增其文，欺誑吳人：「黃旗紫色車蓋出現在東南，最終得天下的人是荊揚的國君。」暗示孫皓得天下。又得到一個魏國的降兵，宣稱壽春有童謠說：「吳國天子當西上得國。」孫皓聽了，高興地說：「這是天命啊！」他異想天開西上洛陽當中原天子。建衡三年（西元二七一年）正月，孫皓下令百官隨從西上洛陽，以順天命。孫皓的母親和嬪妃，以及宮人和禁衛數千人，從華里（今南京西）出都，打算到牛渚採石（在今安徽當塗西北十公里長江邊）渡江，由陸路西上。孫皓一行，剛出華里，遇上大雪紛飛，道路陷壞，兵士披甲執仗，百姓拉車，許多士民凍死。兵士民夫無法忍受，發出怨言：「要是遇到魏國敵人，我們就倒戈。」丞相萬彧與右大司馬丁奉和將軍留平密謀：「主上如果到華里真的不回，國家事重，我們不得不還。」此語洩露出去，傳到孫皓耳裡。東觀令華覈堅決勸阻，孫皓只好轉回皇宮。孫皓置酒宴請群臣，命人送毒酒給萬彧和留平，送酒人減去分量，萬彧和留平沒有被毒死。宴會以後，萬彧自殺，留平憂懼，不到一個月也死了。

孫皓不顧國力，輕啟邊釁。寶鼎元年（西元二六六年）正月，孫皓派大鴻臚張儼、五官中郎將丁忠，前往晉國弔唁晉文帝司馬昭。在返回路上，張儼病死，丁忠回京向孫皓報告：「北方現在疏於防守，弋陽郡很容易攻取。」鎮西大將軍陸凱說：「不得已的時候，才可以動用軍隊，不要輕啟戰爭。晉國吞併巴蜀，國力強盛，想要僥倖取勝，危險之道。」車騎將軍劉纂說：「北方既然有防守上的漏洞，機不可失，可以先派人偵察情況。」孫皓採納劉纂的意見，暗中派人偵察，沒有發現可乘之機，最後罷手。孫皓雖然沒有發動戰爭，卻從此斷絕與晉國的關係。

鳳凰元年（西元二七二年），孫皓徵召西陵督步闡進京，步闡恐懼反叛，據守西陵投降晉國。陸遜之子陸抗率兵征討，平息叛亂，步闡和同謀者數十人被夷滅三族。

天紀元年（西元二七七年）夏，夏口督孫慎出兵進攻晉國江夏郡和汝南郡，燒殺擄掠晉國居民。

自毀長城，金陵王氣黯然收：吳國江防千里，兵力本來就不夠用。孫皓給宗室王配兵，每王三千人。天紀二年（西元二七八年），孫皓立成紀、宣威等十一王，每王配兵三千，分散兵力三萬多人。這時，已經距離西晉伐吳不遠，邊將告急，孫皓充耳不聞。

鳳凰三年（西元二七四年），鎮守荊州的大司馬陸抗病危，上疏孫皓，提出加強長江上游西陵、建平兩地的防務，要求朝廷增兵三萬，裁撤宗室王的防衛兵，孫皓置之不理。吳國上游荊州防務，兵力嚴重不足。西元二七八年，西晉首創伐吳大計的鎮南將軍羊祜病卒，臨終舉薦杜預繼任。杜預接替羊祜坐鎮襄陽，上任以後，以迅雷不及掩耳之勢，派遣精兵進攻西陵。東吳名將張政猝不及防，吃了敗仗，許多將士被俘。張政害怕受到孫皓嚴責，不敢把敗績如實上報。杜預卻派人把俘虜押送到建業歸還，孫皓對張政隱瞞軍情大發雷霆，將張政調離西陵，另派一個能力不強的留憲鎮守西陵，中了杜預的離間之計，為滅吳搬走第一塊石頭。在大軍壓境的前夕，孫皓誤換邊將，表現自己的昏庸，杜預深感伐吳的時機已經成熟，求戰心切，主張堅定，旬月之內，連上兩表，終於堅定晉武帝伐吳的決心。

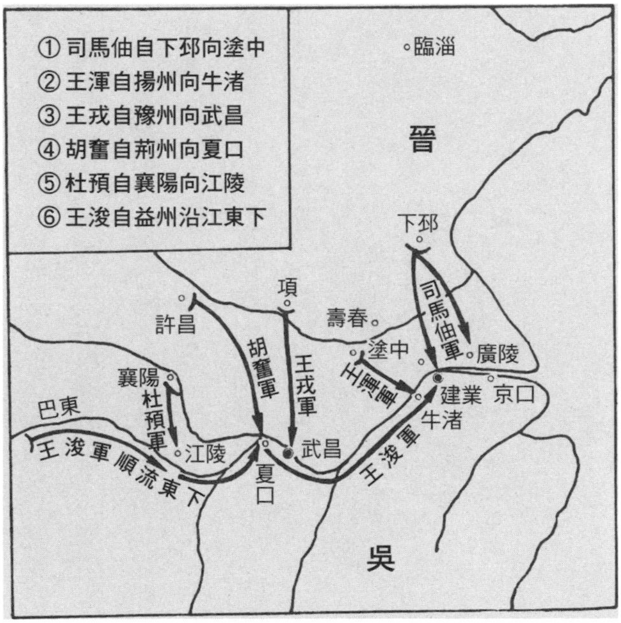

西晉滅吳六路進兵路線

晉武帝咸寧五年（西元二七九年）十一月，部署六路兵馬，全線出擊，大舉攻吳，撫軍將軍司馬佃出塗中（即由滁州向真州），安東將軍王渾出江西，建威將軍王戎出武昌，平南將軍胡奮出夏口，鎮南將軍杜預出江陵，龍驤將軍王濬、廣武將軍唐彬率巴蜀之眾，作為奇兵，順江而下，聲勢浩大的滅吳統一戰爭，從此全面展開。

太康元年（西元二八〇年），杜預出兵江陵，戰無不勝，攻無不克，旬日之間，累克城邑，大獲全勝。這時，王濬的水軍也連戰連勝，先打下東吳軍事重鎮西陵，殺了都督留憲，又下荊門夷道，直逼東鄉和江陵，與杜預會合。杜王合軍攻克江陵和武昌以後，杜預又分兵給王濬，以壯大他東下的實力。杜預鼓勵王濬：「將軍已經攻破東吳西邊的防守，應該順流而下，直接向建業進軍，征伐叛逆，拯救吳人脫離火坑。將來得勝還朝，也是一生的好事。」王濬揮師東下，舉帆直奔建業。孫皓派丞相張悌率兵三萬迎敵，被王濬軍打敗，張悌戰死。王濬東下，孫皓已經無兵可戰，在強大的攻勢面前，孫皓不得不肉袒面縛，銜璧牽羊，衰服輿梓，率領兄弟子侄二十一人，出門拜降。至此，魏蜀吳三國分立的局面徹底終結，吳國滅亡，晉朝的全國統一勝利實現。

孫皓降晉，被封為歸命侯，四年以後死在洛陽，葬在河南縣界，時年四十二歲。

孫亮、孫休、孫皓檔案

姓名：孫亮、孫休、孫皓

出生：西元二四三年（孫亮）、西元二三五年（孫休）、西元二四三年（孫皓）
屬相：豬（孫亮）、虎（孫休）、豬（孫皓）
卒年：西元二六〇年（孫亮）、西元二六四年（孫休）、西元二八四年（孫皓）
享年：十八歲（孫亮）、三十歲（孫休）、四十二歲（孫皓）
諡號：景皇帝（孫休）
廟號：均未入廟
葬地：賴鄉（孫亮）、定陵（孫休）、河南縣界（孫皓）
父親：孫權（孫亮、孫休）、孫和（孫皓）
母親：孫權潘夫人（孫亮）、孫權王夫人（孫休）、孫和張夫人（孫皓）
子女：孫休四子、孫皓十二子
配偶：孫亮娶全尚之女全夫人、孫休娶朱據之女朱夫人、孫皓娶滕胤之女滕夫人
最得意：三人意外得繼大統
最痛心：孫亮中廢，孫休短命，孫皓亡國
最不幸：孫休朱皇后及其長子次子，為孫皓所害

附錄一　三國十二帝 帝系表

魏帝系表

①曹操——②文帝曹丕—③明帝曹叡—④齊王曹芳（239—254）

　　　　　　　　　└—曹霖—⑤高貴鄉公曹髦

└—曹宇——⑥陳留王曹奐（260—266）

蜀帝系表

①昭烈帝劉備（221—223）——②後主劉禪（223—263）

吳帝系表

①大帝孫權（229—252）——②廢帝孫亮（252—258）

├—③景帝孫休（258—264）

└—孫和—④烏程侯孫皓（264—280）

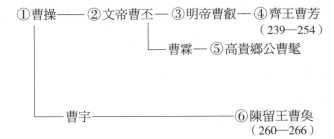

附錄二　三國大事年表

第一階段（西元一九〇年—二〇七年）：群雄並起，中原十年混戰，曹操統一北方

漢獻帝初平元年（西元一九〇年）

正月：關東諸侯起兵討董卓。後將軍袁術、長沙太守孫堅、冀州牧韓馥、豫州刺史孔伷、兗州刺史劉岱、河內太守王匡、渤海太守袁紹、陳留太守張邈、東郡太守橋瑁、山陽太守袁遺、濟北相鮑信，十一路諸侯同時起兵討董卓，共推袁紹為盟主。曹操亦起兵，行奮武將軍。

中平六年（西元一八九年）四月，漢靈帝駕崩，皇子劉辯即位，年十七歲，史稱少帝，母親何太后臨朝。八月，大將軍何進與司隸校尉袁紹謀誅宦官，何太后不從，何進召并州牧董卓帶兵入洛陽，脅迫何太后。董卓未至，謀泄，宦官先殺何進，袁紹盡誅宦官。董卓入京，專擅朝政，九月甲戌朔，廢少帝，立陳留王劉協為帝，年九歲，是為獻帝。

袁紹、袁術、曹操逃出京師，至此，聯絡諸侯，起兵討董卓。二月：董卓脅迫獻帝遷都長安，自留洛陽抗擊關東軍。三月：獻帝入長安。

初平二年（西元一九一年）

二月：孫堅兵逼洛陽，董卓挖掘諸帝陵寢，火燒洛陽西走。西元二〇〇年，帝京成為一片廢墟。

四月：董卓入長安。

七月：

（一）袁紹脅迫韓馥讓出冀州，袁紹自為冀州牧，拉開軍閥混戰的序幕，主要割據者如下：

公孫度據遼東（今遼寧）

劉虞、公孫瓚據幽州（今河北北部）

袁紹據冀州（今河北南部）

張楊據河內（今河南省黃河北岸地區）

袁術據南陽（今河南南部）

劉表據荊州（今兩湖地區）

陶謙據徐州（今江蘇北部）

劉焉據益州（今四川及雲貴地區）

張魯據漢中（今陝南漢中盆地）

馬騰、韓遂據涼州（今甘肅）

董卓及涼州將據關中

（二）袁紹表薦曹操為東郡太守，治東武陽。

（三）袁術表薦孫堅為豫州刺史。

（四）劉備依附公孫瓚為別部司馬。

初平三年（西元一九二年）

正月：

（一）袁術遣孫堅攻劉表，孫堅攻襄陽，與劉表將領黃祖交戰，中流矢死。

（二）袁紹大破公孫瓚於界橋。

四月：

（一）司徒王允與呂布共殺董卓，涼州將李傕、郭汜殺王允，專擅朝政，呂布逃依袁紹。

（二）曹操大破兗州黃巾軍，受降卒三十餘萬，男女百餘萬口，收其精銳，號為青州兵，自領兗州牧。

初平四年（西元一九三年）

三月：袁術進兵陳留攻曹操，袁紹助曹操擊敗袁術。袁術被趕出南陽，東走九江，殺揚州刺史陳溫，據有淮南。

按：袁紹與袁術不睦，袁術聯結公孫瓚以擊袁紹，袁紹聯合劉表以擊袁術。袁紹與曹操連和，袁紹在河北，曹操在河南，兩人背向各自發展，互為犄角之援而無後顧之憂，所向無敵。

九月：

（一）曹操東征陶謙，下十餘城，陶謙守城不敢出。

（二）公孫瓚派劉備率兵救陶謙。

是歲：公孫瓚與袁紹展開決戰。公孫瓚署田楷為青州刺史，袁紹派臧洪入青州，征戰二年，青州落入袁紹之手。

興平元年（西元一九四年）

四月：曹操第二次東征陶謙，拔五城，皆屠之。陳留太守張邈與謀士陳宮迎呂布，反擊曹操。兗州郡縣蜂起響應，只有荀彧、程昱所守鄄城、范縣、東阿縣三城未下。

按：呂布依袁紹，作戰有功而驕狂，袁紹欲殺之，呂布往投河內張楊。至是，張邈迎呂布襲奪曹操兗州。十二月：陶謙病卒，臨終以州牧讓劉備，劉備第一次得徐州。

是歲：

（一）劉焉病卒，子劉璋繼任益州牧。

（二）孫堅長子孫策，年二十歲，向袁術求得孫堅舊部將士千餘人渡江，數年之間遂有江東。

興平二年（西元一九五年）

二月：李傕與郭汜相攻，大戰長安城中。李傕劫持天子，郭汜劫持公卿。

七月：興義將軍楊奉與安集將軍董承護駕東歸。

八月：呂布兵敗，東投徐州牧劉備，駐屯小沛。張邈之弟張超困守雍丘，張邈往淮南求救於袁術，在半途為部下所殺。

十二月：

（一）曹操攻破雍丘，殺張超，夷三族，全部收復兗州。

（二）袁紹所署東郡太守臧洪，與張超有舊。臧洪向袁紹請兵救張超，袁紹不許，臧洪叛袁紹，袁紹攻圍一年，殺臧洪。

建安元年（西元一九六年）

七月：獻帝經河內東還入洛陽，幸故中常侍趙忠宅。是時，宮室燒盡，百官無府衙，依廢墟牆壁而居，糧食匱乏，官吏士卒多有餓死者。

九月：

（一）曹操迎獻帝都許昌，改元建安。

（二）曹操採納棗祗建言，在許昌試行屯田，當年得穀百餘萬斛，於是州郡列置田官，所在積穀。

（三）曹操表薦劉備為鎮東將軍，封宜城亭侯，以制袁術。袁術興兵犯徐州，劉備東討，與袁術軍相持於淮上。呂布趁虛襲奪下邳，自稱徐州刺史。

（四）劉備向呂布求和，駐屯小沛。

建安二年（西元一九七年）

正月：

（一）袁術在淮南自稱天子。

（二）曹操南征張繡，兵敗淯水，失其長子曹昂及侄兒曹安民。

三月：曹操讓大將軍位與袁紹。

建安三年（西元一九八年）

三月：曹操再次南征張繡於穰城。五月，劉表救張繡。袁紹議欲襲擊許昌，許昌驚惶。七月，曹操退還。

四月：中郎將段煨討滅李傕，夷三族。

九月：呂布破劉備於小沛，劉備往依曹操。曹操表薦劉備為豫州刺史、左將軍，拜關羽為中郎將。

十月：曹操東征呂布，呂布連戰皆敗，困守下邳。呂布向河內張楊、淮南袁術求救，張楊和袁術鞭長莫及，只能遙為聲援。

十二月：曹操破下邳，擒殺呂布。

建安四年（西元一九九年）

二月：曹操策動張楊部將楊醜殺張楊，張楊另一部將眭固殺楊醜，投歸袁紹。

四月：

（一）曹操進兵河內，殺眭固，侵入袁紹領屬區，建立河北前進基地。曹操聲言北上助袁紹討公孫瓚，暗中計畫偷襲鄴城。

（二）袁紹擊滅公孫瓚，兼有河北幽、冀、青、并四州，班師還鄴，曹操退還許昌，袁曹衝突公開化。

六月：曹操派劉備東出徐州，截擊北上的袁術，不讓二袁結合。袁術受阻，嘔血病死，淮南歸入曹操佔領區。曹操佔有河南司、豫、兗、徐四州，以及揚州北部地區，以黃河為界，與袁紹相峙，勢均力敵。

八月：
（一）袁紹選精兵十萬、坐騎萬匹，聲言南下清君側，誅討曹操。
（二）曹操派臧霸引精兵入青州，牽制袁紹，捍衛東方。
（三）曹操領兵進據黃河北岸重鎮黎陽，留于禁屯守河南重要渡口延津，劉延守白馬。
九月：曹操分兵守官渡。
十一月：袁曹雙方展開外交戰，袁紹使者四出無獲，曹操挾天子以令諸侯，安集四方。張繡聽從賈詡建言，率眾投效曹操。鍾繇、衛覬出鎮關中，關中諸將附從。曹操消除與袁紹決戰的後顧之憂。
十二月：曹操親臨官渡布防。

建安五年（西元二〇〇年）

正月：
（一）袁紹正式發布討伐曹操的檄文，但是按兵不動。
（二）劉備宣布衣帶詔聲討曹操，奪佔徐州，分兵略地。
按：劉備在許昌時期，車騎將軍董承奉衣帶詔誅殺曹操。董承與劉備、長水校尉种輯、將軍吳子蘭、王子服同謀。事未發，劉備東出。至是，劉備宣布衣帶詔，董承等人伏誅，被夷三族。

（三）曹操從官渡親率重兵東擊劉備，劉備敗走，北依袁紹，袁紹出鄴城二百里郊迎劉備。

二月：袁紹進軍黎陽，曹操收縮河南。袁紹令劉備助顏良為先鋒，渡河圍白馬。

四月至六月：曹操北上解白馬之圍，關羽陣斬顏良，曹軍在收縮撤退中殺文醜。顏良、文醜為河北名將，袁紹在序戰中連折二將，袁紹軍奪氣。

七月至九月：

（一）袁曹兩軍相持於官渡。

（二）關羽辭曹操歸劉備。

（三）劉備以開闢第二戰線為由，脫離袁紹，率眾到汝南，聚眾數千。

十月：曹操劫糧烏巢，敗袁紹於官渡，斬殺活埋袁紹軍八萬餘人。

十一月：曹操南擊劉備，劉備敗投劉表，駐屯新野。

是歲：四月，孫策治軍，陰欲襲許昌迎獻帝，部署諸將，未發，被吳郡太守許貢賓客刺殺。孫策臨終，呼孫權授以印綬。

建安七年（西元二〇二年）

五月：袁紹病死，少子袁尚領冀州牧，長子袁譚為青州刺史，中子袁熙為幽州刺史，外甥高幹為并州刺史。袁紹欲令諸兒各據一州，以觀其能。

建安八年（西元二〇三年）

是歲：袁譚與袁尚爭冀州，兄弟相攻，袁譚戰敗，向曹操求救。

建安九年（西元二〇四年）

八月：曹操大破袁尚，平冀州，自領冀州收。曹操發布《蠲河北租賦令》、《收田租令》。

建安十年（西元二〇五年）

正月：

（一）曹操破袁譚於青州南皮，斬袁譚，誅其妻子。

（二）袁熙、袁尚為其部將焦觸、張南所攻，逃奔遼西烏桓。焦觸自號幽州刺史，以州降曹操。

九月：曹操發布《整齊風俗令》。

建安十一年（西元二〇六年）

三月：曹操破并州，擒斬高幹。

建安十二年（西元二〇七年）

八月：曹操遠征，大破三郡烏桓於柳城，斬其大豪蹋頓單于。袁熙、袁尚逃奔遼東，曹操班師。遼東公孫康斬袁熙、袁尚，傳首京師，河北悉平。幽、冀、青、并四州，盡為曹操所有，北方基本統一。

十一月：劉備三顧茅廬。諸葛亮發表「隆中對」，建言劉備取荊、益，聯孫抗曹。

第二階段（西元二〇八年—二二九年）：孫劉結盟抗曹，形成三國鼎立

建安十三年（西元二〇八年）

正月：曹操在鄴城玄武湖訓練水師，備戰南下江南。孫權建行營於柴桑，搶先發動荊州之戰，一舉滅黃祖。

六月：曹操罷三公，置丞相、御史大夫，自領丞相。

七月：曹操動員三十萬，發布南征荊州令。

八月：

（一）劉表卒，次子劉琮為荊州牧。

（二）八月二十九日壬子，曹操殺太中大夫孔融，夷其族。

（三）曹操正式出師，大軍指向宛城、葉縣。曹操自領五千輕騎，從徑道奇襲荊州。

九月：

（一）荊州牧劉琮不戰而降曹操。

（二）曹操追擊打敗劉備於長坂，進兵江陵。

（三）孫權使者魯肅見劉備、諸葛亮於長坂，說服劉備與孫權結盟。

十月：

（一）曹操遣書孫權，發動赤壁之戰。

（二）諸葛亮使吳，訂立鼎足之形的雙邊同盟。

（三）孫劉聯軍赤壁大捷，曹操北還。

按：赤壁之戰推動孫劉結盟，曹操敗北。

十二月：

（一）孫權趁赤壁大捷，自將圍合肥，攻圍四月，敗還。

（二）張昭攻九江當塗，不克。

（三）周瑜進兵江陵，攻曹仁歲餘，曹仁棄城逃走。周瑜得江陵，被孫權任命為南郡太守。

（四）劉備進兵江南，取荊州南四郡：武陵、長沙、桂陽、零陵。

建安十四年（西元二〇九年）

劉備屯公安，表薦孫權為徐州牧；孫權表薦劉備為荊州牧，以妹妻劉備，加固同盟。

建安十五年（西元二一〇年）

十二月：劉備到京口見孫權，求借荊州南郡江陵。周瑜、呂範上疏孫權留住劉備，孫權以曹操在北，疆埸未靖，不從。周瑜整眾欲西取益州，不幸病卒於巴丘。魯肅代周瑜領兵，勸孫權借荊州與劉備，「多操之敵，而自為樹黨，計之上也」，孫權從之。曹操聽聞孫權將荊州借給劉備，「方作書，落筆於地」。

按：魯肅主荊州事，孫劉結盟進入蜜月期。

建安十六年（西元二一一年）

正月：孫權復遣孫瑜率水軍駐夏口，欲與劉備共取蜀。劉備欲自圖蜀，託言與劉璋為宗室，不接受孫權的建議，孫權召孫瑜還。

八月：曹操西征，破馬超、韓遂。

十二月：益州牧劉璋迎劉備入蜀，北討張魯。孫權迎妹歸吳，孫夫人攜劉備之子劉禪還吳。張飛、趙雲勒兵截江，乃得劉禪還。

按：孫劉暗中爭鬥。

建安十七年（西元二一二年）

九月：

（一）孫權建都秣陵，改名建業。

（二）孫權用呂蒙計，夾濡須水口立塢，經營江北防線。

十月：曹操東征孫權。

十二月：劉備從葭萌關還軍攻劉璋。

建安十八年（西元二一三年）

正月：

（一）曹操率步騎四十萬進軍濡須口，孫權率軍七萬禦之。

（二）曹操攻破孫權江西營，受阻於濡須，相持月餘引軍還。

四月：曹操徵令淮南民眾內移，民轉相驚，廬江、九江、蘄春、廣陵十餘萬戶皆東渡江，江西遂虛，合肥以南唯有皖城。

五月：曹操晉爵為魏公。

七月：魏國始立社稷、宗廟。

建安十九年（西元二一四年）

四月：劉備攻雒城，軍師龐統中流矢死。諸葛亮留關羽守荊州，與張飛、趙雲將兵溯流入益州，與劉備會師圍成都。

五月：孫權征皖城，克之，俘獲廬江太守朱光及參軍董和。

六月：劉備取益州。孫權聞之曰：「猾虜乃敢挾詐如此！」

七月：曹操舉十萬之眾再征孫權，無功而還。

按：孫劉並力，劉備得益州；孫權克皖城，築起江北防線。

建安二十年（西元二一五年）

五月：孫權使諸葛瑾向劉備索求荊州南三郡，劉備曰：「吾方圖涼州，涼州定，乃盡以荊州與吳耳。」孫權曰：「此假而不反，乃欲以虛辭引歲也。」遂置長沙、零陵、桂陽三郡長吏，關羽盡逐之。孫權大怒，遣呂蒙督兵兩萬取南三郡。

劉備率軍五萬東出，屯公安與孫權爭江南三郡。

七月：

（一）曹操趁孫劉交惡，自將破張魯，取漢中。司馬懿、劉曄勸說曹操進兵取蜀，曹操不從，徙漢中民眾八萬餘口實關中、洛、鄴。

（二）劉備懼失益州，與孫權求和，以湘水為界中分荊州：長沙、江夏、桂陽東屬孫權，南郡、零陵、武陵西屬劉備。
八月：孫權率十萬之兵圍合肥，被張遼、李典七千之眾擊敗，退還。
十一月：劉備遣將軍黃權與曹將張郃爭奪三巴。張飛擊破張郃，張郃走還漢中，劉備還成都。
按：廖立曰：「昔先帝不取漢中，走與吳人爭南三郡，卒以三郡與吳人……既亡漢中……幾喪一州。」

建安二十一年（西元二一六年）

五月：曹操晉爵為魏王。
十月：曹操治軍，備戰再征孫權。

建安二十二年（西元二一七年）

二月：曹操征孫權，進軍濡須，三月引軍還。孫權遣徐詳詣曹操請降，曹操回報修好。
四月：曹操設天子旌旗，出入稱警蹕。
十月：魯肅卒，呂蒙代魯肅領兵鎮陸口。
按：劉備爭荊州南三郡，失信於吳，孫權改變策略，靠攏曹操，又派呂蒙鎮荊州，呂蒙為疏劉派，力主擒殺關羽，全據長江。

建安二十四年（西元二一九年）

正月：劉備進兵漢中，擊斬夏侯淵。

三月：

（一）曹操與劉備爭漢中，敗還，移武都氐人五萬餘落出居扶風、天水界。

（二）劉備遣宜都太守孟達從秭歸北攻房陵，又遣養子劉封自漢中乘沔水下，統孟達軍。

按：孟達，蜀國上將，守宜都可為荊州之援。劉備調孟達北攻房陵，抽空荊州後援，又用人不專，令劉封統孟達軍，遺患無窮。

七月：劉備自稱漢中王。

八月：

（一）孫權攻合肥，無功。

（二）關羽攻曹仁於樊城，擒于禁，威震荊襄。

按：東線孫權不敵曹軍，進無咫尺之功；西線劉備節節取勝，關羽得志，孫權不安，聯盟危機。

十月：孫權致信曹操，乞討關羽自效。曹操令曹仁以弩射孫權書示關羽，關羽猶豫不能去。

十二月：

（一）呂蒙偷襲荊州，殺關羽。

（二）曹操表薦孫權為驃騎將軍，領荊州牧，封南昌侯。

（三）孫權遣使入貢，又遣朱光等人歸，上書稱臣於曹操，陳說天命勸進。

建安二十五年（西元二二〇年）

正月：曹操薨，曹丕嗣為魏王。

七月：

（一）孫權遣使奉獻。

（二）孟達與劉封不協，孟達以上庸降魏；劉封還成都，賜死。

十月：二十八日庚午，曹丕篡漢即皇帝位，改元黃初，追尊曹操諡號為「武帝」。

十一月：癸酉朔，廢漢獻帝為山陽公。

按：關羽驕矜失荊州，曹丕趁吳蜀交惡代漢。

曹魏黃初二年、蜀漢章武元年（西元二二一年）

四月：劉備稱帝，建元章武。

孫權移都鄂，改名武昌。

七月：劉備自將八萬東征，孫權遣使求和，劉備不許。

八月：孫權遣使稱臣於魏，卑辭奉章，送于禁等人還。

十一月：

（一）魏使邢貞抵鄂，拜孫權為大將軍，封吳王，加九錫。隨員浩周帶曹丕口信給孫權，徵質子。

（二）孫權遣都尉趙咨使魏致謝。曹丕求貢雀頭香、大貝、明珠、象牙、犀角、玳瑁、孔雀、翡翠、鬥鴨、長鳴雞，孫權皆俱與之。

十二月：曹丕封孫權之子孫登為萬戶侯，徵以為質。孫權遣西曹掾沈珩入謝，並獻方物。孫權以孫登年幼，上書辭封，以孫登為太子。

按：劉備復仇東伐，孫權委曲求全於魏以避免兩線作戰。曹丕徵質，孫權虛與委蛇。

曹魏黃初三年、蜀漢章武二年、孫吳黃武元年（西元二二二年）

正月：吳將陸遜統兵五萬拒劉備於夷陵。

閏六月：陸遜大破劉備於夷陵。

八月：陸遜回軍布防於江。

九月：

（一）魏遣侍中辛毗、尚書桓階使吳，與孫權盟誓，並徵質子，孫權辭讓不受。

（二）曹魏三路大軍征吳，孫權臨江拒守。

十月：

（一）孫權卑辭上書，求自改厲。曹丕報曰：「登身朝到，夕召兵還。」

（二）孫權改元黃武。

十二月：曹軍臨江，無功退還。

吳使太中大夫鄭泉聘於蜀，蜀太中大夫宗瑋報吳，吳蜀復通。

按：魏吳為時一年多的質子之爭，以兵戎相見結束，吳蜀重又通好。

曹魏黃初四年、蜀漢章武三年、孫吳黃武二年（西元二二三年）

四月：劉備崩殂於永安，諸葛亮與李嚴受遺命輔後主，改元建興。

八月：鄧芝使吳，說孫權絕魏，專與蜀連和。

曹魏黃初五年、蜀漢建興二年、孫吳黃武三年（西元二二四年）

五月：孫權使張溫聘於蜀，蜀再使鄧芝回報，自是吳蜀信使往來不絕。

曹魏黃初六年，蜀漢建興三年、孫吳黃武四年（西元二二五年）

正月：諸葛亮率眾南征，其秋悉平。軍資所出，國以富饒。

曹魏黃初七年、蜀漢建興四年、孫吳黃武五年（西元二二六年）

六月：魏文帝曹丕崩殂。其子曹叡即位，是為明帝。

七月：孫權征江夏，圍石陽，不克而還。

曹魏太和元年、蜀漢建興五年、孫吳黃武六年（西元二二七年）

諸葛亮上《出師表》，率諸軍北駐漢中，備戰北伐。

曹魏太和二年、蜀漢建興六年、孫吳黃武七年（西元二二八年）

正月：諸葛亮率諸軍攻祁山。南安、天水、安定三郡叛魏應亮，關中響震。馬謖違亮節度，丟失街亭，蜀諸軍敗還。

八月：吳將陸遜大破魏揚州牧曹休於石亭。

十二月：諸葛亮第二次出師，北出散關，圍陳倉。魏將郝昭據城堅守，諸葛亮糧盡退還，斬魏追將王雙。

曹魏太和三年、蜀漢建興七年、孫吳黃龍元年（西元二二九年）

正月：

（一）諸葛亮第三次出師，派將軍陳式西出陽平關，攻取魏武都、陰平二郡。

（二）孫權趁陸遜夾石之勝的聲威，揚聲出江北而僭襲西陽，魏將滿寵早為之備，孫權退還。

四月：孫權稱帝，改元黃龍，還都建業。

諸葛亮遣衛尉陳震使吳，賀孫權稱尊號。吳蜀訂立中分天下盟約，豫、青、徐、幽屬吳，兗、冀、并、涼屬蜀，司州之土，以函谷關為界。

按：劉備死，諸葛亮主政，奉行靈活外交，與吳通好，形成吳蜀與魏南北對峙的鼎立局面。

第三階段（西元二三〇—二八〇年）：三國南北對峙，走向統一

曹魏太和四年、蜀漢建興八年、孫吳黃龍二年（西元二三〇年）

五月：諸葛亮第四次出師，再次指向祁山，與魏將司馬懿相持於上洛，蜀軍運糧不繼，退還漢中。魏將張郃追擊，在木門道中伏斃命。

曹魏太和七年、蜀漢建興十一年、孫吳嘉禾二年（西元二三三年）

二月：魏改元青龍。

是歲：孫權再圍合肥新城，遣將軍全琮征六安，皆不克還。

曹魏青龍二年、蜀漢建興十二年、孫吳嘉禾三年（西元二三四年）

二月：

（一）諸葛亮第五次出師，率十餘萬由斜谷大入，直指眉、雍，約吳同攻。四月，蜀軍至眉，軍於渭水南原。諸葛亮「分兵屯田，為久駐之基」。

（二）魏將司馬懿堅壁不出，與蜀軍相持。

五月：孫權大舉伐魏，東西相應。吳軍三路北進，西路陸遜、諸葛瑾向襄陽，東路孫韶、張承向廣陵、淮陽，孫權自率大軍出中路圍合肥。魏明帝曹叡親征，未至壽春，孫權退還。

八月：諸葛亮病逝五丈原，蜀軍退還。諸葛亮出師北伐曹魏的戰爭，於此結束。

按：三國相持，曹魏避免兩線作戰而採取防守戰略，南鎮襄陽，東守合肥，西固祁山，以逸待勞，疲弊吳蜀之兵，以待經濟恢復，等待有利時機，大舉伐吳滅蜀。由於曹魏有備，吳蜀北伐，屢出無功。

曹魏景初三年、蜀漢延熙二年、孫吳赤烏二年（西元二三九年）

二月：初二日丁亥，魏明帝曹叡崩殂。齊王曹芳即位，年八歲，司馬懿與曹爽共受明帝遺詔輔政。次年，改元正始。

曹魏正始二年、蜀漢延熙四年、孫吳赤烏四年（西元二四一年）

四月：孫權四路北伐，衛將軍全琮侵淮南，威北將軍諸葛恪攻六安，車騎將軍朱然圍樊城，大將軍諸葛瑾取相中。此役為孫權在位最後一次大舉北上，諸路無功而還。

五月：吳國太子孫登病卒。

曹魏正始三年、蜀漢延熙五年、孫吳赤烏五年（西元二四二年）

正月：孫權立孫和為太子。

八月：孫權立其子孫霸為魯王。

按：魯王之母謝姬有寵於孫權，孫霸恃寵驕侈，服飾器用與太子孫和無別。既而孫霸謀奪太子之位，兄弟不睦，朝中大臣各有彼此，舉國中分，導致吳國政治危機。

曹魏正始十年，改元嘉平元年、蜀漢延熙十二年、孫吳赤烏十二年（西元二四九年）

正月：太傅司馬懿誅除曹爽集團，大權獨攬。

曹魏嘉平二年、蜀漢延熙十三年、孫吳赤烏十三年（西元二五〇年）

是歲：孫權廢太子孫和，賜死魯王孫霸，立少子孫亮為太子。

曹魏嘉平三年、蜀漢延熙十四年、孫吳赤烏十四年，改元太元元年（西元二五一年）

八月：太傅司馬懿病逝，其子司馬師為撫軍大將軍，錄尚書事。

曹魏嘉平四年、蜀漢延熙十五年、孫吳太元二年（西元二五二年）

四月：

（一）孫權病殂，謚曰大皇帝。

（二）孫亮即位，改元建興。孫亮年十歲，大將軍諸葛恪拜太傅，受遺詔輔政。

十月：諸葛恪築東興堤以提高巢湖水位，利於舟船進軍合肥。

十二月：魏使將軍諸葛誕、胡遵率領步騎七萬圍東興。諸葛恪率軍四萬馳援，大敗魏師。

曹魏嘉平五年、蜀漢延熙十六年、孫吳建興二年（西元二五三年）

正月：蜀丞相費禕被刺，衛將軍姜維主政。

三月：吳大將軍諸葛恪發兵二十萬伐魏，圍合肥新城，八月敗還，兵卒疫死者大半。

四月：蜀大將軍姜維第四次北伐，率眾圍南安，不克而還。

按：諸葛亮死後，後繼者蔣琬、費禕裁制姜維，與其兵不過萬人。西元二四七年，姜維第一次伐魏，小勝；西元二四九年、西元二五〇年，兩次伐魏皆無功。至是，姜維大舉。

十月：吳武衛將軍孫峻殺諸葛恪，專擅朝政。

曹魏嘉平六年，改元正元元年、蜀漢延熙十七年、孫吳五鳳元年（西元二五四年）

九月：魏大將軍司馬師廢齊王曹芳。

十月：立高貴鄉公曹髦為帝，年十四歲。

是歲：姜維第五次伐魏，出隴西，狄道守將李簡舉城投降，進圍襄武破徐質軍，乘勝「拔河關、狄道、臨洮三縣民還」。

曹魏正元二年、蜀漢延熙十八年、孫吳五鳳二年（西元二五五年）

正月：魏鎮東將軍毌丘儉、揚州刺史文欽反於淮南，大將軍司馬師抱病東征。

閏正月：

（一）司馬師斬毌丘儉，文欽降吳。

（二）吳大將軍孫峻率軍十萬攻壽春，敗還。

二月：

（一）司馬師班師，病死於許昌。其弟司馬昭為大將軍，錄尚書事。

（二）姜維第六次伐魏，復出隴西狄道，大破雍州刺史王經於洮西，「經眾死者數萬人」。

曹魏正元三年、蜀漢延熙十九年、孫吳五鳳三年（西元二五六年）

正月：蜀以姜維為大將軍，第七次伐魏，整軍大舉。七月，為魏將鄧艾大破於段谷，蜀軍「星散流離，死者甚眾」。

曹魏甘露二年、蜀漢延熙二十年、孫吳太平二年（西元二五七年）

五月：魏鎮東大將軍諸葛誕反於淮南壽春。

七月：

（一）吳使將軍唐咨、全端率軍三萬救援諸葛誕。

（二）司馬昭親率二十六萬大軍東征。

（三）姜維趁魏關中兵東調之機，第八次伐魏，率數萬經出駱谷，魏將鄧艾堅壁不出。諸葛誕兵敗，姜維引還。

曹魏甘露三年、蜀漢景耀元年、孫吳太平三年（西元二五八年）

三月：司馬昭破壽春，擒斬諸葛誕，淮南悉平。

九月：吳大將軍孫綝廢孫亮為會稽王，立孫權第六子孫休為帝，改元永安。

曹魏甘露五年，改元景元元年、蜀漢景耀三年、孫吳永安三年（西元二六〇年）

五月：高貴鄉公曹髦不堪為傀儡，率左右侍從二百人攻司馬昭，被弒，年二十歲。

六月：司馬昭立陳留王曹奐為帝，年十五歲。

按：司馬氏貪權立幼，便於控制，曹芳、曹髦、曹奐皆少年即位，史稱三少帝，又稱三嗣主。

曹魏景元四年、蜀漢景耀六年、孫吳永安六年（西元二六三年）

八月：鍾會伐蜀。

十月：鄧艾從陰平穿行無人之地七百里，繞過劍閣，直達江油，蜀將馬邈不戰而降。鄧艾長驅入成都，後主請降，蜀漢滅亡。

曹魏咸熙元年、孫吳永安七年（西元二六四年）

七月：吳主孫休崩殂。孫皓即位，為吳末帝，改元元興。

八月：魏相國晉王司馬昭薨，其子司馬炎嗣位為晉王。

十二月：十三日壬戌，司馬炎篡魏，受禪即皇帝位，建立晉朝，建元泰始。

晉咸寧五年、孫吳天紀三年（西元二七九年）

十一月：西晉兵分六路，大舉伐吳。

晉咸寧六年、孫吳天紀四年（西元二八〇年）

三月：晉軍破建業，孫皓出降，吳亡。

四月：三國歸於一統，晉武帝改元太康。

古學今用 144

最懂三國的人說

三國十二帝

海鴿文化出版圖書有限公司
Seadove Publishing Company Ltd.

作者　張大可
美術構成　騾賴耙工作室
封面設計　ivy_design
發行人　羅清維
企劃執行　張緯倫、林義傑
責任行政　陳淑貞

出版　海鴿文化出版圖書有限公司
出版登記　行政院新聞局局版北市業字第780號
發行部　台北市信義區林口街54-4號1樓
電話　02-27273008
傳真　02-27270603
E-mail　seadove.book@msa.hinet.net

總經銷　創智文化有限公司
住址　新北市土城區忠承路89號6樓
電話　02-22683489
傳真　02-22696560
網址　www.booknews.com.tw

香港總經銷　和平圖書有限公司
住址　香港柴灣嘉業街12號百樂門大廈17樓
電話　（852）2804-6687
傳真　（852）2804-6409

CVS總代理　美璟文化有限公司
電話　02-2723-9968
E-mail　net@uth.com.tw

出版日期　2022年05月01日　一版一刷
定價　380元
郵政劃撥　18989626　戶名：海鴿文化出版圖書有限公司

國家圖書館出版品預行編目（CIP）資料

最懂三國的人說：三國十二帝 ／ 張大可作.
-- 一版. -- 臺北市 ： 海鴿文化，2022.05
面 ； 公分. --（古學今用；144）
ISBN 978-986-392-366-4（平裝）

1. 傳記　2. 三國　3. 中國

782.123　　110001431

Seadove

Seadove